班主任专业基本功书系

丛书主编 齐学红 黄正平

带班方略

李 屹 陈韵妃 主编

第2版

南京师范大学出版社

图书在版编目(CIP)数据

带班方略 / 李屹，陈韵妃主编. -- 2 版. -- 南京：
南京师范大学出版社，2024.6

（班主任专业基本功书系 / 齐学红，黄正平主编）

ISBN 978 - 7 - 5651 - 6321 - 0

Ⅰ. ①带… Ⅱ. ①李… ②陈… Ⅲ. ①中小学-班主任工作 Ⅳ. ①G635.16

中国国家版本馆 CIP 数据核字（2024）第 105426 号

丛 书 名	班主任专业基本功书系	
丛书主编	齐学红　黄正平	
书　　名	带班方略	
主　　编	李　屹　陈韵妃	
丛书策划	张　春	
责任编辑	于丽丽	
出版发行	南京师范大学出版社	
地　　址	江苏省南京市玄武区后宰门西村 9 号（邮编：210016）	
电　　话	(025)83598919（总编办）　83598412（营销部）　83373872（邮购部）	
网　　址	http://press.njnu.edu.cn	
电子信箱	nspzbb@njnu.edu.cn	
照　　排	南京凯建文化发展有限公司	
印　　刷	南京迅驰彩色印刷有限公司	
开　　本	710 毫米×1000 毫米　1/16	
印　　张	19.25	
字　　数	315 千	
版　　次	2022 年 7 月第 1 版　2024 年 6 月第 2 版	
印　　次	2024 年 6 月第 1 次印刷	
书　　号	ISBN 978 - 7 - 5651 - 6321 - 0	
定　　价	65.00 元	

出 版 人　张　鹏

序言一

国运兴衰,系于教育,教育的根本在教师。班主任是教师中的骨干,是学校德育工作的中坚力量。班级是学校教育的基层组织和教学活动的基本单位,班主任工作是学校进行日常思想品德教育和指导学生健康成长的重要途径。班主任与学生朝夕相处,对班级学生的全面发展负有重要责任,对学生成长发挥着举足轻重的作用。学校各个部门的工作,各科任课教师的教学,几乎都离不开班主任,都需要通过班主任或者在班主任的支持协调下进行。因此,班主任工作的重要性怎么强调都不为过,怎么重视也不为多。

班主任工作很重要。在学校,条条渠道通向班主任,"上面千条线,下面一根针"。通过班主任的协调,可以将校内各项工作在班级范围内组织成为一个整体,以整体的力量对学生施加教育影响。班主任是桥梁,连接着学校、家庭和社会。学生是鲜活的,是家庭、社会中的人;教育是立体的、多维的,不是学校单方面的。班主任必须关注社会,走向家庭,对来自各方面的繁杂信息进行鉴别、筛选,给予必要的协调和正确的引导。可以说,班主任是学校各项工作的聚焦处,是学校、家庭、社会协同育人的交汇点。

班主任工作很辛苦。班主任既要做教学工作,又要做班主任工作。无数班主任忘我地、全身心地投入到忙碌而烦琐的教育工作之中,投入到对学生敏锐的观察与细致入微的关心之中。为了完成建班育人的任务,班主任需要付出数倍于他人的努力,以辛勤的劳动和无私的奉献教育学生、感染学生,从而成为促进学生全面健康成长的重要力量。

班主任工作很光荣。随着社会的不断进步和发展,当代学生的思想意识也在不断发生着变化。在教育教学工作中,班主任肩负的使命既光荣又神圣,班主任不仅应是一名好老师,成为学生的良师益友,更要关心学生的发展,成为学生健康成长的引路人,引导学生在德智体美劳诸方面得到全面而充分的发展。为此,江苏省及长三角地区从2012年起组织开展中小学班主任基本功比赛,不仅是为了选拔出一批优秀班主任,表彰先进,树立典型,为班

主任成长发展搭建平台,更重要的是,通过比赛在校内外营造"尊重班主任、关心班主任、发展班主任"的良好氛围和生态环境,增强班主任的成就感和幸福感。

党的十八大以来,以习近平同志为核心的党中央高度重视教育工作,始终关注教师队伍建设。习近平总书记2014年同北京师范大学师生代表座谈时指出:"各级党委和政府要从战略高度来认识教师工作的极端重要性。"在2020年9月教师节到来之际,习近平总书记希望广大教师"不忘立德树人初心,牢记为党育人、为国育才使命,积极探索新时代教育教学方法,不断提升教书育人本领,为培养德智体美劳全面发展的社会主义建设者和接班人作出新的更大贡献"。面对"十四五"发展新目标,面对社会主义现代化建设新阶段,面对实现中华民族伟大复兴新征程,广大班主任要积极融入,积极作为,积极贡献。

新形势需要新担当,新时代呼唤新作为。我们正处在向着全面建成社会主义现代化强国的第二个百年奋斗目标迈进的新时代。我国教育改革发展站在新的历史起点,既面临着前所未有的机遇,也面临着前所未有的挑战。广大班主任和教育工作者要坚持立德树人、全程育人,不断探索教书育人的方法与途径,为推进社会主义现代化建设、为实现中华民族伟大复兴培养更多的优秀人才。

一是以生为本,做有温度的班主任。人无德不立,做人是做学问、干事业的前提。立德树人是中国教育的根本任务,作为"中小学日常思想道德教育和学生管理工作的主要实施者","中小学生健康成长的引领者",班主任更要大力加强德育工作,推进社会主义核心价值观教育,将德育工作融入教育教学全过程。要"眼中有人、心中有德",自觉把学生发展放在第一位,关注学生的身心健康和人格的全面发展,将"以生为本"落实到班主任工作的方方面面。

二要加强研学,做有深度的班主任。苏霍姆林斯基说:"只有当教师的知识视野比学校教学大纲宽广得无可比拟的时候,教师才能成为教育过程中的真正能手、艺术家和诗人。"班主任要成为自觉的学习者,不断提升自己的学习能力,向同行学,向专家学,在书本中学,在实践中学,还要向学生学,与学生一起学,成为学生的良师益友,与学生一起享受成长的快乐。"学而不思则罔,思而不学则殆"一句话道出了学习与思考的关系。班主任应具备较强的研究意识和研究能力,善于将日常的工作转化为学习和研究的资源,通过研究来促进班主任专业素养和能力的全面提升。2021年7月,中共中央办公厅、国务院办公厅印发了《关于进一步减轻义务教育阶段学生作业负担和校外培训负担的意见》,受到了社会的广泛关注,对教育教学产生了重大影响。作为班主任,更要主动加强研究,抓住"双减"契机更好地促进学生素质的全面发展。

三要组织协调,做有广度的班主任。教育离不开先进的理念,同时也离不开接地气的资源整合。一个优秀的班主任,应该在自己的工作实践中不断提升教育资源整合能力,让各种资源在同向同行中形成协同效应。作为新时代的班主任,要积极转变观念,充分借助家长委员会、家长支持小组、社会教育基地、社区教育工作者等资源,加强与家庭、社会的有效沟通,形成家校社合作协同育人的良好局面。

四要信念常在,做有高度的班主任。一个优秀的班主任,应该志存高远,对自己的班主任工作有信念,始终坚守理想;有追求,永远憧憬明天;有希望,持续寻求突破。一个优秀的班主任,会认真规划发展蓝图,清楚自身现状与班主任专业素养要求之间的差距,不断提升自己的专业道德、专业知识、专业技能,树立强烈的神圣感、责任感、使命感,全身心投入工作,创造诗意的教育生活,享受班主任工作的幸福。

为学习贯彻习近平总书记关于教育的重要论述,落实立德树人根本任务,展示新时代班主任的综合素质、专业水平和育人能力,2021年7月,教育部基础教育司印发《关于开展2021年全国中小学班主任基本功和思政课教师教学基本功展示交流活动的通知》,组织开展全国中小学班主任基本功展示交流活动。这一举措对于推动中小学校加强班主任队伍专业化建设,发挥班主任在落实立德树人根本任务中的骨干作用,提高班集体建设、学生发展指导、家校沟通合作等方面的专业化水平,切实增强班主任的职业认同感、荣誉感、责任感,起着非常重要的作用。

为了帮助广大中小学班主任准确理解和把握班主任基本功展示交流活动的要求与特点、理念与策略、做法与经验,基于班主任基本功展示交流活动,切实提升班主任的专业素养,南京师范大学出版社组织编写了《班主任专业基本功》的配套用书《主题班会》《育人故事》《带班方略》，该系列图书吸纳了德育和班主任工作领域专家学者的最新成果，以及近年来在江苏省中小学班主任基本功比赛中获奖并参加长三角地区中小学班主任基本功比赛选手的鲜活案例和典型经验。相信该丛书的出版将对江苏省乃至全国中小学班主任的专业成长，促进基础教育的高质量发展起到积极的推动作用。

是为序。

2022 年 5 月

序言二

为学习贯彻习近平总书记"七一"讲话重要精神,落实立德树人根本任务,展示新时代中小学班主任和思政课教师队伍的综合素质、专业水平和育人能力,教育部基础教育司发布了《关于开展 2021 年全国中小学班主任基本功和思政课教师教学基本功展示交流活动的通知》(以下简称《通知》)。《通知》将中小学班主任基本功与思政课教师教学基本功放在同等重要的位置,凸显了班主任育人工作地位的重要性,开启了班主任专业化成长的实践路径。

在全国范围内进行班主任基本功展示活动是史无前例的,旨在为全国中小学班主任提供展示交流的平台,推动班主任队伍建设和班主任专业素养的提升。该举措是我国班主任制度史上的一件大事,有着深远的历史意义和现实意义。

一、引领生活:促使班主任工作从经验走向专业

中小学班主任基本功展示活动意在将班主任作为专业,以班主任日常工作中的育人故事、带班方略、主题班会为研究内容,通过文本和视频呈现的方式,将班主任日常工作"可视化",使之成为研究与反思的对象,进而达到提升班主任带班育人意识和能力的目的。中小学班主任基本功展示活动意在引领班主任在日常工作与生活中开展研究与思考,把班主任工作变为研究的田野,班级不仅是青少年进行社会性学习与发展的场所,更是班主任开展研究、提高自身专业意识和水平、体验班主任职业幸福、获得专业成长的重要场所,彰显出班主任带班育人工作的专业性、系统性、计划性和情境性。

作为长三角地区中小学班主任基本功大赛的评委,我在十年间目睹了长三角地区班主任基本功大赛中涌现出的一批优秀班主任的教育智慧和专业风采,见证了基本功大赛对于班主任专业成长及队伍建设发挥的重要作用。

结合评审中发现的问题,我对全国中小学班主任基本功展示交流的三项内容,即育人故事、带班育人方略和主题班会,作简要的内容辨析和观念澄清,希望帮助大家更好地定位和把握班主任基本功展示的相关要求。

二、情境再现:带班育人故事的叙事表达

育人故事要求以爱岗敬业、价值观教育、班级管理、师生沟通、家校共育等为切入点,讲述班主任工作中的育人故事,并结合新时代学生成长过程中的新情况、新变化,彰显班主任的人格魅力,体现班主任的专业素养和教育情怀。

育人故事的内容一般包括案例素描、原因分析、方法策略等要素。在案例素描部分,应尽可能详细呈现案例学生(个体或集体)的背景性知识,以及班主任对学生的认识与了解过程;在原因分析部分,应体现学生问题形成的复杂性、获取信息渠道的多样性、分析诊断的全面性;在方法策略层面,应体现教育手段的多样性、方法策略的针对性。优秀的育人故事为我们展现了班主任与学生沟通的艺术,以及润物无声的教育智慧,是班主任带班育人能力的集中体现。

从班主任专业化视角来看,育人故事是面向学生个体或集体的教育,将班主任的育人理念和方法策略以叙事的方式加以呈现,凸显了班主任育人工作的情境性、丰富性,在细节处见精神,考察的是班主任对自己育人过程和方法策略的批判反思意识,以及对于教育问题的敏感与觉察,而不是成功经验的简单介绍。

《育人故事》一书结合大量班主任基本功比赛中的优秀育人目标制定育人故事文本,立足小学、初中、高中不同学段,着重围绕班主任育人工作的几个方面,分别从个别教育、集体教育、特别教育、青春期教育、家校共育、与学生共成长这些版块,加以具体呈现,体现学生身心发展的规律性以及班主任育人工作的阶段性,从而在看见学生的同时,也看到班主任自身的教育觉察与生命成长历程。

三、整体思维：带班育人方略的计划性和系统性

带班育人方略要求以学生思想品德教育为重点，通过班集体建设达成育人目标，梳理并总结班主任带班过程中的育人理念、思路和具体做法，做到成体系、有特色、有创新、有实效，其文本包括育人理念、班情分析、班级发展目标、实践做法、特色和成效等内容。

育人理念应遵循育人规律，目标符合学情，实践做法体现系统性和针对性，要求特色突出、可操作性强。

带班育人方略意在体现班主任带班育人的计划性、系统性、操作性及创新性；它不是一系列活动的简单堆积，更不是预设性的方案设计，而是班主任育人理念与方法的浓缩和凝练，是班主任开展班集体建设与管理实践的系统思考和整体设计。

《带班方略》一书将班主任的带班方略作为研究对象，结合优秀的带班方略文本，分别从带班育人理念的确立、育人目标的制定、育人实践的拓展，以及带班育人特色和成效的总结与提炼，对带班育人方略进行了全面深入的解析。带班育人方略特别考验班主任的专业功底和经验积淀，体现了班主任工作的整体思维，要求班主任从学生身心发展规律出发，充分认识班级在青少年社会性发展中的作用与影响，据此制定有针对性、阶段性的班级发展目标，并通过一系列主题化、序列性的活动加以实施，体现班主任面向集体开展教育的意识和能力。

四、活动育人：主题班会的学生发展指向

主题班会要求落实《新时代爱国主义教育实施纲要》《中小学德育工作指南》等文件要求，开展爱党爱国、中国特色社会主义和中国梦、国情和形势政策、中华优秀传统文化等方面的教育，引导学生践行社会主义核心价值观，树立正确的理想信念，养成良好的思想品德和行为习惯。

主题班会的基本理念应体现为：立德树人、以生为本、能力为重和生活教育。主题班会作为践行社会主义核心价值观，对青少年进行世界观、人生观、

价值观教育的重要载体,以其活动内容的丰富性、活动形式的多样性与灵活性等特征,体现了活动育人的独特性以及学生发展的针对性,进而发挥着学科教学难以替代的作用。为此,主题班会的设计应具有明确的问题意识,把握好时代发展、社会需要,学校培养目标的方向性,以及中小学生学习生活与认知水平之间的内在张力,从大处着眼,从小处入手,将班会课的实施建立在对学生个体发展和班级集体发展状况的综合分析与判断基础之上,体现班会课的价值引领性和青少年身心发展的适切性,体现面向个体与面向集体教育的有机结合。

《主题班会》一书围绕养成良好习惯、拥抱美好生活、热爱伟大祖国、奏响青春序曲、倡行文明生活、筑牢理想信念、拥抱奋斗人生、共建和谐社会、厚植家国情怀等核心主题,结合长三角地区班主任基本功大赛中的优秀班会课课例,按照不同年段、年级加以呈现和深入解析。其中,班主任的专业意识首先体现为面向全体学生的研究意识,没有长期以来对学生深入细致的调查研究,班主任就不可能走进学生的内心世界,了解学生的所思所想,以及学生在成长过程中可能面对的困惑和烦恼;缺少基于学生立场的同情同理心,势必无法写出有针对性的学情分析,也无法形成清晰的育人目标和带班理念。

为此,班主任应自觉成为儿童研究的专家,深入研究不同年龄阶段学生身心发展的规律和特点,准确把握青少年在认知、情感、社会性交往以及世界观、人生观、价值观等方面的发展规律,确立班级育人理念,并通过主题化、系列化的主题教育活动加以具体实施,充分发挥学生的主体作用,进而达成良好的教育效果。

五、课程领导:整合班级教育资源的意识和能力

如果说育人故事更多指向学生个体,体现班主任育人工作的情境性、复杂性,那么带班育人方略就是面向集体、针对集体开展的教育,应体现班主任工作的系统性、整体性。二者之间是点与面的关系。主题班会则是立足学校教育的培养目标,关注立德树人,关注学生的个体发展或班集体发展,可以开展"四史"教育、社会主义核心价值观教育等内容,可以研讨手机管理、网络安全、青少年交往等问题,重在以青少年的社会性学习与发展为目标开展主题

教育活动。主题班会与学科教学的最大区别是问题指向而不是知识取向。

无论是主题班会还是带班育人方略的形成,都集中体现了班主任整合班级教育资源的意识和能力,即班主任的课程领导力。

班主任作为班级的主任级教师,除了面对学生及其家长之外,还承担着建设班级教育团队的责任,需要沟通与协调班级任课教师、家长、社区的教育力量,形成校家社共育的教育合力。

为此,班主任应树立整合教育资源的意识和课程开发意识,将班级学生客观存在的问题转变为教育资源;善于发挥班级教育团队的力量,借助心理教师、家长委员会的力量,创造性地开展系列班级教育活动,从而将随机的、分散的班级活动转化为促进青少年社会性发展的系列课程,增强班级育人工作的科学性和有效性。

在班主任基本功展示活动的各项内容中,带班育人方略具有统领性和综合性,是班主任带班育人意识和能力的集中体现,育人故事凸显了班主任工作的复杂性、情境性以及方法策略的针对性,主题班会则体现了班主任面向集体开展教育的意识和能力。在此基础上,一些地区还开展了情景模拟展示活动,通过对班主任工作中真实问题情景的体验与思考,反映了班主任解决问题的实践智慧。总之,班主任应在认真总结提炼自己的带班育人理念、班级发展目标、实践做法以及特色与成效的同时,提升班主任的专业意识和专业能力,使班主任工作不断从经验走向专业。

"班主任专业基本功书系"自出版以来,受到广大读者的欢迎。为了与时俱进,我们对这套图书既有修订又有推新,一方面充分体现党的二十大报告精神与国家近年来有关政策文件内容,另一方面充分反映班主任工作的最新理论与实践发展,使全书更具理论的严谨性、案例的典型性与现实的指导性。我们希望通过"班主任专业基本功书系"这套图书,体现班主任工作的理念、方法与策略,推动班主任专业素养的全面提升。

齐学红

2024 年 4 月

修订版前言

"方略"一词最早出自《荀子·王霸》,"乡方略,审劳佚,谨畜积,修战备,龂然上下相信,而天下莫之敢当",意为方针与策略或方法与谋略,现多指全盘的计划和策略。带班方略,即"带班育人方略",是指班主任根据所带班级具体情况,围绕育人目标,在一定的教育理念指导下形成的班级建设与管理的总体方针路线,以及支撑这一路线实施的具体策略方法。带班育人方略是班主任教育理念与实践智慧的综合体现。

中小学班主任承担着学校教育工作中极为重要的育人使命,于个体而言,关乎每一个学生的终身发展;于国家而言,关系到一个民族的未来。当前,随着社会发展的日新月异、教育改革的纵深推进,中小学生成长中的新情况、新特点、新问题也不断涌现,这就要求班主任在日常带班过程中更应注重树立正确的教育理念,站在立德树人高度,关注学生成长,谋划可为、主动有为、大有作为,切实提高带班育人的实效性。

2021年7月,教育部开展全国中小学班主任基本功展示交流活动,"带班育人方略"是展示的主要项目之一。"带班育人方略"的内容要求"以学生思想品德教育为重点,通过班集体建设达成育人目标,梳理并总结班主任带班过程中的育人理念、思路和具体做法,做到成体系、有特色、有创新、有实效"。这既是活动的要求,也是对班主任工作的引领。参加展示活动的班主任从育人理念、班情分析、班级发展目标、实践做法、特色和成效等方面对自己的工作进行反思,形成具有个性化的带班育人方略,体现了新时代班主任工作的新理念、新追求、新策略。带班育人方略的展示,不仅让我们领略到优秀"老班们"的匠心与风采,更为班主任工作打开一扇窗,让我们看到一间间小小教室里的大智慧、大风景、大世界。

带班育人的世界很奇妙,为了能和更多志同道合、热爱班主任工作的老师们探究其中奥妙,一方面,我们将精心选择的部分优秀案例原文呈现,供大家阅读、赏鉴与品味;另一方面,我们试图从理论层面进行较为详尽的剖析与解读,激发老师们探索规律、寻求本质的兴致与热情。我们相信,这样的探寻将让阅读更加丰富,也更为深入。

本书共五章。第一章为内容总领篇,力求在理论上帮助教师理解带班育人方略的内涵和基本要素,以及制定带班育人方略对改善班主任工作状态和提升育人实效的现实意义,为教师制定和实施带班育人方略打下基础。第二章从带班育人理念的内涵、特征、形成、提炼等角度,帮助教师了解带班育人理念,并学会如何将隐藏在班主任日常工作中的育人理念总结提炼并撰写出来,以便更好地指导今后的工作。第三章探讨如何从国家育人需求、学校办学特色、班级学情实际出发,制定出引领班级发展方向、激发班级学生发展内驱力的育人目标。滴水藏海,班主任日常的工作中蕴含着丰富的育人价值,因此,第四章重点呈现了带班育人的实践内容,按照带班育人实践之基础、进阶、拓展三个层次重点解读带班育人整个实践进程,着力展示如何提升每一项工作的育人价值,再现了新班初建到师生共建的班级共同体螺旋上升的生长样态。作为班主任,既要促进班级学生成长,又要不断提高自身的专业素养,因此,第五章从带班育人特色的形成及成效的评价两个维度,引导班主任对自己的带班工作进行反思,从而全面认识自我、提升自我。附录部分精心遴选了九篇优秀案例供读者研读,可从中汲取宝贵的带班育人经验。

为了增强针对性,本书在每一章开篇设置"情境再现"栏目,旨在从班主任带班育人过程中面临的实际问题入手,还原真实情境、抛出现实问题,给读者身临其境的带入感与体验感,激发大家的思想共鸣与思维共振。其后,每节通过由表及里、抽丝剥茧地层层剖析,以先进育人理念为先导,以科学教育理论为指导,解决班主任带班育人工作中的烦恼与困惑,提供解决问题的思路与对策。每个章节的最后专门设置了"典型案例"栏目,通过对具体案例的再现与分析,让带班育人方略深入浅出、可观可感。

为了增强可读性,本书按照"提出问题—分析问题—解决问题"的思路,向读者提问,与读者探讨,帮读者解惑。每一章节都先提出核心问题,引导读者继续阅读、深入思考;其后,通过夹叙夹议的方式,将理论与实践相结合,不仅讲道理,还摆出大量事实,供读者比较与反思;最后,给出具体的策略与建议、提供可行的方法与指南。本书力图构建与读者相融共通的互动平台,营造亲切平等的对话场域,让教师既能愉悦享受拾级而上的阅读体验,又能自然抵达心领神会的阅读境界。

为了增强实用性,全书五章内容按照先整体后局部、从宏观到微观、由总到分、从面到点的逻辑顺序,以班集体筹备建立、建设发展的阶段性为经,以班主任带班育人的重点工作与常见问题为纬,在纲举目张的篇章架构下,又将班主任实践中带班育人理念的确立、带班育人目标的制定、带班育人过程的实施、带班育人特色的提炼、带班育人成效的分析等一系列具体工作进一步聚焦,分类施策、分步落实,打通堵点、直击重点、突破难点。附录辅之以九篇完整的优秀带班育人方略案例,无论是理论指导还是案例解析,对一线班主任而言,这些内容均具有较强的操作性与实用性,可以帮助班主任更好地反思以往经验、立足当下现实、指导未来实践。

本书由李屹、陈韵妃负责编写,承担各章写作的人员如下:陈韵妃,第一章;方艳,第二章;沈磊,第三章;冯锟、沈磊,第四章;金晶,第五章。附录部分的优秀带班育人方略案例由姚国艳、陈语、张雷、王美霞、赵思曦、张燕、朱倩倩、江虹、周翌可等老师提供。

本书编写团队主要由参加历届长三角地区中小学班主任基本功大赛的选手、常年从事班主任工作及研究的老师组成。他们不仅是从班主任基本功大赛中脱颖而出的佼佼者,更是长期在带班育人一线岗位上默默耕耘的优秀工作者。因此,本书提炼的观点与方法都来源于实践,所呈现出的班主任经验与智慧都是鲜活生动而精彩丰富的。我们希望本书既能为班主任日常带班育人工作提供借鉴、给予启迪,也能对班主任基本功比赛的培训与指导有所裨益。

在本书编写过程中,江苏省教育厅、江苏省教育科学研究院给予了大力支持,提供了大量宝贵的资料;南京师范大学齐学红教授、江苏第二师范学院黄正平教授、江苏省中小学教学研究室顾润生主任给予了精心指导;还有许多优秀的班主任,为我们提供了优秀的案例。在此一并表示感谢!

班主任是落实立德树人根本任务、开展德育工作的中坚力量、先驱骨干。

让我们携起手来,在推进社会主义现代化建设、实现伟大中国梦的教育征程中,踔厉奋发、锐意进取、积极探索,培养出更多能够担当民族复兴大任的时代新人!

编　者
2024 年 3 月

目　录

第一章

带班育人方略概述

内容概要

带班育人方略是班主任在班级整体工作蓝图下,为促进全体学生健康发展、推进班集体特色建设及增进班级场域的育人实效,在树理念、定方向、立目标、谋策略、配资源、展行动、析实效的过程中,通过建构、实践、反思与优化,渐趋形成的富有个性与价值的育人手册与带班指南。班主任形成具有时代特征与个人特质的带班育人方略,是落实立德树人根本任务的必然要求,更是班主任专业化发展的现实诉求。班主任要坚守教育初心,在育人实践中乐于学习、勤于思考、善于总结,不断丰富与提炼带班智慧,以高质量的带班方略提升育人质效,努力培养能够担当民族复兴大任的时代新人。

核心问题

◇ 带班育人方略等同于工作计划或工作总结吗?

◇ 带班育人方略是班主任的规定工作吗?

◇ 带班育人方略是保持相对稳定,还是要与时俱进?

◇ 带班育人方略是要面面俱到,还是要突出重点?

情境再现

张老师是一名刚刚走上班主任工作岗位的青年教师,他一直希望自己能用"爱"管理好班级,成为学生们的知心朋友。可是两个月下来,他发现自己早已没有精力、没有心情对这班孩子表达"爱",他俨然成了"消防员",在学生与学生之间灭火,在学生与科任教师之间灭火,在学生与家长之间灭火……每天,按下葫芦浮起了瓢,前脚刚灭,后院又起,周而复始,焦头烂额,班级也常常因此被级部或学校点名。

经过一番反思和观察,张老师决定效仿邻班班主任做法,将学生的日常行为规范和纪律教育放在工作第一位,立规矩,搞考核。此后的张老师在学生面前总是一副"多云转阴"的面孔,"监视"成了他的高频行为,"上纲上线"成了他的谈话主导……在近一学期的"高压"下,班级看上去终于走上了"正轨"。

临近学年末,学校德育部门布置了班主任工作交流主题"我的带班育人方略",并指定张老师作为新班主任代表重点汇报,毕竟他所带班级的纪律有了较大转变,大家有目共睹。

张老师非常重视这次交流汇报,查阅了很多论文、图书,开始复盘这一年的带班历程。渐渐地,他陷入深思:"高压治班法"能真正赢得学生的心吗?自己还能做学生的知心朋友吗?自己究竟该成为一名怎样的班主任?又该如何形成自己的带班特色呢?

[互动 1]

1. 您如何看待"高压治班法"?

2. 您认为带班育人方略是预想的计划,还是经验的总结?

在上述情境中,张老师是一名"新手"班主任,要完成学校班主任工作交流会上"我的带班育人方略"汇报,需要明晰带班育人方略的内涵,对其概念有精准的把握,在此基础上才能明确实施带班育人方略。

第一节　内涵与要素：带班育人方略概念

一、带班育人方略的基本内涵

中小学班主任承担着学校教育工作中极为重要的育人工作，既要求其遵循科学规律，又要讲究艺术，责任重、要求高。尤其当下，随着经济社会的深刻变革、教育改革的不断深化，中小学生成长中不断出现新情况、新特点，这就要求班主任在日常带班育人工作中应注重树立正确的教育理念，遵循中小学生身心发展规律，运用科学的带班育人方略。

带班育人方略是以实现带班与育人双重目标为明确指向的方略，相较于一般方略，其特殊性在于实施主体是班主任，实施对象是班级与学生。带班育人方略可以从三个维度来诠释：开展带班育人工作之前的目标规划，推进带班育人工作过程中的教育方式、方法、手段和措施，实施带班育人工作后逐渐形成的工作思路、程序规范和基本模式。

在教育实践中，班主任遇到带班育人问题时，第一时间会想到要"用一个方法来解决"，而较少去思考"用一个方略来解决"。可见，带班育人方略不是针对当下某个具体问题的解决方案，不同于微观或具体的带班方法或育人智慧，其更注重遵循将宏观与微观相结合、解决当下问题与实现长远目标相统一的原则。

本书探讨的带班育人方略是班主任为达成班集体所有成员共同制定的班级发展目标，立足本班实际，遵循教育规律与学生身心发展特点，在全面开展班级共同体建设、促进师生共同成长过程中，制定班级运作指南，并在育人实践中不断检验和发展，形成让学生满意、家长信任、同行认可的具有一定范式的育人手册。需要说明的是，带班育人方略不同于一般意义上的班级工作计划或工作总结，三者之间既有区别又有联系。

班级工作计划是教师依据党和国家的教育方针、政策法规与教育行政部门的总体要求，以及学校德育工作具体部署，结合班级实际情况，按学期来制定的设想和思路,一般有班情分析、目标任务、具体工作等部分。其中,具体工作一般以时间顺序(每月、每周)为主线,纵向安排各项教育活动的内容、时间、地点等。班级工作计划的结构要素与带班育人方略的核心要素之间存在较大的区别,具体表现在以下三个方面:一是两者着眼点不同,班级工作计划一般侧重于某一项或某几项具体任务的推进和完成,而带班育人方略更关注理念的先导和班级的长远发展。二是时间跨度与周期不同,班级工作计划一般只针对某一学期、某一阶段的任务来拟定,带班育人方略则是源于班主任较长时间内的深入而持久的思考,周期性较长,稳定性较强。三是两者呈现的特点不同,班级工作计划往往是全校、全年级的规定动作,创新的空间受限;带班育人方略彰显的个性与创新性更强。

相关链接

在实际工作中,中小学校大多将班主任工作计划绘制成统一表格装订成册让教师填写。就填写内容来看,在针对性、系统性和持续性上还有待加强,具体表现在"三多三少"上:一是学校规定内容多,班级自主内容少;二是散点活动多,整体规划少;三是集体教育引导多,个别教育引导少,一些优秀班主任的带班主张、特色难以在整齐划一的表格中彰显。

班级工作总结一般分两类:一类是阶段性总结,即针对学期(或学年)计划实施情况进行的较为全面的总结;另一类是主题式总结,即针对某一重点工作进行的成果性总结。在实际工作中,班主任进行工作总结的过程是在梳理、提炼中将碎片化的经验条理化、理论化的过程,无形中也正是将实践经验上升到理性认识的高度,揭示教育活动背后的本质和规律,提升育人效率和效果的过程。从这个角度看,班级工作总结与带班育人方略有相似之处,都具有从感性到理性的再认识过程。两者的区别在于带班育人方略旨在形成独特而稳定的育人模式,并在实践中不断得到检验和丰富。

从班级工作总结提升至带班育人方略是从经验型班主任走向专业型班主任,继而成为研究型、专家型班主任的必经之路,需要班主任的内在自觉、自我构建和主动发展。班主任在日常工作中,要善于把原理性知识、陈述性知识转化为实践性、指导性的关键能力,运用理论对带班育人中遇到的现实问题作出科学的解释,并以此来指导和优化班主任工作实践。同时,还要将工作中积累的个体经验不断进行整理、提炼,使其系统化、条理化、科学化,从而总结出具有普遍意义的规律,并纳入班主任的核心素养结构中,以此促进班主任专业化水平的不断提高。

二、带班育人方略的核心要素

在明晰了带班育人方略的基本概念之后,我们需要从整体到局部,进一步了解带班育人方略的核心要素,为开展班主任工作理清脉络。

「互动 2」

您认为以下哪些选项能够作为班主任带班育人方略的内容来呈现?

A. 育人目标　　　　B. 育人理念　　　　C. 班情分析

D. 实施思路　　　　E. 实施步骤　　　　F. 实施方法

G. 班级建设　　　　H. 活动组织　　　　I. 学生发展指导

J. 综合素质评价　　K. 特色成果　　　　L. 教育反思

M. _____ (如有其他选项,请补充)

从工作属性上看,班主任的带班育人工作实践常常是具体细微的,但上升为带班育人策略时,就需要从整体上做宏观的统摄。图1-1简单勾勒了班主任带班育人工作的步骤框架,从中可以看到班主任工作的几个核心要素:班主任工作必须在科学先进的育人理念指导下进行,育人理念直接决定着带班育人工作的方向;班情分析能够帮助班主任准确把握班级实际情况,是制定班级发展目标的依据;班级各项工作都要围绕发展目标展开,形成清晰的工作思路,其中班级日常管理和学生发展指导是带班育人的基础性工作,也是班主任工作最核心的内容,必须抓细、抓实、抓好;对班主任工作的成效评价,可以从班级发展、师生成长、家校协同三个维度加以考量与反思,更侧重在带班育人过程中的动态性与生成性。

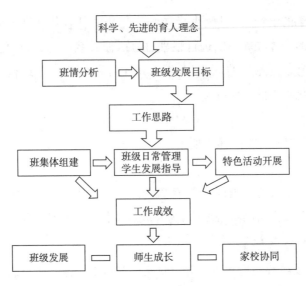

图 1-1 带班工作流程

案例 1-1　　　　　　**一果一世界，千果千芬芳**

　　　　　　——尊重学生差异,促进学生个性化发展的带班育人方略

一、育人理念

　　我的育人理念是:"一果一世界,千果千芬芳。"每一位学生都是"一果",好似一枚青色的果子,但正因其青涩不成熟,才有了努力向上、蓬勃生长的勇气和无限光明未来之可能。"千果"又代表着硕果累累的繁盛景象,我充分尊重学生个体差异,重视学生个性发展,培育"自信独立,自主奋进"的学子。

　　我认为,每一位学生都是一个个独特的石榴果,教师需要看到学生身上的独特性,在带班育人过程中,我结合石榴的生长过程,分阶段、有计划、循序渐进地培养班级学生的个性品质,实现"一果一世界"形态各异的独立个体,塑造"千果千芬芳"硕果累累的丰收景象。

二、班情分析

　　本班级共有 42 名学生,其中男生 20 人,女生 22 人。班级氛围融洽,但学生的集体意识有待强化,学生的兴趣爱好差异较大,部分学生个性特点比较明显,学生整体上缺乏理想信念的指引,进取意识需要进一步强化。

三、班级发展目标

　　班级发展总目标:尊重和欣赏学生的独特个性,对学生进行理想信念的引领,促进学生个性和潜能的发展,培育"自信独立,自主奋进"的学子。

班级发展分年级目标,如图1-2所示。(具体目标内容阐述略)

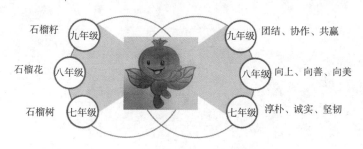

图1-2 班级发展分年级目标图

四、实践做法

在带班育人的过程中,我充分挖掘学校所处的地缘优势,利用多种教育资源,将中国优秀传统文化、地域特色文化、学校文化与班级文化相融合,着力打造尊重学生差异、促进学生个性化发展的活力班集体。根据班级发展总目标和分年级目标,每一学年我采取相应的措施分别对学生进行培养。

七年级:推行"2+2+3"班级文化建设,培养像石榴树一样淳朴、诚实、坚韧的人,如图1-3所示。(阐述部分及具体组织的活动略)

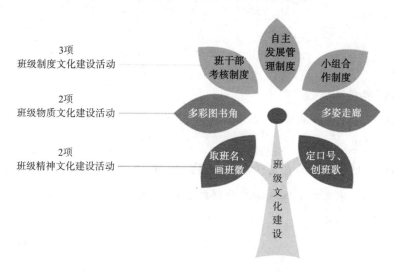

图1-3 "2+2+3"班级文化建设体系

八年级:构建"三家"全景育人场域,培养像石榴花一样向上、向善、向美的人,如图1-4所示。(阐述部分及具体组织的活动略)

图1-4 "三家"全景育人场域

九年级:开展"三面向"风采展示活动,培养像石榴籽一样团结、协作、共赢的人,如图1-5所示。(阐述部分及具体组织的活动略)

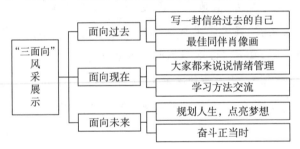

图1-5 "三面向"风采展示活动

五、特色和成效

特色:注重沉浸式体验,继承与传承相融合,充分重视发挥学生的主观能动性。(阐述部分略)

成效:班级学生的自主学习意识得到增强,班级学生的自主管理能力得到提升,班级学生的个性展示水平得到提高,班级学生的生涯规划概念逐渐形成。(阐述部分略)

(案例作者:张欣,常州市田家炳初级中学)

[互动3]

1. 您从上述这篇带班育人方略中学到了什么?又会给出什么建议?

2. 阅读完上述这篇案例,您对带班育人方略有了哪些新的认识?

在案例1-1中,班主任通过对育人理念、班情分析、班级发展目标、实践做法与特色和成效的表达展现了日常班集体建设全貌,有助于加深对带班育人方略的理解。

这位班主任遵循一定的教育规律和初中学生的身心发展规律,在对班级学生进行调查、研究,掌握班情的基础上,制定了班级发展总目标和各年级段发展分目标。当然,如果能够运用科学研究方法,比如问卷调查法、个别访谈法等,围绕班集体建设中各个维度对学生当下状态、想法和未来发展(个体、群体)进行摸底、分析、研究,并据此和学生共同拟定以他们的最近发展区为期望的班级发展总目标和各年级段发展分目标,并按一定逻辑结构来表述则更佳,具体做法和要求请参阅本书第三章内容。

虽然限于篇幅,此篇带班育人方略中具体的实践做法和活动组织情况未呈现出来,但仍可以看出,该班主任围绕班级发展目标,立足校情来整合资源,以文化人,对班集体建设进行了较为系统的全盘谋划,并分年级段实施,各有侧重,着力打造一个尊重学生差异、促进学生个性化发展的活力班集体,用实践回应了其在一定时期的班主任工作实践中逐步形成的明晰的育人理念。当然,如果在实践做法中能够稍加阐述各年级段学生想成为什么样的人的理论支撑和逻辑关联,以及与初中学生年龄和身心发展特点的相关性就更好了,具体做法和要求请参阅第四章内容。

立体化的评价在一定程度上是对实践的一种价值判断,能帮助我们更好地反思调整从而改进完善。学会借助科学研究方法,评价主体多元化、评价方式多样化、评价内容多维度是可以实现的,基于此,班主任也能更好地提炼、总结,并在不断学习、实践、积淀的循环中,逐步形成自己带班育人的基本模式、路径以及问题应对措施,走上带班有主张、有风格、有特色的成长之路,成长为学生满意、家长信任、同行认可的专家型班主任。

相关链接

从"班主任育人"走向"全员育人"

"首要的一点是'班主任育人'",这句话有"潜台词",它包含着"其次""然后"等所引起的一些内容。"班主任育人"绝不等于班主任一人育人,他还要通过组织科任教师、形成强大合力等途径来共同创造"玉成"全班学生优秀学业、幸福人生之大业——要从"班主任育人"走向"全员育人"。这既是学校德育实践之应然,也是班主任自身要奋力肩负的责任,要着力达成的现实。

在班级这一"交集"处,大家要同心谱写"合作育人"和"协同育人"的美好乐章。要形成朝向"立德树人"的共同愿景,以此激活士气,鼓舞人心,砥砺精神,向着较高和更高的育人目标不断进取、共同攀登……善于协调与科任教师的关系,以及科任教师之间的关系,班主任才能开创欣欣向荣的班级局面,"全员育人"也才能获得强大的和方向一致的"情感引擎"。

——选自李庚南,冯卫东.首要的一点是班主任育人——二论"班级育人"[J].教育视界,2020(22).①

第二节　价值与意义:带班育人方略作用

李老师很有教育情怀,主动向学校申请,在这学期开始担任了起始年级新班的班主任。接班前,她对未来的班级、学生充满期待:有她曾经做学生时所希望的班主任的模样,有她参加省、市优秀班主任经验分享会上听到的和通过一些期刊看到的优秀班集体模样……

虽然是新手班主任,但李老师觉得她胸有成竹,毕竟做足了两年的功课,一上任,便马不停蹄地沿着她的预想成立班委会、制定班规等等。然而一个月下来,无论是班级一日常规,还是学生学习、生活状态,与她期待的相去甚远。李老师决心要寻求出路,于是借鉴了魏书生老师"以法治班"的管理思想,复制了一整套管理制度,还将"道德长跑""写说明书"等复制到班级中。一时间,班级管理质量上来了,班级一下成了年级各班争相学习的榜样。可是李老师很清楚这都是表面风光,实质上学生们因为争分、扣分而引发的种种不当行为早就在年级组、家长群里传开了,分管校长为此也找她了解班级情况。怎么办?只能继续寻求出路。这学期,李老师开始在班级实施李镇西

---

① 部分"相关链接"中所选内容,收入本书时略有改动。

老师"理解和爱"的教育方法,取消了一整套班级精细化管理制度,她开始走进学生中,引导他们自我教育,但她很快发现,班级纪律开始松散。

李老师很困惑,她不知道应该以谁的经验为示范更妥当,更不知道是不是需要一直这样试下去才能找到合适的方法。

［互动 4］

1. 班主任工作是否一定要有"思想""理念"?

2. 对于李老师借鉴与模仿教育名家的做法,您是怎么认为的?

带班育人方略作为一定时期内班集体建设和学生发展的规划和谋略,它是一种方向,影响着班级要往哪里带、怎么带、带到什么高度等重要方面。

一、带班育人方略的时代价值:落实立德树人根本任务

立德树人,就是以树人为核心,以立德为根本,把"德"的培养摆在教育的核心位置,全员、全方位地把德育贯穿到人才培养的全过程。立德树人是新时代教育的根本任务,是每一所学校、每一位教师的安身立命之本,更是作为学校德育工作中坚力量的班主任的目标任务和实践向度所在。那么,培养什么人? 怎样培养人? 为谁培养人? 对这些问题的思考与践行是班主任在工作中需深入思考和回答的。

1. 明确培养什么人,是班主任应有的价值追求

在确立带班育人方略的过程中,首先要清晰培养什么人,这决定着班级和学生的发展走向。我国的国家性质与制度决定了教育必须把培养社会主义建设者和接班人作为方向目标,社会主义建设者和接班人必须全面发展,必须为实现民族复兴接续奋斗。因此,培养德智体美劳全面发展的社会主义建设者和接班人、担当民族复兴大任的时代新人,是每一位班主任带班育人工作要遵循的指导思想和价值追求。

2. 明确怎样培养人,是班主任应有的行动自觉

培养什么人是目标问题,怎样培养人是路径和方法问题。班主任的育人方式不同于其他老师或者家长的育人方式,班主任的专业自觉体现在自觉寻找并且能够找到解决教育问题的方法和路径。班主任要遵循教育规律及学

生身心发展特点,把思想政治教育、道德品质教育融入教育教学、带班育人各个环节中,把社会主义核心价值观的培育和践行贯穿学生学习、生活始终,贯穿班主任工作各个方面,帮助学生树立正确的世界观、人生观、价值观,实现全员育人、全程育人、全方位育人。班主任应该比其他教育者拥有更强烈的情感,用深沉的爱去温暖学生、影响学生、感动学生,并进一步培育和增进学生爱的意识、爱的能力。班主任还要掌握育人的技能与技巧,善于用学生乐于接受的方式,春风化雨,润物无声。

3. 明确为谁培养人,是班主任应有的伦理向度

为党育人、为国育才是每一位教育工作者的使命责任,更是每一位班主任带班育人的立场所在。这就要求班主任在确立带班育人方略的时候,必须明确"立德树人"的真正要义,弄清楚立谁的"德",树谁的"人",只有把这个前提搞明白,才不会把"德"立偏,把"人"带歪;同时,还必须弄清楚学生当下发展与未来发展的关系,当下是德育为先,五育并举,立足于学生现阶段成长发展,未来则必须考虑如何把学生自身发展与国家、社会的需求结合起来,引导学生把个人的价值追求与家国情怀统一起来,真正把学生培养成能够担当民族复兴大任的时代新人。

二、带班育人方略的现实意义:班主任专业化发展下的学生成长

1. 带班育人方略源于班主任专业化发展诉求

国内学者刘京翠等人结合国内外对优秀教师成长阶段的研究成果,以及班主任成长的阶段性身心特点,在对第 26 届北京市中小学优秀班主任 400 人叙事研究的基础上,将优秀班主任的成长划分为四个阶段,即适应期、探索成长期、成熟创造期、持续发展期。[1] 具体来说,适应期是通常所说的新手班主任熟悉工作流程、适应角色定位的过程,这一阶段的关键在于是否能改变已有的与教育对象不太契合的教育理念;探索成长期的班主任开始有意识地积累总结经验,逐步形成自己的带班育人风格,这一阶段的关键在于形成自己的带班育人理念和规划,形成具有一定模式化的问题解决策略;成熟创造期

---

① 刘京翠,王飞,李蒙. 北京市中小学优秀班主任的成长轨迹与规律[J]. 中国德育,2015(14).

的班主任更多地追求特色和创新,这一阶段的关键是善于在反思研究中对带班育人工作进行提炼总结,进而将经验加以推广和辐射;持续发展期的班主任已经成长为优秀班主任,这一阶段的关键在于成长为优秀班主任之后的终身学习,在带班育人工作中实现人生价值。

从中可见,班主任专业化成长的每一个阶段都离不开带班育人的现实土壤,班主任的专业化越强,带班策略越成熟、越丰富,班级育人的效果才会越凸显,学生个体的发展也将随着群体的成长而越完善。一位优秀班主任从经验型走向研究型,继而成为专家型的发展过程,是班主任不断发展自我、研究学生的过程,也是与学生共同成长、相互成就的过程,而带班育人方略的形成与优化在这一进程中起到有力的支撑作用。

2. 带班育人方略指向学生的终身成长

班主任工作与学科教师的教学任务相比,最核心的两点就是带班与育人。因此,带班育人方略通常是着眼于学生个体成长与终身发展的。但不同发展阶段的班主任对带班育人的理解不尽相同,我们先简单介绍班主任在专业发展不同时期带班育人过程中通常出现的三类现象。

第一类现象是新手班主任的"邯郸学步、急于模仿"。像上述情景再现中的李老师就是典型代表。今天学这个教育名家,明天学那个优秀班主任,多种教育理念并存,对学生要求时而严格,时而宽松,学生常常不知所措,所带的班级不仅不能复制"优秀",还可能会因为不断"变法"导致不稳定。

第二类现象是熟手班主任的"头痛医头、脚痛医脚"。班主任的日常工作任务多、责任重,除了完成日常教学任务之外,每天还要忙于处理学生各种各样的问题,应付落实学校德育部门布置的各种班级活动、文化建设等工作。一些班主任习惯从一个个问题入手,不注意分析问题的成因,不注意辨析问题之间的关联,尽管解决实际问题的工作思路可能是正确的,但仅仅停留在表面,带班育人质效就很难提升。

第三类现象是经验型班主任的"如入宝山空手回"。班主任在积累了一定的带班育人经验之后,通常会精心策划一些有创意的班级活动,以期达到一定的育人效果,可是又常常有一些苦恼:学生心灵的震撼只存在于活动后的一段时间,不能持续,达不到预期成效。如果这些班主任善于反思,就不难发现,这些看上去轰轰烈烈的活动,都是一项项独立的班级活动,是一个个独立的个体,带给学生的也是一次次独立的心理感受,犹如一个个点,分散式布局,难以形成一连串的由表及里、同一层面上的由小渐大的同方向较为深刻并稳定持续的心理感受。

以上三类现象产生的根本原因是缺乏形成带班育人方略的意识。具体而言,第一类现象中,新手班主任简单模仿、直接套用,所学的都只是表面上的行为表现,是"形",而行为的背后,为什么要这么做?基于什么样的思考?基于什么样的学生和班级状态?这些深层次的思考、学习、实践,才是班主任积累工作经验的有效途径。带班育人的核心是育人,而育人就必须眼中要有人,心中要有学生。每一个学生都是独立的个体,每一个班级又由这样四五十个独立的个体组成,教育对象是特殊的,教育情境也是复杂的,因此,不可能每一个学生、每一个班级都适用同一套带班育人方略。学生、班级究竟要往哪里带?又该如何带?作为班主任必须思考这两个问题,应把时代和职责赋予自身的使命和对带班育人的愿景转化为可实现的长远和近期目标,并在带班育人过程中形成一个个可操作的小方案,在"学习—实践—反思—再实践"的循环中不断检验、调整、优化。

对有些经验的熟手班主任而言,在实际带班育人的过程中关注的往往只是某一个点,解决问题、思考问题也只是围绕这个点而展开。其实,在这个点的问题的背后可能还隐藏着一系列的问题,并可能引发另一系列的问题,这正是由点引发的面。而这个面才是带班育人所要抓住的关键。"不谋全局者,不足谋一域;不谋万世者,不足谋一时",班主任必须有整体思维,运用系统思维方法,形成体系概念,要学会从"点"到"面",再到"体",要研究规律,研究学生,还要有超前思维,做到未雨绸缪,把问题解决在萌芽状态中,以求事半功倍之效。比如,搭建立体化的工作方法,从策略、措施和技法三个基本层面上去具体实施,以避免诸多方法的简单堆积。"远路不须愁日暮",班主任应当循着科学的理念、目标,协同各方教育资源和力量,统筹规划好各项工作,坚持在实践中反思,在反思中学习,在学习中提升。

相关链接

班主任的带班之道

班级就像一个"建筑",班主任无疑是设计这个建筑的"工程师",班主任在班级管理中要构建属于自己的管理理念和带班之道，才能让班级这个"建筑"基础牢固，成为一个蕴含文化内涵、井然有序的班集体，才能达到良好的育人效果。

第一，树立"和而不同"的管理理念。首先，班主任应尊重学生的个性差异，尊重每位学生的看法，关注学生的个性差异和内在需求；其次，班主任要鼓励学生，构建"个性化菜单"，探索班主任管理的有效激励机制，搭建师生合作平台。

第二，构建有温度的班级文化。首先，要注重物质文化建设，通过看得见、摸得着的物品去营造一种独特的班级文化氛围；其次，要构建班级制度文化，通过一套班级规章制度来规范学生；最后，构建正能量、有温度的班级精神文化。

第三，坚持民主化管理。首先，班主任要树立服务意识，为学生的学习提供帮助，给予学生生活方面的关心，给班干部提供方法上的指导；其次，班级决策要民主，鼓励学生一起参与；最后，实行班干部轮换制度，让每位学生都有机会参与到班级事务的管理中来，增强学生的"主人翁"意识，让班级"活"起来。

——选自项微微.能力·法则·策略：提升班主任工作的实效性[J].现代交际,2020(19).

第三节　形成与表达：带班育人方略呈现

今年是王老师工作的第15年，也是他担任班主任的第15年。这些年来，他从一名新手班主任成长为集团校的优秀班主任，所带的几届班级班风正、学风浓，班级管理建章立制，班级活动精彩纷呈，班级文化建设有道，所带的学生、班级赢得了学校领导、家长们的交口称赞。

在很多年轻班主任看来，王老师带班育人游刃有余，有一套班级管理模式，再难带的学生、班级到了他的手里如同变了个样。但是，王老师本人却不这样想，带班的"本领危机"越来越强，他甚至觉得自己有些力不从心了：互联网时代，尤其当下"后疫情"时代网络学习、生活常态化，给带班育人工作带来了前所未有的冲击和挑战。现在的学生课余之后的学习、生活、人际交往等都依赖于"掌上",但因为生理、心理发展还不够成熟,常常会过度信任甚至沉迷于数字化、虚拟的网络空间环境,再加上他们在网络生活中的思想、情绪和行为表现与现实生活并不能完全同步或一致,带班育人工作不得不由过去的相对封闭走向绝对开放。王老师也曾试图破解困局,却发现效果甚微,不少问题还是原地打转。王老师觉得自己"卡住"了,似乎进入了专业发展的瓶颈期。

一天,校长找到王老师,让他代表集团校参加全市中小学班主任基本功大赛的区级选拔,还嘱咐说,新的赛制赛程更利于像他这样的经验型班主任胜出。怀揣着校领导的满心期待,王老师打开了比赛通知,班会课、我的教育故事、带班育人方略……看着"带班育人方略",王老师陷入了沉思:我的这一套带班法虽实用,但经得起推敲、有理论支撑吗? 带班育人工作涉及面那么广,实际管用的不一定都能登大雅之堂,看起来"高大上"的措施有时候又不一定管用,该如何呈现呢……

[互动 5]

1. 您认为带班育人是理念先行,还是目标先行?

2. 带班育人经验如何转化成带班育人方略呢?

上述情境中王老师作为经验丰富的班主任遇到了新问题,遭遇了专业发展的瓶颈期,需要积极应对当下"后疫情"时代网络学习、生活常态化给带班育人工作带来的挑战;同时,又肩负起学校交给的参加班主任基本功大赛的任务,需要对自己的带班育人方略进行全面梳理、提炼、归纳和总结。

一、带班育人方略的形成

带班育人方略应该在班主任带班之前就已经具备,还是在积累一定的带班育人工作经验之后探索形成呢? 很多班主任困惑于此。理论上说,方略是行动的方向和指引,但在实际中,大部分班主任在走上岗位之前,自身的带班育人的理念与目标还不够清晰明确,往往是在带班实践了一段时间后,伴随着学习思考,才逐步清晰自己的带班育人方略,再接着在实践中校验,进而逐步形成。也就是说,"谋而后定"和"定而后谋"都是带班育人方略形成的基本形态,带班之前的方略可能是初步的、粗浅的,只有结合工作实践之后的进一步反思、凝练和完善,才能促进带班育人方略最终成形。

一般来说,成熟的带班育人方略需要从以下五个方面入手。当然,在实践中,不一定按步骤逐步实施,也可以同时进行,毕竟每一位班主任个体对专业发展的认知度和自觉度是不一样的。

1. 了解带班育人的根本任务

这对于班主任来说是首要问题,是树立带班育人理念的基点,发挥着方向性的引领作用。"带班育人"实际上就是根本任务,即通过"带好班"达到"育好人"的目标。这是每一位班主任带班育人工作的根本遵循和价值向度。但是,怎样才算"带好班""育好人"? 不同的班主任有着自己的理解和追求。基于此,班主任可以在创造性地借鉴他人经验、智慧中发展自己的带班育人理念,也可以在对实践的反思中催生出自己的带班育人理念。当然,理念还需要在实践中检验,不断发展完善,其形成受到内因和外因、主观和客观等多种因素的影响,有一个相对长期、持续的过程。一个班主任具有的教育观和学生发展观,以及对自身的教育角色认识,决定着其对学生、对班级发展愿景的规划和对一个"好班"标准的认知,支配着自身对班级管理模式、与学生交往方式和班级文化建设等带班育人工作的行为选择。

通常来说,带班育人理念需要一定的理论基础作依托,也需要一定的实践样态作载体。现实中,绝大多数班主任在师范院校学习时或工作前已经接触了教育学、心理学等专业性知识,但在书本学习中掌握的一些专业概念和原理原则,往往难以应对复杂多变的真实教育情境和不确定的教育对象。许多教育原理是从现实教育生活中总结、抽象出来的,但在纷繁复杂的教育现实面前,教材中的一些原理原则仍然显得苍白,甚至令人茫然无措。所以,不少班主任在带班育人实践中,更多依靠经验——那些被认可的优秀班主任的"先进"经验,同校、同年级班主任的"成功"经验,自己学生时代班主任老师留下的"印象"经验,以及在带班管理中迅速起效的"实战"经验等,但这并不意味着教育理念和理论完全无用。一般意义上,实践经验是求"术",而衡量一个班主任工作是否科学有效,必须要回到"道"上。尤其是当需要把带班育人实践的经验体会形成文本时,班主任就必须有一套相应的理论建构和话语结构。

科学、先进的理念可以开拓并提升班主任的眼界、格局和高度,可以让班

主任在专业发展之路上行稳致远。专业理念、理论在专业知识体系里的结构性欠缺,是班主任专业发展亟须突破的第一道壁垒。所以,在研制带班育人方略时,要明确自己的带班总任务,要把所掌握的理论与实践有机结合,用理性的思维和专业话语去总结提炼实际工作中的做法心得,用具体的育人实践去诠释、丰富科学的育人理论。

2. 熟悉学生、班级和育人共同体当下的状态

育人先育心,育心先要了解人。只有做好班情分析,了解每一位同学的情况,才能"知其心,然后能救其失",这是班主任的一项重要基础工作。从实际出发,学生思想教育、班集体建设、班级文化创建等带班育人工作才能更有针对性、适切性。现实中,不少班主任常常给予学生的不是学生所需求的,班主任的"我不要你以为,我要我以为"更多地站在了让学生成为社会人的未来立场,而忽视学生的身心发展规律和特点,且满足不了学生的当下需要。当然也不排除一些班主任存在固化的经验主义、形式主义。翻阅部分学校不同学段班主任工作计划,从中不难发现,在"班情分析"这一栏存在如下共性问题:一是研究方式单一,经验性判断过多;二是研究过程简单,主观性结论过多;三是分析方法浅显,浅表性描述过多。至于这些经验判断、主观结论、浅表性描述是如何作出的,实证支撑如何,往往语焉不详。通过与不同学段的班主任访谈也发现,有些班主任习惯"主题先行",带着"有色眼镜"走进班级,对班情分析的价值没能正视,方法还没掌握好,甚至为了分析而分析,导致出现高度的模式化和雷同化,给学生"贴标签"的现象比较常见。

因为教育对象的复杂性,班情通常有着阶段性、特定性和动态性的特点,班主任既要关注学生、班级发展的现状,又要关注其可能状态以及未来状态,要运用一定的科学研究方法在学生、班情分析上花时间、下功夫。可以通过资料法、翻阅学生学籍资料等,对班级每一个学生的基本情况、成长经历、家庭教育背景等进行基本了解;还可以通过观察法、访谈法,有目的性地在日常教育活动、情境以及与学生、科任教师、前任班主任、家长等的谈话中,全方位、多角度地对学生进行全面了解;可以通过问卷调查法,调查了解学生对于班级发展方向、班集体建设、班级文化创建等方面的态度与期待。这里需要注意的是,用上述研究方法获取的信息不能仅仅停留在口头上,也不能仅仅止步于记录的呈现,还需要基于一定的教育理论,科学运用多元方法进行深入分析,揭示背后的深层意

蕴,这样的班情分析才能既有一定的理论深度,又有现实指导意义。习近平总书记说,"调查研究就像'十月怀胎',决策就像'一朝分娩'。调查研究的过程就是科学决策的过程,千万省略不得、马虎不得"。班情分析实际上就是调查研究的过程,需要下一定的苦功夫,急不得,更缺不得。只有班情调查分析精准了,带班育人方略的制定和实施才能更有效,也才能更有特色。

3. 制定学生、班级可能达成的目标

当班主任明确了带班育人的总任务,并明晰了所带班级的实际现状,包括优势长项、短板弱项等,接下来要考虑的便是,这届学生、这个班级发展的最大可能性是什么,最近发展区是什么。过低或者过高的发展目标,都不利于班级的健康发展。确定发展目标后,还要注意形成循序渐进的目标链和结构化的任务链。

一般来说,可以围绕三个环节操作:一是目标的制定与分解,二是目标的实施,三是目标的结果评价。学生与班级发展目标方向要正确,定位要精确,要结合时代背景、国家发展、社会需要、社区特点、学生成长规律、班级特点等来研制班级带班育人目标。例如,总目标要聚焦在教书育人、培养什么样的人上,但若表述过于宏大就难以落地,这就需要结合学校校情、发展规划,按照学生年龄特征和班情特点进行具体化阐述,并进行目标的细化和分解。横向上,在带班育人的核心任务、班集体建设、班级活动组织、学生发展指导、综合素质评价、沟通和合作等方面逐一细化成子目标,做到宏观与微观相结合;纵向上,针对不同的学段、学年、学期逐一分解阶段目标,每一个学年阶段目标再分解到班级小组目标、个人目标,层级清楚,环环相扣,由此,班级的每一个环节、每一个活动和所有学生、家长、科任教师等教育资源、力量都融入了学生与班级发展的整体目标中。

这其中需要注意以下两点:第一是学生、班级发展目标由谁来定。要自上而下、自下而上双向沟通,让学生参与全程,条件允许的话也可以让家长委员会参与其中。要积极引导学生将其个人成长目标与班级整体发展目标相协同,班主任个人成长目标也要与带班育人目标相协同。第二是学生、班级发展目标如何评估。注重目标实现是一种目标导向,但并不意味着可以忽略过程,否则就会导致不择手段地追求目标实现。同样,也不能认为"目标实现了,过程必然是好的"。班级管理中,必须把目标导向和全程育人紧密结合。从一定程度上看,带班育人需要更加重视在实现目标过程中每一个环节、每一项活动中每一个个体的成长,把目标要求内化于个人自觉行为,用好过程性激励反馈,用好评价的育人功能,进行多元化、多角度、全方位、及时性、适切性的评价、诊断和奖惩。在具体实施过程中,还需要根据实际情况和评估反馈,及时对班级管理的目标、路径等进行一些微调和完善。

4. 分步实施带班育人举措

在未来一定时期,要实现学生、班级发展目标,需要有明晰的思考、路径和具体的计划、举措。班主任要基于拟定的学生、班级发展目标对带班育人过程中的各项活动进行全盘的设计和系统的思考,统筹规划好学校的"规定动作"和班级的"自选动作",把带班育人作为一场系统化的大型教育活动,按照学生全面发展规律提炼出各个学段、学年、学期的教育主题,并注意建立起主题与主题之间的关联性和层次性。在这期间,一些重要的教育主题可以形成教育长线,以同一主题螺旋上升式呈现,成为系列化主题教育,从而在一个既定的时间周期内,达成一个较高的学生、班级发展目标。

同时,班主任要集中时间和精力,集中优势资源抓住重点,以一持万。一般来说,重点往往体现在两个方面:一方面是拟打造的特色与亮点,另一方面是当前存在的短板与问题。在实际工作中,班主任往往更多呈现的是特色与亮点工作,对于带班育人实践中凸显的问题如何解决、短板如何补齐等问题少有研究和实践。当然,抓住重点工作不是说一般工作就可以不抓,重点工作与一般工作在一定时间和阶段内是相对的,也是动态的。

再有,要建立起带班育人信息多向反馈体系,"班主任⇌学生""班主任⇌科任教师""班主任⇌家长""班主任⇌社区工作人员"等,班主任要充分调动班级外部教育力量,增强反馈的及时性和多样化,重视反馈的评价性意见(建议),以此做好师生之间、师师之间、家校之间的协同,及时调整和完善带班育人工作举措与方法。对一些常规性教育主题和随机性教育主题,要在沿用具有一定针对性的传统办法的基础上,积极思考一些更有针对性且新颖有效的方法,实现"人无我有""人有我优";对于新时代背景下一些带班育人工作新主题,比如,如何对在多元社会背景下成长的中小学生进行思想教育,如何运用各种新兴网络技术来管理班级等,要运用多样的研究方法探索解决策略,并在一定的理论指导下挖掘现象背后的本质与规律,分析、归纳出问题解决的主要步骤和基本技巧。

5. 反思与改进带班育人方略

美国教育心理学家波斯纳(G. J. Posner)说,没有反思的经验是狭隘的经验,至多只能是肤浅的知识,并提出了教师成长的公式:成长＝经验＋反思。班主任在一定的育人理念指引下,立足班情,努力达成学生、班级发展目标,按照既定的工作思路和举措,在实施带班育人工作的过程中或一段时间之后,需要把自己作为研究对象,对自己的教育理念、教育行为及教育效果进行及时的剖析、解读和调整,从而总结经验教训,在研究中对带班育人工作再认识、再思考,把握其本质、规律,这就是反思。

班主任对带班育人工作的反思不是简单地复盘带班育人工作,除了要以教育效果来梳理教育行为,应验教育理念的过程之外,还需要对自身提出三问:一是"我"有没有通过积极的、主动的、创造性的实践研究把教育的丰富性、可能性变成现实? 二是"我"的学生、班级发展目标与实际效果之间的差距产生的原因是什么? 三是在带班育人的过程中,"我"获得了哪些提升? 从实践到反思、到研究、再到实践,循环推进。反思是一个永无止境的进程,不仅仅是针对某一个问题,而是针对一项整体的活动,将实践与反思结合起来,在反思中得到自身专业成长。[1] 反思是班主任开展教育科学研究的起步,但在实际中常常遭到忽略,一方面是因为班主任"主业"意识还不够强,另一方面是因为班主任工作任务繁重,没有时间思考教育行为中所出现的各种可能结果。事实上,反思可以帮助班主任提高班级领导力,提升带班育人成效。领导学中"行动—观察—反思"模型(A—O—R 模型),揭示出当经验经历了行动、观察和反思后,一个人的领导力会得到强化,班主任带班育人工作也是如此。这个过程可用经验螺线(spial of experience)来表达,如图 1 - 6 所示。[2]

班主任要勇于突破自我,突破传统的思维方式、工作方式和发展方式,要把带班育人工作扩展到为学生的人生规划进行奠基上,而不是局限于对学生的在校常规管理,应从现实层面的育人走向精神层面的培育,从而开始自觉地追求有特色的、有创新的带班育人方略。[3]

---

① 齐学红. 学校德育与班主任专业成长[M]. 上海:华东师范大学出版社,2018:150.
② 乐淮辉,黄甫全. 班级文化领导力:班主任核心素养初探[J]. 中小学德育,2018(8).
③ 高影. 班主任的带班"破茧力"——访华东师范大学教授李家成[N]. 中国教师报,2021 - 11 - 03.

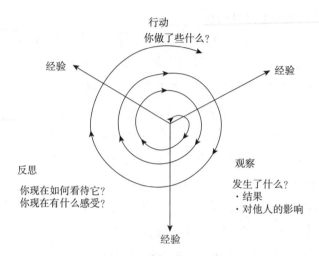

图 1-6 "行动—观察—反思"模型

二、带班育人方略文本的表达

带班育人方略的理念与思路形成之后,需要用科学、严谨的文字表达出来。

(一)了解文本的基本结构和要求

按照教育部《关于开展 2021 年全国中小学班主任基本功和思政课教师教学基本功展示交流活动的通知》要求,带班育人方略文本"包括育人理念、班情分析、班级发展目标、实践做法、特色和成效等内容。理念遵循育人规律,目标符合学情、明确具体,实践做法体现系统性和针对性,特色突出、可操作性强。5000 字左右"。这段话已经清楚地表述了带班育人方略文本的内在逻辑、基本结构和撰写要求。

对于撰写带班育人方略文本来说,首要的是明晰其结构,架构好文本的骨架。当然,基本结构也不是绝对化地遵照文件要求,毕竟文件中在表述带班育人方略文本内容时,在罗列的板块之后有一个"等"字,这就提示班主任可以根据需要进行部分调整。比如,有的班主任将第三部分"班级发展目标"表述为"学生、班级发展目标",然后分开阐述也是可行的;将第五部分"特色和成效"分为两个部分分别进行阐述,都显现出独特新颖的思考与表达。

(二) 明确文本的基本构思与表达

带班育人方略是析宏观与微观、解时代与学生、立方向与目标、谋策略与路径、配资源与团队、建机制与抓落实、提价值与促发展的一个过程。带班育人方略不是简单的学年规划,而是以三年、五年甚至更长时间去定位的动态目标及动态管理过程。带班育人方略有总体方略与细分策略之分,带班育人整体工作方略即总体方略,某一细分任务如班集体建设专项方略即细分策略。当然在某一专项方略中也必然涉及其他工作支线,如以学生思想品德教育为重点,通过班集体建设达成育人目标的带班育人方略。带班育人工作不仅要会"做",也要会"说",向学校展示班主任的专业成长,分享育人心得,辐射优秀经验;向家长传递班主任的爱与责任,对接家校信息,畅通沟通渠道;向社会传递班主任的使命与担当,提升民生幸福指数。

落实到带班育人方略文本的撰写上,首先要做好基础工作,可更多地收集带班育人工作过程资料,可以是有计划地调查,也可以通过生活经历中的观察和体验得到更多翔实资料,这些是保证文本具有客观性的条件。其次是构思,构思要力求体现创造性,可以有三个层次:一是新颖,要体现创新,具体表现在带班育人的举措与众不同,工作上有独特创新;二是特色,对既有的带班育人模式进行消化吸收改进,从而打上"我"的烙印,体现"我"的风格,呈现所带班级独具特色的成效;三是原创,切忌抄袭,不要机械模仿他人成果,要力求凸显带班育人工作的个性化、独创性。

一般来说,班主任构思和撰写带班育人方略时,可以从以下五个方向去思考:一是侧重以目标为导向,比如围绕新时代背景下带班育人工作的新要求,学校办学思想、文化特色的创建要求,以及学生、班级发展的具体要求等,聚焦任务目标,笃定前行;二是侧重以问题为导向,比如针对学生的思想道德教育、学生行为规范养成、学生厌学的问题、学生心理健康问题等,创新实践以破解难题;三是侧重学习模仿借鉴,比如,了解到某个知名班主任的带班育人经验,深受启发,经过领会、消化后,有选择性地在所带班级中尝试,并收到一定成效;四是侧重以经验的验证和完善为导向,比如,自己在前一个所带班级中基本形成的行之有效的带班育人方略,可以结合新带班级情况进行方略的验证、完善;五是侧重以创新为导向,结合自己的学习、模仿、反思,在基于班情分析的基础上,利用班级、学校内外部资源优势,探索建构一种新型的带班育人方略。

撰写带班育人方略文本时,文字表述要力求准确,慎用模糊词语和比较词,所运用的一些概念、理念要有依据,不建议生造,否则需要花很大精力去解读清楚。对于一些案例、材料和数据要有出处,不能杜撰和虚构,更不能"移花接木"地拼凑;表达要朴实,文学色彩不宜过浓,不宜过于煽情,文字表达无须故弄玄虚,不要故作深奥,行文要简练,逻辑关系要清晰,规范使用标题序号和图表呈现格式等。

相关链接

班主任的带班"破茧力"
——访华东师范大学教授李家成

中国教师报:……在您看来,面临"双减",班主任专业素养的提升空间在哪里?

李家成:我认为这涉及班主任成长过程中的自我突破能力问题,暂且称之为班主任带班的"破茧力",班主任的自身成长离不开外在的影响、引领,更离不开自我内在的主动深造。在此前提下班主任才能跳出经验,创造自己的工作格局,实现班级建设的变革,实现"全人教育"。

中国教师报:"茧"之所以成为"茧",是不被察觉、无意识的结果。班主任缺少自觉的根源何在?

李家成:一是因为不够自知。绝大部分班主任看不清班级是培育学生社会化的天然公共场域,由此导致班主任角色定位的偏离,总是在管控思想指导下打转……还有第二个原因,那就是班主任不够自强。班主任的思维方式、工作方式、发展方式往往囿于传统经验里……第三个原因,班主任不够自信。面对同事、学生、家长、理论研究者,面对各种各样的变革,班主任是否足够自信? 是否有底气? 班主任的心理状态应是"我完全有这样的能力和基础",而不是处于一种失语状态。

中国教师报:具体说,"破茧"应在何处着力?

李家成:我认为可以从有研究的实践、有温度的体悟、有品质的交往三个方面着力。具体说就是用研究者的眼光直面学生的发展,用心并不断创新实践,专注于一隅,执迷于一事。

——选自高影.班主任的带班"破茧力"——访华东师范大学教授李家成[N].中国教师报,2021-11-03.

典型案例

案例 1-2　　　　习养有责品格　助力自我成长

(前言部分——总述其带班育人方略,内容略)

一、育人理念

"人之初,性本善。性相近,习相远",学生的差别取决于成长环境及教育者的影响。每位学生都有实现自我价值的心理需求,若教师能提供适当的平台助其学习、展示,学生将自主生成优秀品格。因此,我创造良好的责任品格成长环境,搭建品格提升实践场域,利用科学的教育方法,引导学生在活动体验与岗位锻炼中接受责任品格渗透教育,感受服务他人、承担责任时内心的富足愉悦之情,提升责任价值认同感。

二、班情分析

(一)学生基本情况分析

(具体内容略)

(二)班级学生责任意识分析

(具体内容、问卷调查表及分析呈现的文字和图表部分略)

三、班级发展目标

根据教育学、心理学理论,结合班级实际情况,我确定了以下班级发展目标。

(一)近期目标

(1)明确在班级内的职责,知道要对自己负责,对同伴负责,对班级负责。

(2)培养班级主人翁意识,增强集体荣誉感。

（3）能主动承担起个人责任、班级责任,掌握班级岗位服务技能,促进自我成长。

（二）远期目标

（1）由对自我的责任守护上升为对家庭、对社会责任的敬畏维护,形成对家庭、社会和自我之内在联系的整体认知。

（2）提升主动负责的情感意识,逐步树立遵纪守法、遵守秩序、讲究公德、保护环境等意识,成为负责任的新时代少年。

（3）在生活中主动承担起肩负的责任,掌握不同岗位服务的基本技能,在全方位、全时空、螺旋上升的"责任教育"中理解规则、明确责任,积极辐射、勇于担当,并落实到行动中去。

四、实践做法

（一）环境熏陶,渗透责任意识

（具体内容略）

（二）活动参与,强化责任担当

（具体内容略）

（三）岗位建设,习养责任品格

我组织开展"小蚂蚁优服行"系列活动,借助蚂蚁分工合作、各司其职、团结互助的生活方式对标集体生活,引导学生像小蚂蚁一样为同学提供优质服务。引导学生成长为立足岗位的服务者、志愿者、责任人,以此提高责任意识,助力自我成长。

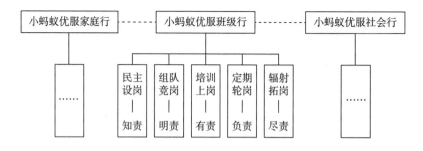

图1-7 "小蚂蚁优服行"系列活动结构图

（结合图1-7等所作具体实践阐述略）

创建多样化的责任教育评价机制,以"表现性评价"及"效能比析评价"的方式为学生搭建共同成长平台,发挥榜样引领作用,提升儿童责任品行。

（具体内容略）

五、特色和成效

（具体阐述略）

经过长期的、系统的实践研究,"小蚂蚁优服行"活动立足岗位建设,辅以多种措施,可以有效培养学生的责任意识,此法得到了学校、社会的广泛认可。我校作为集团领衔校,将活动推广到了下属分校,各校反馈效果好,切实培养了学生的责任意识。

（案例作者:高颖,镇江丹阳市新区实验小学）

案例 1-3　　　　容合文化强素养　筑基未来琥珀香

一、育人理念

以儒家思想为中心的中华优秀传统文化,历来对外来文化有巨大的吸收力和包容力。这种文化包容的品质是中华文化能够传承五千年,成为四大文明古国中唯一没有中断的伟大文明的重要基础。正如《传习录》中王阳明所说:"世之君子,惟务致其良知,则自能公是非,同好恶,视人犹己,视国犹家,而以天地万物为一体。"

在我班的多元背景之下,我将"容"字定义为班级育人关键词,以"容己—容他—容责"这条路径,对应起核心素养对个人、社会和国家三个层面中学生发展的要求,引导孩子们坐言起行、从点滴起步,有大爱有大德,更有大情怀,在脚踏实地的历练锻炼中认识世界,通过价值引领、活动实践助力学生的成长之行。

二、班情分析

（从人文背景、家庭构成、男女生差别、心理发展四个层面分析,具体内容略。）

三、班级发展目标

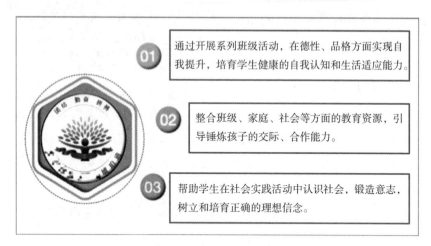

01 通过开展系列班级活动,在德性、品格方面实现自我提升,培育学生健康的自我认知和生活适应能力。

02 整合班级、家庭、社会等方面的教育资源,引导锤炼孩子的交际、合作能力。

03 帮助学生在社会实践活动中认识社会,锻造意志,树立和培育正确的理想信念。

图 1-8 "琥珀班"育人目标

四、实践做法

(一)容己:自尊自信,悦纳自己

1. 阅读观影"知"千面。

2. 活动比赛"展"风姿。

3. 竞争挑战"炼"品格。

(二)容他:宽以待人,合作成长

1. 民主治班管好"大"集体。

2. 经营小组守护"小"团队。

(三)容责:坚韧沉稳,时代担当

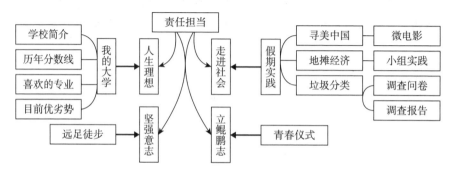

图 1-9 "琥珀行动"系列

五、特色和成效

活动育人,润生无痕,是我的班级育人主张,通过个体成长到团队合作再到家国情怀的三维塑养模式,促进孩子们的健康成长。多元的班级没有割裂,反而融合成一个更加精彩的集体,孩子们在各级竞赛考级中获得了累累硕果,登上了一个个大的舞台展现自己的风姿,我也和孩子们一起共同成长。

愿在"琥珀班"的成长经历能成为每一个孩子成人路上的一笔宝贵财富,"琥"礼"珀"净,心生欢喜。

(案例作者:陈燕,南通市海门区东洲国际学校)

第二章

带班育人理念的确立

内容概要

班主任带班育人理念是班主任在带班育人过程中,立足学生终身发展与时代育人需求,基于自我专业知识、实践反思以及他人教育智慧、成功经验等,在头脑中逐渐清晰、日趋成熟的带班育人指导思想。带班育人理念是班主任从带班育人的操作实践到深层体悟的跃升,是基于实践又能指导实践的信念指引与思维导航。成熟的带班育人理念应当具有科学性、导向性、前瞻性、实践性、发展性等特征,应包含一定的实践价值与推广意义。这就需要班主任主动学习,不断完善专业知识结构,形成带班育人的理论指导体系;需要班主任学会研究,在育人实践中及时反思成败得失,归纳提炼带班育人的核心要义;需要班主任善于表达,在经验总结中聚焦带班育人生长点,将实践型智慧凝练为科学性表述。班主任确立带班育人理念是一个从实践经验到思维建构再到实践中检验,继而不断完善再运用指导于实践的螺旋式上升的过程。

核心问题

◇ 班主任带班育人理念是什么?

◇ 班主任将实践经验提升为带班育人理念的意义何在?

◇ 班主任如何将实践经验提升为带班育人理念?

◇ 班主任如何在实践中运用并发展带班育人理念?

情境再现

李老师是一名工作多年的教师,担任班主任也近20年了。在大家眼里,作为班主任的她带班不光认真细致,还卓有成效。她工作以来接手了好几个相对比较棘手的班级,班级最后都变得特别好。

新学年,学校来了好几个新班主任。学校德育部门想请李老师给新班主任们进行班主任工作系列培训。培训的第一讲是请她分享自己的带班育人理念。

工作经验丰富的李老师却犯了难。虽然她带班育人一直很有自己的方法,可是关于带班育人理念,她却不知该如何分享。担任班主任工作近20年来,她一直严格执行学校的各项规章制度,以学校对班级的考核要求作为班级工作的指南,没有丝毫怠慢。班级活动也大都是根据学校的活动安排要求进行改良的。她认为育人理念应该是教育科研部门去研究的事情,班主任的主要工作是遵守和执行学校或者上级主管部门的规定,将其落实到位。工作这么多年,她一直没有明确的育人理念,但对班级工作好像也没什么影响。

[互动 1]

1. 您同意李老师关于班主任带班育人理念的观点吗?为什么?

2. 您觉得带班育人理念对班主任的工作及个人专业化成长重要吗?

3. 您认为班主任带班育人理念的提出是来自现实问题,还是从理论学习中提取概括?

其实,像李老师这样有困惑的班主任并不在少数,他们之所以对"带班育人理念"存在诸多疑虑,是因为对"什么是带班育人理念""带班育人理念有哪些特征""带班育人理念的价值是什么"等问题的认识较为模糊。

第一节　含义与特征：带班育人理念内涵

一、带班育人理念的内涵

康德说："一切知识都需要一个概念，哪怕这个概念是很不完备或者很不清楚的。但是，这个概念，从形式上看，永远是个普遍的、起规则作用的东西。"因此，要想解决班主任有关带班育人理念的一系列困惑，有必要对育人理念进行清晰的内涵界定。

《教育部关于进一步加强中小学班主任工作的意见》中指出，中小学班主任是中小学教师队伍的重要组成部分，是班级工作的组织者、班集体建设的指导者、中小学生健康成长的引领者，是中小学思想道德教育的骨干，是沟通家长和社区的桥梁，是实施素质教育的重要主体。班主任育人理念是班主任基于国家制定和具有法律性的规范文件基础上对育人基本要求的本质思考，也是对育人价值的根本追求；是班主任在工作实践中所要依据的指导思想和行为准则，是班主任育人哲学和思维方法的体现，并贯穿于带班育人的全过程。

班主任带班育人理念内涵既有教育理念的共性，又有带班育人实践中的独特性，根据本书第一章关于带班育人的内涵，班主任带班育人理念可以理解为基于班主任专业知识、实践反思以及他人教育智慧、成功经验等，在头脑中逐渐清晰、日趋成熟的带班育人指导思想。

二、带班育人理念的特征

从教育理念的内涵、在教育实践活动中的呈现方式以及教育理念的基本特征，结合班主任这一教育主体的特殊性，班主任带班育人理念的特征可以概括为以下几个方面。

科学性。 带班育人理念是班主任在带班育人过程中，立足学生终身发展与时代育人需求所建构的理性思考与理想追求,它是建立在遵循教育规律的基础之上的。因此,必须遵循学生身心发展规律、教育原理、德育原则等教育学、心理学、社会学、行为学理论,带班育人理念的确定必须建构在科学理论基础之上,是在科学理论支撑下的信念指引与思维导航。如果只是基于个人的理想情怀而缺乏教育理论的指导与引领,带班育人理念将成为无本之木,缺乏科学性。

导向性。带班育人理念既是班主任对带班育人教育实践的总结凝练,更是对未来育人理想的价值倾向与选择。理念与外部环境支持不同,其在教育实践中的指向也是不同的。在科学性的基础上,对于"带班育人的目标是什么""好的班级是什么样的""应该培养什么样的人"等问题的理解与追求,体现着班主任的价值选择,同时又潜移默化地影响着班主任的实践活动。

前瞻性。带班育人理念源于教育实践,是对教育"昨天"的反刍与思考,对教育"今天"的沉淀与总结,更是对教育"明天"的期待与展望。科学的带班育人理念应具备远见卓识,能正确反映教育的本质和时代特征,是关于教育发展的一种理想的、永恒的、精神性的范型,基于现实又超越现实,具有前瞻性。

实践性。带班育人理念一般源自班主任的教育实践,又是通过教育实践来实现的。班主任开展班集体活动、引领学生健康成长、进行学生思想道德教育、沟通家长和社区等教育实践时,不是随意盲目的,需要方法与目标的引领。而育人理念恰恰为其提供了意识与方向的指引。教育理念与教育实践是在具体的教育实践活动之中相互影响、互为促进的。

发展性。带班育人理念的形成是班主任在教育实践过程中从实践走向理论的发展过程,是一个从实践经验到思维建构再回到实践中检验,继而不断完善并运用指导于实践的螺旋式上升的过程。因此,带班育人理念的提炼、表达与完善,是随着班主任的成长、对教育的认识、外部环境等变化而不断更新的,是一个动态发展的过程。

班主任带班育人是培养人、发展人、改造人的过程,育人是班级教育工作的核心。班主任的根本任务就是以立德树人为宗旨,尊重教育规律,体现时代要求,为党育人、为国育才。

三、带班育人理念的实践价值

带班育人理念可以作为教育理论论证的对象。越来越多的班主任逐渐明晰自己的"带班育人理念",这也有助于教育理论研究者对现有教育理论进行调整、补充,以形成更完善的教育理论。教育理念的提炼与表达,对于解决教育理论脱离教育教学活动实际的问题有极大的促进作用。

1. 为班主任的教育实践提供指引

理念是行动的方向和先导。班主任的带班育人理念是其对"教育应然状态"的理解、追求与表达,是对未来班级育人的一种理想期待,渗透着班主任的价值选择和教育的操作思路。因此,带班育人理念为班主任提供了教育的理想蓝图,指引着班主任通过行动而不断努力。班主任发自内心地对教育理想的追寻将体现在其教育实践中的每一个环节和细节中。

2. 有利于完善班级文化建设

班级文化是一个班级的灵魂,是班主任、其他任课教师与学生共同营造的班级软环境,对师生的言行举止产生潜移默化的影响作用。班级文化的构成要素有四个,分别是青少年文化、朋辈文化、教师文化和教育文化。其中教师文化依托制度的力量,在班级文化中起着优势作用。带班育人理念带给班主任一种强大的精神指引,在潜移默化中影响与塑造着教师文化。班级文化与带班育人理念是相互影响的,当教师文化与班级其他文化要素相互作用产生反应时,班级文化又会反过来影响班主任的教育理念的更新与完善,最终促进教师和学生的共同发展。

3. 促进班主任专业化成长

专业化是社会文明与进步的表现,是社会发展的必然趋势和重要标志。班主任工作具有不可替代的专业性,高于一般教师工作的专业性,是教师专业发展的深化和扩展。教育反思为班主任的专业化成长提供了一条有效路径。带班育人理念正是为沉浸于琐碎事务中的班主任提供了反思的方向与媒介。反思理想与现实的差距,反思实践中的得失,借此不断超越自我,走向专业化成长之路。带班育人理念是班主任在实践与思考中形成的前瞻性架构,为班主任教育理想的实现提供了明确的发展目标与强大的动力。建构带班育人理念可以帮助班主任深入思考"我是谁""教育应该是什么"等问题，班主任在不断探索教育中的奥秘，为学生谋取最大可能发展的同时，也在不断发展、丰富和滋润着自己，带班育人理念的形成正是班主任逐渐走向研究型、专家型、卓越型教师的成长过程。

相关链接

> 提高教育的层次在于不断反思总结，将经验性的、技术性的心得上升到理论高度……没有总结提高，只能是在同一个层次上反复操作，充其量技术越来越精湛，但因为不能形成自己的思想，无法更深入一步，当然也就不可能成为这一行业中的出类拔萃者。
>
> ……很多具体的工作大家努力做起来都差不多，甚至有技术层面的高手，善于操作和表演，一节班会课可以开得有声有色，精彩纷呈，但决定他能达到的高度的绝不是才艺，而是思想的深度……大家都很努力，但最终能走出来的一定是既有实践又有理论的。
>
> ——选自陈宇.成就名班主任之七种武器(上)[J].班主任之友,2010(12).

案例 2-1　　　　　　合力创造班级幸福

幸福是教育最美的模样，任何教育都应该以给孩子带来幸福为第一要旨。美国教育家诺丁斯说："以获取幸福能力为标志的追求是教育的规律和价值取向。"幸福与快乐的不同，在于幸福是一种具有动力特征的能力，面向幸福的教育是指向内驱力的教育。教育的主体是学生，但教师、家长共同构成了协同教育的系统，没有教师幸福地教、家长幸福地陪伴，就难有学生幸福地学。只有能让学生、家长和教师共同幸福的教育，才能让学生获得全面健康的成长。

我的带班理念是让学生、家长和教师在幸福的教育过程中追求幸福(如图 2-1 所示)。让学生既能感受到个人发展的幸福，也能感受到集体归属的幸福；既有学习探究的高峰体验，也有担当付出的关爱体验；既有团结合作的乐趣，也有自我实现的满足。让家长既能够感受孩子的成长，也能助推孩子的进步。让教师既能够享受教书的趣味，也能够收获育人的成就。总而言之，我希望合力创造班级幸福。

（案例作者：昌晶，南京师范大学附属中学）

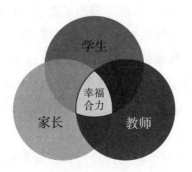

图 2-1　幸福合力

┌─[互动 2]─
│　1. 结合你对班主任带班育人理念的内涵及特征的理解,你觉得这位班
│主任表达的是带班育人理念吗?
│　2. 阅读这位班主任有关带班育人理念的表达,你对带班育人理念又有
│了哪些新的认识?
└

　　这位班主任的带班育人理念是什么? 是否符合班主任带班育人理念的
基本内涵及特征? 对照育人理念的内涵特征,我们可以看出,这是该班主任
对带班育人教育实践的一种理想期待及追求,是一种对追求"好教育"的价值
取向,符合带班育人理念的特点。

　　带班育人理念是班主任对教育实践及其教育观念的理性建构,但它不是
凭空产生的,而是建立在遵循教育规律,以及符合时代发展的先进教育理论
基础上的。案例 2-1 中,昌老师在阐述育人理念时依据的是诺丁斯的幸福教
育理论。诺丁斯认为,"幸福教育最主要的就是要确立以幸福为教育的核心
目的,学生从不同生活领域寻求幸福"。幸福教育理论中强调:"教育应满足
学生多方面的需求,将幸福和生活结合起来;鼓励教师和家长要善于抓住生
活中的教育时机,在恰当的时候实施合适的教育;鼓励教师成为学生的关心
者等,以此来实现学生的幸福。"[1]该理论符合教育规律以及国家教育教学改
革的方向,对于一线教师的教育理念及班级活动管理等有一定的启发与指导
意义。因此,在该理论基础上进行育人理念的阐释符合科学性的要义。

---

① [美]内尔·诺丁斯. 幸福与教育[M]. 龙宝新,译. 北京:教育科学出版社,2009.

此外,班主任带班育人理念还应当凸显班主任的岗位特性,体现班主任的专业理念。昌老师对幸福教育的丰富与提炼,体现了班主任"全面关心学生发展""关注学生的精神成长""做学生的重要他人"①等专业理念。学校教育工作的系统性与当代中小学学生问题的复杂性等决定了班主任想要更好地发挥其引领作用,必须调动和依靠一切可以调动的教育力量,形成教育合力,才能为青少年的健康发展营造一个和谐的社会环境。昌老师关于幸福教育理想的理念阐述,正体现了班主任整合教育资源的意识,如幸福教育目的的实现需要教师、学生和家长共同参与。她强调教育不是为了学生的幸福生活而牺牲其他主体的幸福,而是一种教师、学生及家长彼此共生、共同促进、共同幸福的良性发展,符合"以人为本"的发展理念。

要发挥带班育人理念的重要作用就需要用文字将其提炼并表达出来,但其表达形式是多样的。统观 2021 年江苏省中小学班主任基本功大赛选手提交的带班育人方略中有关育人理念的内容,可以发现育人理念的表达形式非常多样。有的班主任将其育人理念提炼为一个词语来表达,如"理解""博雅""自觉觉人";有的是用一句话来表达,如"合力创造班级幸福""找到理解的支点""润物无声,教育无痕""以人为本,重视人,教育人,理解人";还有的是基于某一理论,建立了完善的系统模型,如"基于场域原理,建立班级文化场域"的模型架构、"与儿童一起脉动,好习惯像树生长一样"的模型架构等,模型中通常包含理论基础、教育目标、操作要领、评价等因素。

另外,在调查中发现,有两类带班育人理念的表达易于吸引一线班主任的关注。

1. 表达教育观

教育观一般是指人们对教育的总体看法,是对"教育是什么"的回答。作为关于教育的观念系统,教育观通常由教育目的观、关于教育者和受教育者的认识、教育内容观和教育方式观构成。例如,"合力创造班级幸福"教育理念表达的就是教育目的观;"以人为本,重视人,教育人,理解人"和"润物无声,教育无痕"等教育理念表达的则是教育方式观。

---

① 齐学红,黄正平.班主任专业基本功[M].4 版.南京:南京师范大学出版社,2021.

2. 表达教育操作思路

教育操作思路，是人们关于应然的教育如何实现的思维路线，它是教育观在教育操作问题上的反映。教育操作思路不直接回答"教育是什么"，而是回答"教育做什么"和"教育怎么做"。例如，前文提到的两种教育模型就属于这种类型。

当然，教育观和教育操作思路这两者是不可分割的。教育观中蕴含着"教育怎么做"的基本信息；而人们对于教育活动的构思与实践，则始终是在一定的观点影响下进行的，由此实现了观点和方法在教育活动中的统一。

相关链接

班主任的教育观念、教育理念不是空洞无物的，而是具体体现在每一个教育细节中，如魏书生老师"让班上的每个孩子都有岗位"与有的教师"让班上的每个孩子都有职位"的做法，看似一字之差，背后的观念却大相径庭。"人人都有岗位"体现了全班学生对班级活动普遍的参与意识，而"人人都有职位"强化的是学生的"官本位"意识。有的班主任坚持每学期走访班上每个学生的家庭，与班上每位学生谈心一次，与全班学生一起制定班规等做法，都体现了班主任"心里有学生""以学生为本"的教育观念。

这样的学习意味着班主任要逐渐确立和形成自己的教育观念与教育理念，始终把全面深入地了解学生、走近学生作为自己的必修课。在此基础上，对学生作为一个发展中的、充满个体差异性的、具有无限发展潜能的完整的生命体有着充分认识，对教育的内在本质、教育教学的规律等有着整体性的把握，即教师要树立对于教育的内在信念，形成一定的专业品质，并将终身学习作为自己的努力方向。

——选自齐学红.学校德育与班主任专业成长[M].上海:华东师范大学出版社,2018.

第二节 追索与探源：带班育人理念溯源

张老师刚走上工作岗位两年。作为一名新教师，她既要学习如何成为一名语文教师，还要学习如何做好班主任，时常觉得时间少、困难多。仅仅应付工作中遇到的麻烦，似乎就已经花费了她所有的时间与精力。

在担任班主任的两年里，她也积累了一些经验和做法。这些经验和做法主要来源于两个方面：一是她自己在工作中的自我探索，二是她师父的指导。她的师父是一名工作经验丰富的老教师，在长期的班主任工作中积累了一定的经验和方法。每当张老师遇到班级管理或学生教育的难题时，师父总能帮她出几招。

可是，这些经验和方法都是零散的、个性化的。当班级每次发生新的问题时，张老师又没了主张和方向。张老师反思这段经历，她觉得主要原因是自己的学习就像这些方法一样是零散的、不系统的，仅仅停留在模仿层面。可是现实的教育情境是复杂的、多变的，没有理念的学习与指导，自己就像无头苍蝇一样没有头绪，只是到处忙着解决问题。

张老师产生了疑问：作为班主任，仅仅停留在浅层的行为模仿和经验复制肯定是远远不够的，那需要储备哪些理论知识来指引自己的专业成长呢？

[互动3]

1. 您认为班主任带班育人理念与外部知识之间是什么关系？

2. 想要提炼出自己的带班育人理念，您认为我们需要储备如下哪几方面的知识？

A. 教育学、教育心理学、德育原理等基础理论知识

B. 国家教育政策法规等相关知识

C. 班主任相关专业知识

D. 信息学、哲学、社会学、管理学、伦理学等相关知识

E. 其他

前面已经厘清了班主任带班育人理念的内涵、特征及其价值，那么如何

才能提炼出属于自己的带班育人理念呢？在探讨提炼策略前，我们需要找到带班育人理念生长的土壤与源泉。

一、班主任带班育人理念形成的知识基础

带班育人理念是班主任基于专业知识加工及教育实践建构而成的个人"教育理论"，它是专业知识、教育实践、他人教育经验以及自我反思的智慧结晶，展现着班主任内心信奉的教育思想与理论，体现着个人追求与价值取向。专业理念与知识的学习和运用是班主任个人"理论"形成的基础，是育人理念形成的一个重要条件。

知识纷繁复杂，班主任的专业知识学习包含哪些内容？近几年来，随着学生核心素养成为教育研究的重点，以及《中小学教师专业标准（试行）》《中小学班主任工作规定》等政策文件的推行，探讨班主任核心素养的内涵、研制班主任专业标准等也成为教育研究的热点话题。对于这个问题的答案，也许我们可以从这些研究中去寻找。

2009 年教育部颁布的《中小学班主任工作条例》第三章中规定了班主任的职责与任务，具体如下。

（1）全面了解班级内每一个学生，深入分析学生思想、心理、学习、生活状况。关心爱护全体学生，平等对待每一个学生，尊重学生人格。采取多种方式与学生沟通，有针对性地进行思想道德教育，促进学生德智体美劳全面发展。

（2）认真做好班级的日常管理工作，维护班级良好秩序，培养学生的规则意识、责任意识和集体荣誉感，营造民主和谐、团结互助、健康向上的集体氛围。指导班委会和团队工作。

（3）组织、指导开展班会、团队会（日）、文体娱乐、社会实践、春（秋）游等形式多样的班级活动，注重调动学生的积极性和主动性，并做好安全防护工作。

（4）组织做好学生的综合素质评价工作，指导学生认真记载成长记录，实事求是地评定学生操行，向学校提出奖惩建议。

（5）经常与任课教师和其他教职员工沟通，主动与学生家长、学生所在社区联系，努力形成教育合力。

基于班主任职责任务的阐释,班主任的工作重点在于开展丰富的活动与创设良好的环境,按照此思路可以梳理出班主任核心素养的基本框架(见表2-1)。

表2-1　班主任核心素养的基本框架

教育内容	学生教育	班级建设	教育合力	学生评价
态度	学生观	班集体功能观等	生态教育观等	全面质量观等
认知	对学生身心特点、学习机制的认识与理解等	对班集体建设的认识与理解等	对家庭、学校、社会及同伴的角色及其关系的认识与理解等	对学生评价的认识与理解等
能力	了解学生、教育学生的能力等	建设班集体、组织班级活动的能力等	沟通、协调能力等	开展综合素质评价等

班主任核心素养的基本框架拓展了对班主任知识维度的认识,如"学生身心发展规律及其特点""班集体管理理论""人际交往理论""家庭教育理论""德育论"等方面,都应当成为班主任知识结构中的重要组成部分。

2011年,教育部公布了《中小学教师专业标准(试行)》的征求意见稿,这是对中小学教师专业独特性的认同和理解,对于我国教师专业发展具有里程碑意义。而班主任作为一个重要的专业型岗位,其专业标准的研制也成了热点话题。虽然还未有正式出台的相关文件,但诸多研究者共同拟制的基本框架对于我们寻找班主任育人理念形成的知识基础有一定的启发意义。

班主任的专业结构中,"专业理解"与"专业知识"是班主任育人理念建构的重要内容。"专业理解"整体性地审视班主任专业特性,形成了班主任工作的基本价值取向,主要分为"理念与原则"和"角色与职责"两个方面(见表2-2)。"理念与原则"是对班主任工作性质的理解与认识,"角色与职责"是对班主任工作的基本定位和责任确定。

表2-2　班主任"专业理解"的内容

专业理解	理念与原则	1. 以人为本,尊重学生
		2. 遵循教育科学规律,艺术育人
		3. 协调整合各方资源,促进师生共同成长

续表

专业理解	角色与职责	1. 全面关怀学生身心成长
		2. 有效组织各种利于学生身心发展的活动
		3. 成为学生生活和学习的有效指导者
		4. 善于与科任教师、家长、社会协调沟通

　　班主任的"专业知识"主要包括"学生权益保障知识""学生身心发展知识""社会生活知识"和"人文与科学知识"(见表 2 - 3)。这些都是做好班主任工作、形成带班育人理念应该具备的知识,需要扎实掌握。

表 2 - 3　班主任"专业知识"的内容

专业知识	学生权益保障知识	1. 准确了解国家的根本教育政策法规,如《义务教育法》《未成年人保护法》等,确保教育公平
		2. 熟悉各级各部门制定的法规,确保学生权益
		3. 掌握与教育相关的法律知识,明确学生享有的权利和义务
	学生身心发展知识	1. 具备教育社会学、教育心理学等知识,努力构建和谐师生关系
		2. 掌握相关的家庭教育、伦理学等理论知识,促进学生全面和谐发展
	社会生活知识	1. 具有安全常识,能保障学生人身安全
		2. 关注学生社会生活、人际交往等知识,引导学生适应社会发展
	人文与科学知识	1. 具有精深的班级管理专业知识,提高班级建设的效益
		2. 在关注所教学科的同时,广泛涉猎相关学科的知识,促使班级工作有效开展

　　带班育人理念需要班主任对"自身承担着什么角色""学生需要什么样的教育""理想的班级是什么样的"等问题要有清晰的认识,同时要符合教育科学规律及国家政策方针要求。基于以上研究,可以将班主任育人理念形成所需要的知识储备内容分为专业理解与专业知识。

二、班主任带班育人理念建构的主要内容

（一）专业理解

1. 对先进教育理念的学习与选择

教育不能脱离社会而存在,先进教育理念应反映并代表社会发展的大趋势,指明或反映教育的发展趋势。先进教育理念必须是科学和正确的,揭示教育发展的客观规律,具有一定的真理性。那些代表了教育改革方向,对广大教育工作者的教育实践具有指导意义,有助于提高教育质量与效益的教育理念才是最先进科学的教育理念,如素质教育理念就是班主任必须树立和坚持的最基本的先进教育理念。素质教育作为一种全新而深刻的教育哲学理念,它不仅契合了全面发展的马克思主义人学观,而且还体现了时代发展的要求。素质教育关注受教育者整体素质的全面提升,重视人的能力培养和个性发展,旨在使每一个受教育者在德智体美劳及心理健康等方面得到提高和全面发展。作为全面关心学生成长的班主任老师,更要坚守和实践素质教育理念,为学生的终身发展负责。

深刻领会先进教育理念的内涵,了解和掌握先进教育理念的基本特征,有助于班主任判断哪些理念是先进的,从而合理地予以接纳、选择与优化。

相关链接

当前学校教育改革中,各种教育理论纷呈,生命教育、创造教育、闲暇教育、赏识教育、超越教育等等,以及完全由西方引入的人本主义、建构主义与后现代主义等,各种新概念、新名词陆续涌现,被冠以各种新名称的教育改革实验在各地纷纷兴起。诚然,全新的理论活跃了广大教育工作者对当前教育弊端的反思,丰富了他们的理论视野,从教育实践层面上推进了当前学校教育改革向深入发展。但是,当今最先进的教育理念是否就是最适合的教育理念?

……任何教育理论都有其适用的针对性和局限性,纵观当今教育历史上各种教育思潮和流派,没有哪个称得上是普适有效和绝对正确。教育因时而异,因地而异,因事而异,因人而异,从来就没有普适有效的教育理念。在教育终极价值上,对个体生命和自由的理性诉求,古今中外莫不一致。但是生命的存在不是抽象的存在,人的价值实现离不开具体、历史的社会条件;追求民主

和平等是教育的永恒主题,但是不同的国度,民主的含义是不相同的,实现民主的方式也是不一致的。因此照搬别人的理论,带来的只会是实践运用上的"不适症"。我们的教育思想,应该根植于自身的传统与现实……正确的教育理念是站在广阔的国际视野并根植于现实土壤,而不是简单贴上外来理论的标签。

——选自曾水兵. 有先进教育理念的教育就是好的教育? [J]. 中国教师,2007(4).

2. 对班主任角色的认识与理解

育人理念中一个非常重要的内容就是要回答"我是谁"的问题,即班主任如何看待自己的角色。角色规定着一个人在特定领域活动的范围,以及与其相应的权利、义务和行为规范。班主任角色是指班主任与在学校班级活动有关的社会关系中所表现出的一种身份,并由此规定的班主任行为规范和行为模式的综合,是作为班主任个体在社会中权利、义务、责任的集合体。

教育部印发的《中小学班主任工作规定》中对班主任角色的表述如下:"班主任是中小学日常思想道德教育和学生管理工作的主要实施者,是中小学生健康成长的引领者,班主任要努力成为中小学生的人生导师。"学生要拥有幸福美满的人生,首先必须身心和谐、知情相融。作为学生的人生导师,班主任要关心学生的全面发展,即关心学生的思想发展、知识学习、社会成长以及生理发育,尤其要关注学生的精神成长,成为学生的精神关怀者。

同时,班级教育是一种集体教育,班主任是全体学生的"人生导师"。关心全体学生的发展就是要以多元智能理论为指导,把握每一个学生的现实发展状况和发展特点,分析他们的发展旨趣和发展优势,对每个学生实施适合的教育,让他们成长为个性化的社会人。由此可见,班主任作为人生导师,要教会学生做人,教会学生学习,教会学生健体,教会学生全面发展。要通过有效教育,将学生从孩童的懵懂状态逐步引向理智的人生,培养学生良好的思想品德、行为习惯、心理素质,为学生的全面发展和终身发展奠定基础。新时代班主任的角色定位应该是"学科教师+德育教师+人生导师",成为最能和学生心灵相通的"灵魂工程师"。

（二）专业知识

1. 学生权益保障知识

教育法制观念（关于法律法规的思想和观点），是现代教师教育观念体系中的重要组成部分。我国未成年人权益保护法律体系主要是在《中华人民共和国宪法》指导下形成的、专门法和非专门法相结合的、以保护未成年人合法权益和预防未成年人犯罪为内容的、多效力层次法律结合的有机整体。

《中华人民共和国宪法》对我国教育作出了最根本的规范，它确立了青少年的培养目标和未成年人权益保护的根本策略。《中华人民共和国宪法》规定，"国家培养青年、少年、儿童在品德、智力、体质等方面全面发展；婚姻、家庭、母亲和儿童受国家的保护；父母有抚养教育未成年子女的义务；禁止虐待老人、妇女和儿童"。

与《中华人民共和国宪法》相配套，对整个教育全局起宏观调控作用的基本法是《中华人民共和国教育法》。《中华人民共和国教育法》中对教师和其他教育工作者、受教育者等主体的权利和义务进行了明确的阐述，为学生权益提供了保障。

《中华人民共和国未成年人保护法》《中华人民共和国预防未成年人犯罪法》这两部法律是专门保护未成年人权益的。《中华人民共和国未成年人保护法》是未成年人保护领域的综合性法律，它是按照未成年人所处环境要素的变化进行划分的，包括家庭保护、学校保护、社会保护以及司法保护，其目的在于实现未成年人的社会化。《中华人民共和国预防未成年人犯罪法》是为了保障未成年人身心健康，培养未成年人良好品行，有效预防未成年人违法犯罪而制定的法律。

此外，关于未成年人权益的法律法规和司法解释还依附于其他法律法规。如由国务院制定、发布的教育行政法规，即《学校体育工作条例》《学校卫生工作条例》等；地方性教育法规，即《江苏省中小学生人身伤害事故预防与处理条例》等。

随着时代的发展，面对新形势新要求，一些新的法律法规、文件也相继出台。如中共中央、国务院出台了《关于全面加强新时代大中小学劳动教育的意见》《新时代爱国主义教育实施纲要》《未成年人学校保护规定》《中小学教育惩戒规则（试行）》等，这些具有时代性且较为具体的规定，对一线班主任准确理解学生的权利和义务,捍卫学生合法权益具有重要指导意义。

班主任应加强法律知识的学习,增强教育法制观念,时常反思自己的育人理念及育人实践是否建立在学生权益受保护的基础之上。

---[互动 4]---

1. 您还知道哪些与学生权益有关的法律?

2. 根据法律,班主任应该守护的学生权益的主要内容有哪些?

2. 学生道德发展相关知识

作为学生思想道德教育的骨干力量,班主任的一切教育活动应从了解教育对象出发。关于儿童道德发展,西方心理学界研究得比较多,其中情感发展方面的精神分析理论、行为发展方面的社会学习理论和认知发展方面的道德认知发展理论等影响较大。

精神分析理论代表人物分别是弗洛伊德和埃里克森。弗洛伊德认为人格中有本我、自我和超我三个层面。"本我"主要由无意识的性本能和攻击本能组成,按照快乐原则行事,其核心是即时性的个人满足。"自我"则是努力满足本我的需要,按照现实原则行动。"超我"由良心和自我理想两部分构成,它抑制"本我"的冲动,使"自我"采取较高的道德标准。人的一切行为都是这三个层面之间的矛盾冲突的结果。埃里克森将人格发展分为八个阶段,分别阐述了各阶段对道德形成的影响。精神分析理论主要关注点在情感方面,其突出之处在于强调父母对儿童的感情影响,幼时父母的行为方式、赏罚方式会极大地制约儿童的人格与道德发展。

相关链接

埃里克森的人格发展阶段理论

1. 信任对不信任(出生~1 岁)

如果这一阶段的危机成功地得到解决,就会形成希望的美德。

如果危机不能成功地得到解决,就会形成惧怕。

2. 自主对羞愧和疑虑(1~3 岁)

如果这一阶段的危机成功地得到了解决,就会形成自我控制和意志力的美德。

3. 主动对内疚(4~5岁)

如果这一阶段的危机成功地得到解决,就会形成方向和目的的美德。

如果危机不能成功地得到解决,就会形成自卑感。

4. 勤奋对自卑(6~11岁)

如果这一阶段的危机成功地得到解决,就会形成能力的美德。

如果危机不能成功地得到解决,就会形成无能。

5. 同一性对角色混乱(12~20岁)

如果这一阶段的危机成功地得到解决,就会形成忠诚的美德。

如果危机不能成功地得到解决,就会形成不确定性。

6. 亲密对孤立(21~24岁)

如果这一阶段的危机成功地得到解决,就会形成爱的美德。

如果危机不能成功地得到解决,就会形成混乱的两性关系。

7. 繁殖对停滞(25~65岁)

如果这一阶段的危机成功地得到解决,就会形成关心的美德。

如果危机不能成功地得到解决,就会形成自私自利。

8. 自我完整对失望(66岁~死亡)

如果这一阶段的危机得到成功的解决,就会形成智慧的美德。

如果危机不能成功地得到解决,就会形成失望和无意义感。

——选自檀传宝.德育原理[M].北京:北京师范大学出版社,2017.

社会学习理论的主要观点是儿童只需要通过观察学习就可以获得大部分的新行为,这就是"替代强化"。环境、社会文化以及成人榜样,直接影响儿童的道德形成和发展。该理论的特点是从外在行为习得的角度,研究人格与道德发展,可以帮助我们正确地认识和改进家长、教师的行为,完善、优化德育环境。

道德认知发展理论以皮亚杰、科尔伯格为代表。皮亚杰将儿童的道德发展划分为四个阶段:第一阶段是6岁以前的"自我中心主义"阶段,第二阶段是"权威阶段"或他律阶段,第三阶段是"可逆性阶段",第四阶段是"公正"阶段。皮亚杰认为促使儿童由自我中心向他律道德和自律道德转变的关键是儿童的社会交往,儿童通过社会交往和社会合作形成真正意义上的道德观念。

科尔伯格将儿童道德发展阶段分为 3 种水平、6 个阶段。道德认知发展理论对道德认知能力的发展及其阶段性的研究,推进了我们对德育对象的道德发展实际的认识。

相关链接

科尔伯格道德发展阶段理论

水平 1:前习俗水平

这一水平的道德观念是纯然外在的。儿童为了免受惩罚或赢得奖赏而服从权威和权威规定的规则。这一水平包括两个阶段。

阶段 1:服从和惩罚的道德定向阶段。儿童只根据后果来判断行为的好坏。他们为了免遭惩罚而听从权威人物的命令,尚未具有真正意义上的准则概念。儿童"不参与"某种行动,不是因为他意识到这一行动是坏的,而是因为权威的作用;判断过错的标准不是行为本身的性质,而是遭受惩罚或造成破坏的程度。

阶段 2:朴素的享乐主义或功利主义定向阶段。这一阶段的儿童为了获得奖赏或满足自己的需要而尊重规则。假如对自己有好处,为别人服务就是"对"的。"你对我好,我就对你好"是这一阶段的指导思想。这是一种低级的、实用主义的对等观念。但儿童对过错的严重与否的判断已经开始部分地根据行为者的意向来进行了。

水平 2:习俗水平

这一水平的主要特点是个体着眼于社会及其希望考虑的问题,认为道德的价值在于为他人和社会尽义务,以维持社会的传统秩序。它包括阶段 3 和阶段 4 两个阶段。

阶段 3:好孩子定向阶段。处于这一阶段的儿童在进行道德评价时总是考虑到他人和社会对一个"好孩子"的期望和要求,并以此为标准展开思考和行动。

阶段 4:享受权威和维护社会秩序定向阶段。这一阶段的儿童更加广泛地注意到维护普遍的社会秩序的重要性,开始强调每个社会成员都应当严格遵守全社会共同约定的某些行为规则,即强调对法律和权威的服从。

水平 3：后习俗水平

这个水平的主要特点是个体不仅认识到尊重规则的重要,而且开始认识到法律、规则的人为和相对的性质,会在考虑到诸如全人类的正义、个人的尊严等问题时形成超越法律和规则的普遍原则。它包括阶段 5 和阶段 6 两个阶段。

阶段 5：社会契约定向阶段。这一阶段的个体不再把规则、法律看成是死板的、一成不变的教条,而是认识到规则是人为的、灵活的,是一种民主的、"契约"性的东西。只有那些经过民主程序、符合公正原则的准则才是可以被接受的;强加于人的、不符合大多数人的利益的法则都是不公正因而应予以拒绝的。

阶段 6：良心或普遍原则定向阶段。这一阶段个体已经认识到了社会秩序的重要性和维持社会秩序可能的弊端,因而看到了社会规则、法律的局限性。个体开始基于自己的良心或人类的普遍价值标准判断道德行为,逐渐形成自己的道德哲学。

——选自檀传宝.德育原理[M].北京:北京师范大学出版社,2017.

3. 班级管理专业知识

《教育部关于进一步加强中小学班主任工作的意见》中要求,班主任"要做好班级的管理工作。加强班级的日常管理,维护班级良好的教学和生活秩序"。做好班级管理工作是做好班级一切工作的前提和基础,也是保证良好教育教学秩序的需要。班级常规管理是班主任最基础的工作,因此,有关班级管理方面的知识是班主任带班育人理念形成的重要基础。

从社会学的角度来看,班级是一个特殊的社会群体,具有社会组织普遍的特性:① 社会倾向性,即要求班级成员要将个人利益与班级、学校以及社会利益统一起来,以社会要求、教育目标作为标准,实现将"自然人"教育成为"社会人"的教育目的;② 规范组织性,即在班级目标的导向下,班级从不同维度建立组织架构,成为一个综合体;③ 自为主体性,即人人都是班级的管理者。当然,班级也有其自身的特性,如在班级互动方式上具有情感和理性的双重性,班级具有统一的目标和行为上较大的整合性,班级在形式上是比较正式的群体结构等。

班级管理学其实是管理学与教育学的交叉学科,以管理学、教育学、社会学作为学科基础。班级管理学主要围绕"如何认识班级""班级管理理论有哪些""班级管理的实践智慧"等方面展开。班级组织由四个基本的子系统,即关系系统、目标系统、制度系统和文化系统组成。

(1)关系系统。班级是一个微型的社会系统,它的内部成员有着复杂的关系,与外部社会也有着一定的联系。所以协调、处理好班级教育社会系统内外部各种关系是班级管理工作中的一个重要组成部分。

班级管理的内部系统的要素有教师群体(包括班主任和任课教师)、学生群体(分为正式群体与非正式群体),各要素之间构成了师生关系、班主任与任课教师的关系、学生群体内部关系。处理好班级管理内部关系需要遵循一些基本原则,如让学生成为班级管理的主体之一;整合教育力量,让教师群体形成班级管理合力;班级管理以人为本,要与时俱进等。

班级管理的外部系统有校内因素,如学校领导、校园文化、学校团队组织;有校外因素,如家庭教育、社会教育等。作为班主任,我们要调动一切相关力量,并力求各种教育力量在方向上保持一致,营造教育合力。但这种合力不是简单的叠加,需要班主任主动沟通、协调,用智慧进行整合。

(2)目标系统。班级管理目标对于班级整体和班级中的个人都有着重要的意义,它关系到班级管理工作的成败,关系到把全班学生引向何方。它是班级管理的起点,又是评价班级管理绩效的依据和标准。学生的生命成长必须面对两个世界:知识世界和生活世界。因此,我们班级管理的目标也应当从"知识世界"出发,引导每一个人面对"生活世界",使之发展个性、舒展自我,成为真正意义上的人。

(3)制度系统。班级制度是班级管理系统中的一个重要组成部分,是班级运行良好的前提和基础。在班级管理的过程中,要重视和加强班级制度建设,让外在的制度规范发挥促进学生成长的作用。

(4)文化系统。班级文化是指在班级管理理念的指导下,教师群体和学生群体彼此之间以及学生群体内部之间共同创造的一切物质的、制度的和精神的环境,并且能够促进师生共同进步和成长。班级文化主要包括班级物质文化、班级制度文化和班级精神文化。班级文化建设应着眼于学生内在个性的发展要求,在不断的实践探索中完善发展,努力创建人本化的班级文化。

班级管理的每个子系统都至关重要,缺一不可。班级管理的实施和运作是一个系统的过程,需要将各子系统整合起来,因而形成了诸多班级管理实践模式,如人本主义下的科层制管理模式、传统管理模式下的文化管理模式等。无论哪种班级管理模式,都需要班主任勇于开拓、积极实践、大胆创新。

4. 广博的跨界性知识

从班主任的专业知识结构角度出发,以上所列举的知识还远远不够。班主任工作面广、量大、繁杂多样,除了具备以上专业基础知识外,还需要具备广博的知识面,如班主任要经常性地从事心理健康教育工作,需要掌握和运用心理学、行为学等知识;要协调学生与家长之间的关系,就需要掌握家庭教育指导、伦理学等相关知识。随着时代的发展,班级管理也需要与时俱进,这就需要班主任能够掌握一些诸如经济学、信息论等基本知识。想要成为一位专业且优秀的班主任,博览群书、学以致用是必要的,更是大有裨益的。

理论知识在无形之中影响着班主任的带班育人理念和教育行动,是班主任个人"理论"形成的重要前提。班主任要注重加强理论知识的学习,增强理论自觉,并将其主动融入教育实践中,从而逐渐形成自己的实践智慧与个性表达。

案例 2 - 2   "三明"德育

"立德树人、为党育人、为国育才"是习近平总书记对广大教师提出的殷切希望,更是深刻回答了培养什么人、怎样培养人、为谁培养人这一教育的根本问题。

江苏省《关于加强新时代中小学思想政治理论课教师队伍建设的意见》(以下简称《意见》)中指出:中小学阶段是人一生中的"拔节孕穗"期,不仅是长身体、长知识的重要时期,更是价值观形成的关键时期。根据《意见》及小学生身心发展特点,我将生命自觉视域下"明自我""明他人""明环境"的"三明"德育确立为本班育人理念。

"生命自觉"是叶澜教授最早提出来的。她说:"时代呼唤生命自觉,生命自觉是'新基础教育'追求的核心价值观。"李政涛也指出,有"生命自觉"之人,至少具有三大特征:一是拥有对自我生命的自觉,即"明自我";二是拥有对他人生命的自觉,即"明他人";三是拥有对外在环境的自觉,即"明环境"。自觉之"觉"兼有"觉知""觉悟""觉解"之意,指向对自我生命、对他人生命的领悟,以及对个体生命所处外在环境的觉知和觉解。

培养具有"三明"特征的未来公民是学校的文化使命,也是班级建设"立德树人"的核心目标。

(案例作者:姚国艳,南通市海安市实验小学)

[互动 5]

1. 阅读这位老师的育人理念,这段文字展现了该老师哪些知识背景?

2. 结合育人理念与专业知识之间的关系,您觉得该老师育人理念的阐述有哪些优点? 还有哪些地方需要改进和完善?

带班育人理念是班主任的专业知识、教育实践、他人教育经验以及自我反思的智慧结晶,展现了班主任内心真正信奉的教育思想与理论,体现着个人追求与价值取向。透过姚老师育人理念的阐述文字,我们或许能捕捉到她的知识结构。首先,姚老师的"三明"育人理念建立在"生命自觉"的教育思想之上,这在一定程度上展现了她对先进教育理念的关注与学习。

"生命自觉"源自叶澜教授对生命实践的理论研究与探索,它强调教育应当关注人在教育中的自主意识及其生命属性。"生命自觉"以"人本主义"为本质立场,传达了对人的尊重与关怀,体现着实现个体全面发展的美好愿景。该教育思想的本质立场与我国"努力构建德智体美劳全面发展的教育体系"的目标任务方向一致,符合国情及时代的发展要求。此外,"生命自觉"包含三重内涵,即领悟自我、知觉生命和实践生命,鼓励个体探索价值,挖掘自身的发展潜力,拓展发展可能性,不断提高生命的价值。以生命自觉为价值取向的教育理念符合教育规律,与我国立德树人的教育目标也是吻合的。因此,班主任在该教育思想的基础上进一步发展形成自己的育人理念,其方向和科学性是能够得以保障的。

其次,从姚老师育人理念的阐述中,我们也能发现她对国家教育方针政策的关注,如关注国家对培养什么人、怎样培养人、为谁培养人这一教育的根本问题的解读,关注各级各部门颁布的相关法规,将自己对国家相关政策的解读与学生身心发展规律相结合,提炼出育人理念。

但是,在姚老师这段阐述中,主要还是对国家相关文件精神的介绍以及不同学者对"生命自觉"的阐述。育人理念与教育理论之间虽然相互联系,但又不能完全等同。在这段描述中,如果能结合文件精神、"生命自觉"理论以及小学生身心发展的规律,进一步阐述"三明"理念的内涵及自己的理解,才能真正做到将理论、教育实践以及个人的智慧思考联系起来,也从而形成自身特色鲜明的带班育人理念。

相关链接

> 学习:在理性认识中丰富自我。当今社会是一个学习化的社会,任何人要想跟上时代发展步伐,就得不断学习。加强学习是班主任提高素养的必要途径。班级的建设与管理,学生的教育与培养是一门很深的学问,需要广博的知识、丰富的经验,需要教育才能和管理艺术。而知识与能力是辩证的统一体,知识是能力的基础,雄厚的知识基础是提升能力的精神宝库。因此,班主任自主发展最重要的是要加强学习,在理性认识中丰富自我。
>
> ——选自齐学红,黄正平.班主任专业基本功[M].4版.南京:南京师范大学出版社,2021.

第三节　确立与提炼:带班育人理念形成

陈老师是大家公认的优秀班主任。她担任班主任长达 20 多年,遇事喜欢动脑筋,在带班过程中积累了很多方法和智慧。有年轻班主任向陈老师请教如何成为一个有思想深度的班主任,陈老师回答说:"其实,我的这些点子都是在带班过程中慢慢琢磨出来的,你们班主任工作做久了,就会有自己的思考的。"

而与年轻老师的对话也让陈老师陷入沉思:20 多年的带班经历,面对每一届的学生,想过很多方法,做过不少尝试,效果也都不错。可为什么别人问起时,却觉得曾经的那些经验只可意会不可言传呢?这么多年的积累好像并没有认真总结过,那又该如何清晰地提炼呢?是不是该去好好研究学习一些教育理论才行呢?

┌──[互动 6]────────────────────────────────────┐
│　1. 您认为带班育人理念和教育理论之间是什么样的关系?
│　2. 您认为提炼带班育人理念需要从哪些方面着手?
└──┘

　　像该情境中陈老师这样有着丰富带班经验、独到育人智慧的班主任并非鲜见,他们在实践过程中慢慢形成了一些对教育的思考与认识,但当需要准确提炼与清晰表达的时候,却感觉比较困难。那么,影响带班育人理念形成的因素有哪些呢? 一个独具个人特质的带班育人理念究竟如何提炼与表达呢?

一、影响带班育人理念确立的因素

(一) 内部因素

1. 个人专业知识结构

　　带班育人理念从其内涵来看,属于班主任实践性知识的范畴,是班主任个人教育哲学的重要组成部分。班主任工作是一项既复杂而专业性又强的工作,其涉及面广、繁杂多样,没有广博的知识储备,是很难做好的。育人理念形成的重要前提是班主任的个人专业知识结构。当班主任实际拥有的各类知识所达到的水平、所能运用的程度范围与当下的教育活动要求不一致时,就出现了个人专业知识结构不合理的现象。

　　在现实生活中,许多班主任将班级管理策略、班主任沟通方式、学生事务管理等操作性知识视为最重要的组成部分。他们认为理论不能直接对教育实践产生有效指导,具体的方法策略比理论知识更加重要。在知识的学习过程中,他们更加重视能够直接付诸实践的教育方法等知识的积累。因此,现实教育教学中,班主任个人专业知识结构的不合理主要表现为理论性知识的缺乏。

　　大多数班主任的理论性知识来源于自身在师范院校时所学习掌握的内容,真正走上岗位后对这部分知识的记忆往往较为模糊;加之学生时代习得的理论知识多为一般意义上的教育学、心理学知识,针对班主任的专业性理论知识并不系统。因此,很多教师对于班主任工作应该掌握哪些理论知识本身就不够清晰,而当面对不断变化的真实情境时,因教育对象的特殊性、发展性,教育问题的复杂性、长期性,有限单薄的理论知识往往让班主任捉襟见肘。陷入班级问题泥潭中的班主任,又会因缺乏理论性知识而难以跳脱受挫的境遇,很难以客观理性的思维看待带班育人过程中的得失,很难形成经验性反思,自然难以在教育实践中形成自己的育人理念。

2. 个人教育生活史

外部知识是班主任育人理念形成的重要前提,但它并不能直接转化为班主任的育人理念。虽然不少公共性知识已经得到了较为普遍的认可,但不同主体在对同一知识或理论进行意义赋予的过程中也会彰显出独特的个体性特征。每一位班主任都有其不同的个人教育生活史,这对班主任形成各自的带班育人理念同样起着非常重要的作用。

生活史理论最初源于进化心理学。进化心理学认为人类的大脑里装着一个有着漫长进化历史的"心理",过去是了解现在的钥匙。个人生活史是关于教师个体教育与生活的历史,它不是孤立的、零星的个人记忆,而是在一定社会、文化和历史背景中,教师在其生活与教育中所发生的事件和所经历的一切。教师经历的人、事、物都会转化为教师的"个人知识",形成教育理念,并影响教师的行为。教师的个人生活史包含两个方面:一是成为教师前的生活史,尤其是受教育史;二是成为教师后的教育史。

在走上班主任岗位之前,每一位教师都有着漫长的受教育史。他们曾经或以学生,或以教师身份获取到相关的教学方法、教育观念、师生关系等,都在上岗后的班主任生涯中留下了不可抹去的履痕。那些对教育最朦胧的感受被潜移默化地加工与重构,成为知识系统中最初的、隐性的、直觉式的教育认知,那些来自日常生活的经验感悟,特别是一些具备"关键性"特质的事件、人物、经历等对班主任个人的品质、语言、思维方式、行为习惯、生活方式及价值观的形成等,都以显性或隐性的方式深深影响着班主任育人理念的形成与发展。

──┤[互动 7]├────────────────────

回顾您的生活史,对您教育理念产生重要影响的"关键人物"或"关键事件"有哪些? 对您产生了哪些影响?

相关链接

教师生活史是研究教师专业成长的重要史料,具有以下主要特征。

第一,生成性。教师生活史反映教师个人学习、生活的经历,随着教师生活阅历的丰富,具有动态的生成性。在这个过程中,教师接触与教育相关的知识,并储存于头脑中,经过教师个人的认知选择,生成教师独特的个人知识。

第二,广泛性。教师生活史是指教师以往的生活经历。其内容囊括众多,既有日常生活也有非日常生活,既有精神生活也有物质生活。因此,教师生活史范围广泛,时间跨度极大。

第三,体验性。教师生活史反映的是教师的自身经历,是教师本人的亲力亲为,经过教师亲身体验、主观感受与个人需求而形成个人知识结构。这种亲身的体验对教师的成长尤为重要。

第四,缄默性。教师的个人生活史是教师从前的生活经历,通过教师个人的知识建构内化为一种隐性知识,存在于教师个人头脑中。当教师处于特定的相似情境中,其存储的知识被唤醒,潜移默化地影响教师的言行举止。

——选自吕珍,赵永勤,张育菡.新任教师反思能力的培养策略——基于个人生活史的视角[J].教师教育学报,2022(1).

3. 实践反思能力

反思是指行为主体以自身已有的观念和行为活动本身作为意识的对象,并批判地认识和省察自己的思维、行动及情境体验的过程。我国著名心理学家林崇德提出:优秀教师=教学过程+反思。进行反思是教师自我成长和教师专业发展的核心要素和重要途径。

随着国家新一轮基础教育课程改革的实施和推进,大量新的方法、新的观念以及由此产生的教育情境问题增多并复杂化,这就需要教师在教育实践的过程中增强反思意识和反思能力,不断地审视自己,以此来对自己习以为常的教育教学行为有所思考,并尝试改进。

相较于一般学科教师,班主任工作更是一项复杂的专业劳动。在经济全球化、价值多元化、信息网络化背景下,学生群体成长不断出现新特点、新情况,对班主任提出了更高的反思要求。班主任反思是指班主任以班级管理活动与育人成效为思考对象,对自己的思想和态度、行为和方法、教育与管理、效果与成效进行审视和分析的过程。反思可以帮助班主任从复杂的现实情境和经验性的行为中解放出来,帮助班主任把经验和理论连接起来,对自己的教育实践进行批判性质疑、科学性分析,进而不断自我调整、自我完善、自主建构。班主任育人理念正是在其对教育本质的认识和实践的反思中逐渐形成的。

(二)外部因素

如上所述,班主任的知识很多来源于学生时代获得的间接经验及走上教师岗位之前的教育生活史,这属于个体的内部因素。而从外部因素看,班主任入职后获得的新认识、形成的新观念、采用的新方法等与其所处的学校环境及学校文化息息相关。班主任基于教育实践对外部知识进行意义建构的过程,必定包含了对所在学校文化的理解与选择。

学校文化是学校全体师生所持有的共同信念,这些信念支配着他们的行为方式。在学校里,文化常常扮演着引领者的角色。班主任的带班育人理念正是受着学校主流文化的影响与同化。无论是学校、年级还是班级,班主任是整个学校群体中不可或缺的核心力量,班主任常常成为学校文化的践行者、传播者与丰富者。社会性是人的本质属性,个人与社会互动的过程正是把握本质、揭示规律的过程。班主任在学校这个小型社会里,一方面适应着学校环境,受着学校文化的影响;另一方面又在与外部环境的互动交流中对已有的认知加深理解、不断改造,甚至有所创造,这在无形中也越发接近教育的本质,而这一过程正是班主任带班育人理念渐渐形成与明晰的过程。

[互动 8]

您所在学校的学校文化有什么样的特征?它对您的带班育人理念产生过哪些影响?

二、带班育人理念的提炼路径

(一)终身学习、主动研究——带班育人理念形成的必由之路

任何教育理论、教育观念和教育经验要融入教师个体的教学哲学,必须

先引起教师有意识的关注,在关注的基础上教师才会进一步了解这种教育理论、教育观念或教育经验,并作出最初的选择与适当取舍。在教师专业自主能力发展中(如图2-2所示),自主意识是核心与关键。同样,班主任要形成带班育人理念,首先要有自主意识,以自主学习、自主反思和自主实践来不断强化自主意识、完善自主能力。只有具备自主学习意识、终身学习理念,不断完善班主任工作的专业性知识结构,才能逐渐形成带班育人的认知基础。

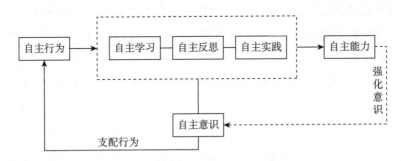

图2-2 教师专业自主能力发展逻辑

从这个意义上来看,自主进行知识更新与树立终身学习的意识比知识本身更加重要,它关涉着知识的更新与完善、观念的重组与建构、理念的深化与升华。班主任可以从以下方面展开自主性与终身性学习。

1. 坚持专业阅读

苏霍姆林斯基曾说道:"读书,读书,再读书——教师的教育素养取决于此。"①理论性知识作为一种外显性知识,通常以文字形式呈现在书中。阅读专业书籍是班主任完善知识结构的重要途径。这里的专业书籍一方面包含经典的教育哲学理论图书,即人们运用哲学的辩证思维对教育学科知识进行概括而总结形成的认识成果,如教育本质、教育目的、教育价值、教育各要素及其相互间的关系等方面的成果,是一种系统化的理论知识;另一方面,很多教育、德育及班主任专业性期刊也应当成为班主任的必读内容,比如,《人民教育》《中国德育》《班主任》《中小学班主任》等优秀的期刊必不可少。通过阅读经典,班主任可以了解教育的基本规律,厘清教育知识之间的关系,把握教育实践的本质。因此,坚持不懈地进行专业书籍阅读可以为班主任深入思考

---

① 张万祥.苏霍姆林斯基教育名言[M].天津:天津教育出版社,2008.

教育问题提供最根本的思想源泉与理论基础。

2. 积极参与培训

班主任专业化发展诉求促使班主任主题培训活动逐年增加,这为班主任提升素养提供了良好契机。从培训活动的形式和内容来看,专家讲座、主题沙龙、案例分享等等不仅为一线班主任带来很多前沿的理论思想,更是为班主任搭建了向专家请教、与同行切磋、跟自己对话的平台,班主任在倾听、思考、认同、质疑、交流、碰撞中进一步深化自己对教育理论知识的理解与运用,自然会转向对个体的实践性、操作性的反思,这个过程正促发着带班育人理念的萌芽。

需要强调的是,班主任参与培训通常是内发而生、积极主动的,很多优秀班主任会放弃休息时间,利用节假日报名参加各级各类、线上线下的培训。如南京师范大学班主任研究中心每月一期的"随园夜话"班主任沙龙,每一期沙龙基本安排在下班后的晚上时间,班主任们即使再忙也会不约而同地相聚在沙龙中。10多年来,100多期的"随园夜话"沙龙活动每一次都是线下座无虚席、线上热闹非凡。从这个角度看,班主任参与培训的积极性与主动性直接决定着个体带班育人理念形成的动力和时机。

3. 善于写好教育故事

班主任的教育过程其实是班主任和学生一个个故事展开的过程。在这一过程中,班主任的理念、智慧渗透其中,并且自然地体现出来。师生共同创造了教育故事,一个个故事不仅呈现出班主任的教育智慧,映射出班主任的人格魅力,更锻铸了班主任的教育风格。这是一个个道德意义生长的故事,也是一个个充满智慧和审美的故事。

当班级故事发生后,班主任可以回忆并记录反思这一过程,如果同时能与学生进行讲述和分享,师生共同接受又一次特殊的教育,那么则将经历再一次的道德成长。因此,班主任讲好、写好、用好育人故事,其价值与意义不可小觑。班主任更应当持久而饶有兴致地进行班级教育叙事研究,这不仅是带班育人理念形成的有效途径,更是提升带班育人能力的科学有效的策略,因为叙事作为一种研究方式本身是极其重要且行之有效的。

（二）不断反思、积极重构——带班育人理念发展的优化策略

当班主任树立了终身学习的意识,通过阅读、培训与叙事不断积极主动地探索与实践,就已经完成了从事务型班主任向研究型班主任的转变,带班育人理念也会在探索进程中逐渐清晰起来。但时代发展对教育的要求越来越高,教育对象每天也在变化,带班育人理念是不是很成熟,能否经得起发展的检验呢? 如何让班主任的带班育人理念从确立形成到优化成熟、更新与发展呢? 基于实践经验的不断反思、动态重构可以为班主任提供一条重要且有效的途径。

> ──┌ [互动 9] ┐──
> 您在教育生活中会主动反思吗? 一般会对哪些事情进行反思? 采取什么样的方法进行反思?

我们可以从反思意识、反思内容、反思方法、反思的影响因素等层面来建构班主任反思框架(如图 2-3 所示),以帮助班主任提升实践性反思能力。

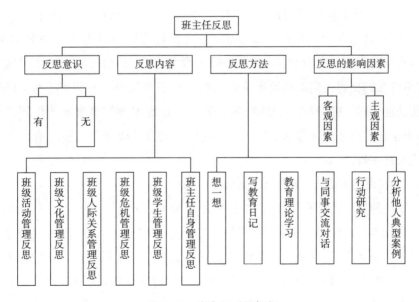

图 2-3　班主任反思框架

结合班主任反思框架,提升实践性反思能力以重构、发展与完善更加科学的带班育人理念,可以从以下几个方面着手。

1. 牢记使命担当，提升反思意识

班主任的反思意识反映出班主任的教育觉察力和敏感性，它不是发生在教育实践之外，而是伴随着班主任的教育实践始终。班主任的反思意识越强烈，其教育意识就越清醒，教育实践就越具有主动性。自我反思意识是班主任专业成长和自我成长的核心动力。因此，班主任首先要从观念上认识到反思的重要性，自觉地树立和培养反思意识。反思意识的扎根需要班主任从思想上高度认同班主任的身份角色，铭记为党育人、为国育才的使命担当，时刻提醒自己回到教育的起点，牢记立德树人的初心，关心全体学生，关注每一个生命个体的终身发展、道德生长与健康成长。

2. 学会理论溯源，深化反思内容

任何具体的教育实践都是个体理念外显的反映。班主任管理班级表面上展现的是管理技术和能力，而背后反映的其实是班主任更深层次的教育理念和价值追求。现实生活中，班主任常常以班级管理、教育实践过程中的具体事件或存在的问题为反思对象，思考问题背后的原因，寻求解决问题的途径。这种基于具体事件的反思仍然是一种基于自我经验的反思，往往停留在就事论事、就问题谈问题的实践层面，还缺乏更深层的对理论源头的求索。要真正提升班主任专业化能力，发展带班育人理念，班主任必须逐步从经验性、事件性的反思走向对理论源头的探析。只有当反思上升到班级育人的整体性功能、学生的终身全面发展、学校教育的价值追寻等更宏观更深层的境界，班主任自身才能无限接近教育的本质，才能自觉改变与完善已有的带班方式与育人理念。

3. 利用他山之石，拓宽反思渠道

单纯的反思活动有时候较为模糊，也很难深入，合作、交流与对话能够帮助班主任走出个体经验的局限。"他山之石，可以攻玉"，班主任可以通过分析他人典型案例、与同事交流对话的方式拓宽反思的渠道。在他人的育人实践中，看他们如何做、听他们怎么说，与他们探讨这样做、这样说的缘由与效果。在看、听、想、辨的过程中，班主任的思维将更加发散、思路将更加清晰、方法也会更加多元，很多成熟的育人理念往往是在集采众长中应运而生的。

班主任反思是班主任个体自身内在复杂的心理活动，是一个不断质疑、自我诘难、自我剖析的过程。班主任反思不仅受到其内在复杂心理的影响，还受到外部环境的影响。因此,班主任需要充分调动自身和周围一切可反思的资源,提升反思的能力与品质。只有在积极而有意义的反思中,班主任的育人理念才会在重构中得以完善与发展。

案例 2-3   班级文化场域

在布迪厄的场域理论中,场域是指"在某个位置间存在的客观关系的一个网络,或一个构型,这些位置是经过客观限定的"。进一步说,"一个社会场域是附着着某种权力形式的各种位置间的一系列关系构成的",所以一个场域总是有对特定的位置占据着的身份、利益、机会和奖惩的给予。由于场域是"被赋予特殊引力的合理构型",这就使拥有文化特征的相关要素充分地融入,通过彼此磨合等作用形式不断改变着场域的结构,使这个场域持续朝着各要素利益获得的方向调整。

我认为,班级文化也是可以形成一个场域的。班级文化场域,能够吸引与班级组织相关各方共同参与班级建设,使班级最终成为适宜学生健康发展的合理场域。班级文化场域的育人价值集中体现在塑造学生共同价值观与规范学生行为,是班级成员之间长时间磨合,彼此适应,协作努力形成的结果,是班级中群体成员共同价值判断与行为规范的总和。优秀的班级文化场域应该是有内涵力量的、有生气的、有潜力的。一旦形成这样的优秀班级文化场域结构,对帮助学生树立正确的价值取向以及养成良好的行为方式有重要作用,对学生的高质量学习也将发挥重要作用。

(案例作者:叶红梅,常州市正衡中学)

[互动 10]

1. 阅读这位老师的带班育人理念,您觉得这位老师在提炼自己带班育人理念的时候,是如何处理实践经验与教育理论之间的关系的?

2. 这位老师的带班育人理念的提炼与阐述,对您有哪些启发?

阅读叶老师的带班育人理念,可以从中看到她的提炼路径。她采取了反思性认知概念路径的方式,为自己的教育认识与教育理论之间搭建了对话的桥梁。她选取了布迪厄的场域理论作为理论框架,借此框架来重新解读"班级对于学生的意义""理想班级的模样"等话题。叶老师运用反思性认知概念路径使零散的、缄默化的教育认识得以显性化、系统化。

借助理论来反思教育经验，这种提炼方式能够帮助班主任避免两种错误的倾向：一种是"经验迷信"，因过度迷信教育实践经验的实用价值而忽视理论的指导意义，往往缺乏根基与土壤，由此形成的带班育人理念容易感性与浅表；另一种是"理论崇拜"，将教育理论视为能够提供解决一切问题的"灵丹妙药"，直接照搬照抄教育理论作为自己的育人理念，往往给人空而大、虚而飘的不实之感。这两种错误倾向都是因为缺乏经验与理论之间的对话而引起的。经验迷信是因为意识不到教育理论的抽象思维能够为班主任把握和理解教育世界提供清晰的、结构化的认知地图；理论崇拜是因为没有认识到"感性经验是知识和智慧大厦的基础"。[①]

从叶老师建构的带班育人理念模型中，我们能感受到叶老师试图找到连接理念与实践之间的途径，以发挥育人理念驱动与指导教育行动的功能。唯其如此，班主任形成并发展自己的带班育人理念才具有实践的意义和价值。

相关链接

对于班主任而言，"理论"不仅仅来源于书面知识，更多地来源于个人实践。它源于实践又高于实践，是班主任对个人实践经验的总结、提炼和升华。总的来说，班主任的"理论"是专业知识、教育实践、他人教育经验以及自我反思的智慧成果，是属于自己的一套话语体系，体现着自己的教育理念和方法。它能够正确地指导班主任的教育实践活动，又能不断促进班主任的自我发展。同时，"理论"是其思想、人格、精神、魅力的体现，它能激励班主任进行自主学习，积极反思，不断超越自我。

——选自齐学红.学校德育与班主任专业成长[M].上海：华东师范大学出版社，2018.

---

① 冯契.认识世界和认识自己[M].上海：上海人民出版社，2011.

典型案例

案例 2-4   **5G 赋能   同频共振**

5G 赋能:育人理念

人际关系是人类社会始终需要面对的课题。随着班级的组建,一个以服务学生发展为根本旨要的人际关系共同体应运而生,班主任唯有协调处理好这个共同体中的各组关系,因势利导整合好各种教育力量,才能为实现最佳育人效果提供坚实助力。

结合带班以来的实践思考,我逐渐形成了"5G 赋能   同频共振——建设指向学生发展的共同体"的带班育人理念,即基于 5G 关系(师生、生生、亲子、师师、家校五对班级关系)建设指向学生发展的班级共同体。

在理念建构中,"指向学生发展"是指高中阶段落实立德树人根本任务,以学生为中心,遵循学生身心发展规律和特点,从理想、心理、学习、生活和生涯规划等方面开展工作,培养德智体美劳全面发展的社会主义建设者和接班人。班主任和学生分别是通信信号发射与接收的两个用户端,班主任作为发射端将育人信号进行编码发送出去,经由师生、生生、亲子、师师、家校这五对关系形成的 5G 介质通道,学生端接收到信号完善学生发展系统。

最终学生端又将成为新的发射端输出新信号,与家长、教师、学校、社会等用户端同频共振,实现 5G 赋能(如图 2-4 所示)。

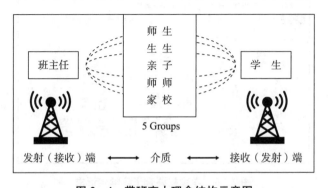

图 2-4   带班育人理念结构示意图

编码数据：班情分析

教育的真实场景会随着时间不断转换，班主任需要及时跟踪做好班级的情况分析，就像要对信息处理必须进行数据编码，便于后面开展班级工作。因此，我在每次班级组建时，会借助问卷搜集群体信息，并通过个别访谈听取个性需求，逐步理清班情，并用SWOT分析法对教师、学生、家长、学校四个用户端进行分析编码（如图2-5所示）。

图2-5 班情分析

此外，我还会针对学生发展的不同时间节点及时调整问卷的侧重，例如，每学段初的问卷调查侧重于对班级、对个人的学期阶段设想和规划（如图2-6所示），学段末的调查则侧重于阶段回顾、总结，通过自我评价和他人评价，学生多数都能肯定自己的进步和发现不足，同时关照到朋辈、教师、家长、学校。

图2-6 学段初调查了解学生诉求

约定协议:班级目标

协议是通信双方对数据传送控制的一种约定,通信双方只有共同遵守这项约定,才能确保信息畅通。

我与班级共同体的成员们共同制定了基于处理5G关系以促进学生发展的班级发展目标(如图2-7所示)。只有班级共同体成员达成共识,才会在经营班级过程中减少阻碍,起到众人行远的作用。

图2-7 班级目标制定的结构设计

(案例作者:周翌可,无锡天一中学)

第三章

带班育人目标的制定

内容概要

带班育人目标是指班主任在班集体建设之初所勾勒的学生成长期待与班级发展愿景。带班育人目标为班主任开展班级工作指明方向,学生个体培育和班集体建设都以带班育人目标为导向,且始终围绕目标达成而进行。班主任在带班之初,应深入理解带班育人目标的价值内涵,了解带班育人目标的基本内容,遵循带班育人目标的制定原则,掌握带班育人目标的表达策略,以先进理念、更高站位、更广视角确立紧跟时代、紧贴学生、指向明确、层次清晰、递进上升的带班育人目标,使之成为班集体建设与发展的智慧导航与美好蓝图。

核心问题

◇ 带班育人目标对班主任工作有什么意义?一般涵盖哪些内容?

◇ 带班育人目标应该如何确定?

◇ 带班育人目标怎样呈现与表达?

情境再现

学校正统筹考虑新学年班主任工作人选,小李和小张两位青年教师先后接到了学校的任命通知。李老师虽刚经历了一轮完整的学科教学,但还没有担任过班主任,能否带好一个新组建的班级,他信心不足;张老师是学校教学新秀,所教班级学生成绩一直不错,这次安排她中途接手一个班风不正、纪律松散、问题不断的毕业班班级,她感到责任重大,担心无从下手。面对两人的担忧和忐忑,德育主任建议他们利用暑假思考并制定带班育人目标,以便把握新学年带班的主导方向,并相约开学前一起交流分享。

李老师提交了一份带班策划,内容翔实,包括总目标、月计划、周安排、小组组建和评比方案等。初看内容,活动相当丰富,一周是劳动教育,一周是学习习惯培养,再一周是体育锻炼。可综合整个学期来看,李老师处处用力,却没有明确的着力点。李老师表示,自己很想用心带班,可究竟把班级建成什么样子,他也说不清,好像也没有仔细考虑过。

张老师结合班级现状,认真思考后决定把"抓学风建设、为毕业冲刺"作为带班育人目标。她提交的带班育人目标只有一句话:"人人努力冲刺学,一分就是一操场!"张老师还把这句话做成了标语,准备挂在黑板的上方,时刻用这句话提醒学生,向着目标前进。张老师表示,如果不把目标锁定在学习上,班级风貌很难改变,而除学习以外的活动对毕业班而言,不是最重要的,应该减少活动对学生学习的干扰。

德育主任建议两位老师重新思考,他们都犯了愁。

[互动 1]

1. 您认为李老师和张老师初次制定的带班育人目标存在什么问题?

2. 您怎样看待带班育人目标对班主任工作的意义?

该情境中,李老师和张老师都在德育主任的要求下,对带班育人目标进行了思考。然而,在实际操作中,李老师把带班育人目标与带班计划混淆了,尽管他详尽制订了每个月、每个星期的计划,但是对于为什么要做这些工作,以及想要通过这些工作培养出什么样的学生和建设起怎样的班集体,李老师却缺乏深入思考。而张老师以口号替代目标,并且还将口号单一地指向分

数,不仅窄化了带班育人目标概念,也暴露出育人理念的局限性。看来,只有对带班育人目标的价值内涵有了深刻认识,才能制定出适切的目标。

第一节 价值意蕴与涵盖内容: 带班育人目标指向

一、带班育人目标的价值意蕴

带班育人目标是教育价值理念在班主任工作实践中的部分体现,是教育目的或一般教育宗旨在班集体建设领域的具体化。

教育价值观念不同,教育价值取向不同,带班育人目标的取向就会有所不同。带班过程中的每一个环节、每一次班会、每一场活动都应围绕带班育人目标展开。合理的带班育人目标是一个班集体成功的关键。

1. 带班育人目标是班主任育人理念的具体表达

班主任必须明确知道自己要做什么、通过什么去做、做到什么程度。班级管理的方方面面都要"有的放矢",其中"的"就是目标。班主任有什么样的育人理念,就会制定出与之相应的带班育人目标,从而根据班级在不同阶段的具体情况采用适切的育人策略,让学生朝着目标一步步前进。

带班育人目标应该指向人的全面发展,既不能只重视品德教育,忽略对学生学习习惯、学习品质的培养,也不能唯分数论,只以成绩来评价带班情况。班主任要综合考虑学生在全面发展的各阶段所需解决的问题和所能达到的成长目标,据此制定出全面、综合、多元的带班育人目标,促进学生的可持续发展。

2. 带班育人目标是班级进步发展的前提保障

带班育人目标是班级师生所要达到的预期结果的标准。带班育人目标的确立是班主任工作的首要问题,它是班级一切工作的出发点和归宿,它决定着带班内容的确定、带班方法和形式的选择、带班效果的评估与调整等,对整个班级发展过程具有导向、选择、协调、激励的作用。

班主任在制定带班育人目标时，必须从教育的规律出发，综合考虑时代背景、年级段特点、学生发展核心素养等多方面因素，确保自己的目标合情、合理、合规律，靶向明确，施策精准。这样，即便在带班育人实践过程中班级出现一些问题，班主任也可以对照目标，及时进行策略调整，避免方向上的误导或者偏离。

3. 带班育人目标是班级特色彰显的智慧表达

"一班一世界，一师一精彩"，不同班主任确立的带班育人目标不仅能展现班级的整体风貌，也能彰显班级的个性风采。班主任既要尊重特定年龄段学生的身心发展规律，更要关注本班学生特有的气质特点，根据其学习基础、家庭背景、兴趣爱好等，制定符合班情学情的带班育人目标，形成班级发展特色体系，成就一班一品、各美其美的昂扬姿态。

值得注意的是，班主任要切忌使带班育人目标口号化、诗意化。一方面，口号化和诗意化的表达容易导致目标虚化，无法测量、难以评价，达成度低；另一方面，过分煽动情绪的目标表述容易造成德育工作异化，偏离立德树人根本任务。班主任应强化目标制定的逻辑体系，站在人的全面发展的维度和终身发展的角度，系统制定带班育人目标，设计评价指标，在此基础上提炼出核心思想，让自己的带班育人目标既清晰易懂，又呈现螺旋上升趋势。

二、带班育人目标涵盖的内容

带班育人目标涵盖的基本内容可以从目标指向性与完成时序性两个维度进行梳理。

（一）内容必须涵盖鲜明的德育目标

班主任制定带班育人目标时，先要根据《中小学德育工作指南》，从宏观与整体上梳理中小学德育目标。

1. 总体目标

培养学生爱党爱国爱人民的情感，增强国家意识和社会责任意识，教育学生理解、认同和拥护国家政治制度，了解中华优秀传统文化和革命文化、社会主义先进文化，增强中国特色社会主义道路自信、理论自信、制度自信、文化自信,引导学生准确理解和把握社会主义核心价值观的深刻内涵和实践要求,养成良好政治素质、道德品质、法治意识和行为习惯,形成积极健康的人格和良好心理品质,促进学生核心素养提升和全面发展,为学生成长奠定坚实的思想基础。

德育目标一方面体现着我国教育以立德树人为根本任务的总体方向,体现着思想道德、理想信念和价值观念的先进性;另一方面又要尊重学生的认知发展特点和思想道德实际,从学生的社会生活、道德生活、法律生活、政治生活等多个方面提出要求,尊重学生的社会生活实际,使德育目标具有可行性,不断提高中小学生的公共道德水平以及社会参与能力。

——选自教育部基础教育司.中小学德育工作指南实施手册[M].北京:教育科学出版社,2017.

2. 学段目标

《中小学德育工作指南》依据中小学生的身心发展规律和学校教育教学特点,将德育目标按学段从低到高分为四个学段目标。

这四个学段中的每个学段都要全面系统地实施旨在培养责任意识、树立"四个自信"、促进全面发展的德育内容,但不同学段的具体内容、途径和方法要依据学生的认知与实践能力而有所不同。[①]四个学段的目标总体上呈现由浅入深、螺旋上升的形态。

(1)培养基本行为习惯。

小学阶段是个体道德社会化的开端,是儿童品德、智力、生活能力等形成和发展的重要时期。对于小学低年级的学生来说,他们刚刚从熟悉的家庭生活进入比较正规的校园学习生活,他们的生活、学习、交友等环境以及学校开展的各种活动都发生了变化。面对这种变化,他们需要重新建立一套与之相适应的规则系统。班主任的一个重要任务,就是帮助他们解决成长过程中面临的问题。

对于这个学段的学生,要让他们在集体学习、游戏活动、集体的日常生活

---

① 教育部基础教育司.中小学德育工作指南实施手册[M].北京:教育科学出版社,2017:19-23.

（如就餐、如厕、午休、交友等）中，学会遵守规则、懂得规范，在此基础上养成基本的文明行为习惯。通过习惯培养，学生对基本的为人做事道理形成一定的认识。

人的道德发展是按照从他律到自律的顺序发展的。在小学低年级学段，学生处于他律阶段。在这个学段，学生努力成为教师要求的"好学生"，按照教师的要求"修正"自己的言行。为此，在这个学段，班主任发挥的作用更大，班主任要告诉学生什么样的言行是正确的，什么样的言行是错误的，努力提高学生的道德认知水平。带班过程中，班主任要坚持以学生的日常生活为主，基于学生的生活经验，从学生的生活中来，到学生的生活中去。按照"儿童与自我""儿童与社会""儿童与自然"的轴线开展生活教育。

（2）养成良好行为习惯。

小学中高年级以学生行为习惯培养为主，引导学生养成良好的生活和行为习惯。与小学低年级不同的是，小学中高年级在加强学生习惯养成教育的同时，应逐步培养学生的规范意识。小学中高年级是小学生品德发展的关键期。在这个学段，学生开始有自己独立的想法。为此，要培养学生的独立性、自控能力，加强学生对良好文明行为习惯背后所蕴含的道德规范的理解，使学生养成的习惯能够成为在道德规范引领下的自觉选择。

班主任在带班过程中，可以从学生的家庭生活和集体生活延伸到社会生活，引导学生学会积极参与社会生活，将学生公民意识教育与良好的生活和行为习惯养成教育结合起来，激发学生在参与各种学习和生活活动中养成良好的习惯。

（3）形成社会规范意识。

在初中学段，学生的品德迅速发展，开始从他律逐渐走向自律，从遵守教师的教导逐渐走向遵守道德准则，道德观念开始逐步形成。初中学段的学生处在心理发展及品德发展的一个动荡期。

在身心发展上，初中生的成熟性与幼稚性同在、独立性与依赖性并存、自觉性与盲目性并存，他们正处于半成熟、半幼稚的矛盾状态。在品德发展上，他们的道德思维能力、抽象概括能力和辩证思维能力都得到了较好的发展，他们能积极、主动、独立地去思考一些问题，但又难以理性、辩证地去思考问题，容易受偏激观念的影响。在这个学段，他们对教师不再盲从，而是会问

"为什么我要这样"。

为此,在这个学段,班主任要将单纯地加强对学生的道德习惯养成教育,转变为把培养学生的道德习惯与道德理解能力相结合,让学生通过道德对话内化一系列习惯背后的道德价值,把成人外在的引导过程转化为学生自我教育和自我认可的过程,用自己的正确认知指导自己的言行,从"别人让我这么做"转变为"我应该这么做"。

在学生道德品质发展过程中,知行合一一直是人们判断道德教育成效的一个标准,但知行合一也是学生最难做到的。因此,在初中学段,要逐渐提高学生思考问题的独立性以及按照自己的道德动机去行动的自觉性。

学生的道德品质是在对生活认识、体验和实践的过程中逐步形成的。初中学段的学生仍然需要学会正确处理与自我、与他人、与集体的关系。但随着他们生活经验的逐步积累,他们走出校园同伴的交往小圈子、走进由陌生人构成的社会交往大圈子的机会越来越多;他们的生活范围逐渐扩展,视野越来越广,需要处理的各种关系日益增多。因此,在这个阶段培养学生的社会规范意识尤为重要。

(4) 形成正确的世界观。

在高中学段,学生的品德逐步走向成熟。在这一时期,学生的品德思维能力逐步走向成熟,抽象概括能力、辩证思维能力都得到了较好发展,思想活动具有独立性、选择性、可塑性等特点。学生的品德发展进入了自律阶段,能够遵守道德准则,能根据社会期望自觉地调节自身道德行为。

在这个学段,班主任的一个重要任务是引导学生形成道德行为的观念体系和规则,逐渐形成自己的世界观、人生观和价值观。在教育方式上,班主任要注重发展学生的自主学习能力,鼓励学生自主进行价值判断,切实提高学生参与现代社会生活的能力,为其终身发展奠定思想道德基础。

同时,高中德育目标侧重对学生外化行为的要求。随着学生年龄的增长,学生从一开始被告知"什么是对的,什么是错的",逐渐发展到自己去理解"为什么是对的,为什么是错的",进而确立自己的价值判断——"我认为这是对的,那是错的",再到自己在做"对的事情"的过程中享受愉悦和快乐,为此而愿意去做"我认为是对的事情"。他们逐渐建立起积极的道德情感,具备了较高的知识水平和逻辑思维能力,能够根据客观事实作出正确的道德判断,并把自己信奉的道德价值转化为道德行为,在品德发展上发展出自觉性。

从这四个层层递进的内容维度,制定适切的带班育人目标,班主任就能把学生培养成参与社会、适应社会乃至发展社会的未来人。

(二)内容必须涵盖清晰的阶段目标

从完成时序上来划分,带班育人目标一般分为长期目标、中期目标、近期目标。[①]

1. 长期目标

以中学为例,长期目标可以理解为班集体三个学年的奋斗方向。长期目标具有概括性、全局性、根本性。通过长期建设,班集体具有健全的组织系统、严格的规章制度与纪律、强有力的领导核心、正确的舆论和优良的传统,发挥其整体功能,有计划地开展各种教育活动,可以促使班集体不断自我提高、自我完善和自我发展。

2. 中期目标

中期目标是相对于长期目标和近期目标而言的,它可以是一学年的,也可以是一学期的。中期目标可以包含在班级学年或学期工作计划中,如把班集体建设成为学习型班集体、常规管理先进班集体等。在个人道德行为方面,包括使学生养成遵纪守法的行为习惯、良好的社会行为习惯,拥有较强的生活自理能力。在智力培养方面,包括使学生拥有正确的学习态度、科学的学习方法,养成良好的学习习惯,形成求实探索、团结进取的学风等。

3. 近期目标

近期目标可以理解为每一阶段所要达到的目的,如抓好课堂纪律、搞好卫生、做好课前准备等,还应体现在每次精心设计组织的教育活动之中。近期目标应具有具体性和可操作性。

长期目标是组建班集体的最终目标,组建班集体的全部工作都是为了使全班学生朝着这个方向去努力。实现长期目标是一个渐进的过程,组建班集体工作的重点应放在中期尤其是近期目标的设置与实现上。

班主任应针对班集体发展的现状,和学生一起制定不同时期的目标,

---

① 齐学红,黄正平.班主任专业基本功[M].4版.南京:南京师范大学出版社,2021.

目标可以是长期的,也可以是近期的,但必须是切合班级实际的。制定班集体目标的过程应成为学生自我教育的过程,要告知学生,每一个集体目标的实现,都是全体成员共同努力的结果,要让他们分享集体成功的欢乐和幸福,从而形成集体荣誉感和责任感。

在班集体建设过程中,要把握教育的契机,不断提出具体的目标,引导学生共同为集体进步而努力。切合实际、经过努力可以达到的目标,可以成为促进学生团结进步的凝聚力量。每一个具体目标的实现,都会使班集体在前进的道路上发生小的质变,若干个小的质变就会引起班集体发生根本性的变化,从而实现团结友爱、奋发向上的班集体总目标。

相关链接

也有学者把带班育人目标分解为素养目标和行动目标。

知识、技能、情感态度与价值观目标都属于素养目标。这些目标是人在行为中表现出来的关键素质,不能独立存在,需要在行为中体现,如"自主""自尊"等。

行动目标则是由具体的动词加行动类别构成,比如"参与阅读""热爱运动"等都属于这一类目标。

素养目标是概念性的表达,相对抽象;行动目标是具体化的行为要求,可操作、可评价,便于落实。两种目标应该结合起来制定,才能既有方向,又可落实。

——选自 L. W. 安德森,等. 学习、教学和评估的分类学——布卢姆教育目标分类学[M]. 修订版. 皮连生,主译. 上海:华东师范大学出版社,2007.

──|[互动 2]|──

1. 您的学生处在哪个学段? 学生的道德发展有什么特点?

2. 结合学生所处年级段的认知水平和身心发展程度,您会制定怎样的长期、中期、近期目标?

在明确了带班育人目标的价值意义和基本内容后,让我们一起来赏析一位初中班主任制定的带班育人目标。

案例 3-1 　　培养有求知心、创新心、责任心的时代新人

——"三心"班级建设实践

一、育人理念

（此处略，可参阅第二章内容）

二、班情分析

我校在多年办学中形成了成熟的德育体系和丰富多彩的德育特色，为班级德育工作提供了经验丰富的平台。学生外语见长，思维开阔，但在求知上眼高手低，存在惰性；在创新能力上热情有余，但方法欠缺；较为自我，对于责任的认知不足，行动力欠缺。

就班级具体情况而言，存在以下问题。

（1）从求知之心上看，个别学生知识面广，学习力强，课堂上的精彩发言常常给教师的教学和工作带来启发。但也因此导致其过于自信，学习条理欠佳，存在惰性，作业马虎，只写答案，不写过程；还存在父母敦促过多的情况，学生个人缺乏学业上的长远目标。

（2）从创新之心上看，七年级时学生创新热情饱满，在校内外各种舞台上带来精彩表现。但进入高年级后，个别同学创新热情不足，在个别集体活动中存在吵闹无序、内耗严重等情况，例如，在组织排练活动时，常出现意见分歧、效率低下等现象。

（3）从责任之心上看，学生大多来自城市，生活条件好，竞争压力大，个别学生娇生惯养，以自我为中心；存在眼高手低、光说不做等问题；遇到困难与挫折时心理较为脆弱，耐挫力不佳，承担责任的意识和能力亟待增强。

基于本班的实际情况，我帮助学生找到求知发展路径，构建创新创造活动场，建设心理发展长效机制，解决学生在学业发展、活动养成、心理疏导方面的实际问题，从而培养有求知之心、有创新之心、有责任之心的全面成长的学生。

三、班级发展目标

从长远目标看，我希望通过初中三年的集体浸润，引导学生尽己所能成长为有终身学习意识的求知人、有工匠精神的创造者、有社会责任感的合格公民。我将班级发展目标细化为如下内容。

（1）学会学习。帮助学生不断认识自身的长处和短处，根据自身需求和学习资源自主有效地开展学习；帮助学生建立起终身学习和主动学习的意识；帮助学生学会有效的时间管理和信息管理，培养其求知意识和求知精神。

（2）创造和创新。提高学生在组织和参与活动时的创造能力与决策能力。以开放的态度，乐于接受和尝试有价值的理念，不怕失败，勇于坚持。在团队合作中，能够学会分享团队成功的喜悦，积极承担团队失败的后果，能够有方法地创造，并愿意为创造投入时间与精力。

（3）加强沟通交流和承担社会责任。掌握沟通技巧，学会真诚、自信、开放地与他人沟通。适应不断变化的世界，灵活调整自己的生活和学习方向；关注自身发展，关心他人命运，愿意投身社会公益事业，承担社会责任，共同促进自我和社会的和谐发展。

以学业、活动、心理为育人重点，结合学生三年成长特点，将阶段性发展目标设置如下。

（1）从求知之心上看，七年级阶段重点关注学生对于班级课堂和作业等规则的适应，培养学生的求知习惯；八年级阶段重点关注学生学习的方法与效率；九年级阶段重点关注学生的学习品质养成，构建终身学习的学习共同体。

（2）从创新之心上看，七年级阶段构建丰富多样的活动平台，引导孩子参与活动，享受活动，保护学生的好奇心；八年级阶段培养学生组织和驾驭活动的能力，发挥学生的创造力；九年级阶段在形式之外，增加活动的深度，培养学生在活动之余对身边事物的反思和觉察力。

（3）从责任之心上看，七年级阶段聚焦学生自我的成长，关注中学阶段自我的变化，对自己负责；八年级阶段引导学生关心、热爱集体生活，对他人和集体负责；九年级阶段除了帮助学生调适应试心理之外，还要引导学生关心国家和社会发展，承担社会责任。

在不同的年级段，学习抓手、活动养成、长线心理关注这三块工作各有侧重，共同实现将学生培养为有求知之心、创新之心、责任之心的目标（如图3-1所示）。

图3-1 "三心"育人

（案例作者：赵思曦，南京外国语学校）

[互动 3]

1. 您觉得上述案例所撰写的带班育人目标有哪些可取之处？

2. 针对这一带班育人目标的制定。您有哪些建议？

一份具有特色、可操作性强的带班育人目标来自班主任对班情的详细的分析，所以首先让我们从班情分析看起。从赵老师的分析中，我们可以清楚地看到她制定带班育人目标的起点：站在学校德育系统工作中考虑。

事实上，国家层面、社会层面、学校层面的德育体系都是班主任制定带班育人目标的大背景，只有在基于背景一致的特色创建下，带班育人目标才符合人才培养要求，才能适应人才培养模式。脱离了背景分析，目标有可能变成空中楼阁，即使理想丰满，但实现却很困难。

班主任分析班情有助于全面掌握学生的基本情况，包括需求、方法和习惯等，分析学生的差异，才能制定科学、合理的带班育人目标，设计有针对性的带班方案，灵活地组织班级活动，聚焦班级育人目标的达成。班情分析可以从学生的年龄特点、现有的知识和技能水平、认知方式和学习风格、动机、态度等方面展开，既要关注问题，也要突出优势。如果仅盯着学生的问题，那么就很难找到行动的切入点，难以激发学生的主动性，而从学生良好的方面出发，则更容易被学生接受，进而形成凝聚力和行动力。学生的发展必然是不均衡的，而班情分析就是对这些不均衡作出客观的分析，分析其形成原因、具体情况等，从而制定出目标，形成相应的策略。

赵老师制定的带班育人目标还有一个非常明显的特点，即基于对班级问题分析下的目标制定。"求知、创新、责任"是赵老师归纳的班级发展核心词。对比我们学习到的带班育人目标内容,这是符合初中生年龄段特点的主题,需要在初中阶段重点培养。结合赵老师所在班级学生的发展状况,他们已经较好地完成了基本行为习惯的培养,所以班主任应致力于更高层级的素养养成,这就是恰当的目标定位。如果没有立足班情分析,赵老师的目标可能因为定位过高而难以实现。

值得提倡的是,赵老师将目标制定的内容和时间两条主线很好地结合在一起。在内容上,她针对学生情况制定了"学会学习、创造和创新、加强沟通交流和承担社会责任"三大目标,这相当于班级学生培养总目标,即把学生培养成具备这样品质的人。在时间上,她围绕这三个维度,细分了七年级、八年级、九年级的分阶段目标,这体现了短期目标、中期目标、长期目标的制定思路。中小学生具有极强的可塑性,又有强烈的向师性,班主任对他们的培养目标越明确、越具体,策略就越有针对性,带班的效果也就越好。

赵老师的带班育人目标符合国家政策要求、符合初中生年龄段特点,符合她所教学生的发展状况。如果将她的带班育人目标照搬到其他班级,也许就不太适用了。

打造一个积极、团结、向上的班集体是一个综合的、复杂的教育过程,只有目标明确、方向准确,班主任的工作才能赢得各方的助力。班主任站位要高,从学生成长的长线出发,思考本学段的带班育人目标,分析班级的优势和问题,阶段性分解目标、评价目标的达成度,班集体建设就会进入良性的发展轨道。

第二节　现实问题与基本原则: 带班育人目标准则

王老师是一位注重培育学生情感品质的小学班主任,她所带的班级总给人一种温暖的感觉,任课老师们常用"情商高""讨喜""重感情"来形容王老师班级的学生。

学生的表现和成长其实与王老师的带班育人目标息息相关。在王老师

看来,情感体验和情感表达是小学阶段学生品格发展的重要内容。教师对学生的情感投入可以引发他们的情感共鸣,从而产生"亲其师、信其道"的教育效果。王老师成为"幸福老班"的秘诀之一就是通过建立良好的师生关系来提升带班实效。王老师常说:"当学生感受到老师对自己的友好时,就更容易学会友善待人,与人和谐相处。教师的情感就是教育最好的催化剂!"

随着带班经验的提升,王老师也给自己提出了更高的班主任专业化发展要求。在学习许多优秀案例的基础上,王老师决定借鉴别人的经验,把培养学生的社会责任意识作为带班的重点目标。

为了达成目标,王老师大力推进,举措不断。她在班级内建立"情感银行",鼓励每一位同学和老师将自己体验到的美好事物写成点赞卡,充分表达自己的感受,存入"情感账户"。为了加强岗位责任制,王老师在"人人有岗,岗岗有人"的班级自主管理机制上,制订了详细的评分表,开展学生每日自查、互查、量化考核。随后,王老师推行班级小导师责任制,对照学生成绩波动表,将不同层次的学生两两分组,一帮一辅导,考核表彰。紧接着,王老师倡议周末社会实践活动,鼓励学生参加社区公益服务,拍照留存过程性资料。

起初,王老师的活动受到了同学们的积极响应,惊喜不断。王老师也更加确信这些举措可以大力激发学生的责任感,培养小学高年段学生的社会意识和人际交往能力。可是没过几周,问题开始不断出现。有抱怨量化考核太苛刻的,有嫌弃组员不认真学习的,也有摆拍照片应付任务的。原本和谐友善的班级氛围,变得紧张起来,同学们相互指责,互相推诿,情感淡漠,班集体显得有些散漫。也有不少家长向王老师反映,觉得她的带班策略并不恰当,孩子的状态不如从前了。

王老师感到很沮丧。明明认认真真学习了优秀班主任的带班育人目标,还尝试在自己班里有创意、有特色地展开实践,怎么就事与愿违了呢?

> **[互动 4]**
>
> 1. 您觉得王老师在制定带班育人目标的过程中,存在哪些问题?
>
> 2. 您认为制定带班育人目标时,需要遵循哪些基本原则?

我们都提倡向优秀班主任学习,将他人成功的经验借鉴到自己的班里,却出现"水土不服"的情况,这是屡见不鲜的。问题究竟出在哪里呢?

教育是因材施教的艺术,也是因境施教的智慧。境,指的是教育情境,是教师营造出的真实的、关于教育的场景。班主任不同、学生不同、家长不同、任课教师不同,甚至学校的办学理念和教育方式不同,每个班级所营造出来的教育场域和情境就不同。

优秀的班主任各美其美,带班各具特色,个人风格突出。他们成功的经验不仅仅是建立在对某一种或某几种教育理念理解的基础之上,更是一种理解之后结合班主任个人和学生特点的情境运用。

一、带班育人目标制定中普遍存在的问题

结合王老师的案例,我们先来探讨一下班主任在制定带班育人目标时普遍存在的现实问题。

1. 借鉴的带班育人目标缺乏学生基础

王老师主动追求专业化发展,勤于学习,是新时代优秀班主任的典型代表。但是王老师对他人案例的学习,仅是停留在文本资料的学习上,更多地偏向于理论认知层面,而其他老师在具体实践过程中的思考、运用与转化,是王老师无法深入了解的。因此,王老师在班级开展目标育人实践的过程中,也就没能及时引导学生达成共识。学生只是一知半解,跟着班主任的步子和要求走,并没有对班级目标进行价值探讨,没有形成思想上的统一,缺乏认同感,行动的积极性大大降低。

2. 制定的带班育人目标过大过空,缺少可行性评估

带班育人目标是师生通过班集体建设预期达到的成长结果或标准,是对学生通过班级教育后将能成为什么样的人的一种明确、具体的表述,主要描述学生预期产生的行为、思想和价值观变化。而带班育人目标又需要分解为学段目标、年级目标和学期目标等长期与短期相结合的标准。

班主任带班,不像学科教学,没有具体的课标和教材作为参照载体,一切都要通过班主任的育人理念与目标制定来统领。在制定带班育人目标时,不少班主任往往难以把握标准的界定,对行为动词、表现程度的描述都有很强的主观性,容易将目标设定得过大、宽泛,缺乏可行性评估。

王老师结合学生正处在小学高年级的学情特点,将学生的情感培育聚焦

在社会责任感的培养上,这个设定彰显了教育的高站位、大局观,目标定位高远。但是社会责任、公民意识、家国情怀等特征是人的顶层思维和内核品格,是终身发展所追求的高度,如果不能转化为小学生日常可以理解的具体情境,没有让学生领会并主动践行,那么这些教育设定就反而显得大而空,以致真实的教育目标因大而空的实际设定,无法执行,难以达成。

3. 设定的带班育人目标缺乏连贯性、层次性和递进性

带班育人目标是以学生成长为核心的育人定位,需要整体考虑、系统设计,既要有眼前的问题与阶段性任务,又要有长远的眼光与宏观的视角。

实际上,一位班主任只会出现在学生成长的某一阶段,有时很难站在小学、初中、高中这条完整的时间线上来分解学生的成长目标,但是从学生的终身发展看,班主任制定育人目标一定需要用系统思维的方式,先俯瞰全局,再定位到学段,使之连贯、有层次、螺旋式地递进。缺乏结构化的提升以及忽略把握学生后续发展生长点的带班育人目标,就算在刚开始实施阶段,会有积极的一面呈现出来,但很难长久保持。

王老师的带班育人目标就反映出这个问题。锁定"社会责任"这一培养目标后,王老师应系统分析小学生对于责任感的认知程度、行为能力、价值判断应该达到什么标准,初中生和高中生又该达到什么标准,这样才能形成目标闭环。王老师在高年级学生中推出系列措施,却未充分考虑与自己以往带班的风格是否一致、学生能否适应、量化的评价周期是否科学、是否符合小学高年级学生的身心发展特点等因素,最终出现学生达不到标准的结果。

分析了解了以上带班育人目标制定中的三个普遍问题,我们就能相对客观和理性地分析带班育人目标的制定原则了。

相关链接

带班育人目标,就是为学生成长立标,就要站在学生的高度立标。苏联教育家维果茨基把学习分为三个区,已知区、最近发展区和未知区,而最近发展区是学生通过学习所能达到的高度。要根据学生的起点水平,使起点与达到目标之间的跨度适当,才能使教育产生效果。不同年龄的学生,其认知能力和原知识水平是不一样的,即使是同一年龄同一班级的学生,其思维习惯、认知水平也是有差异的。因此,在制定带班育人目标时,不能忽视学生已有的知识

经验和他们的年龄特点,确定学生的最近发展区,使带班育人目标建立在学生已有经验和能力的基础上,经过学生的努力,能够达到所设目标。另外,在兼顾全班学生的同时,也要考虑学生的个体差异,使学生都能得到充分发展。

——选自赵福江.中小学班主任常见疑难问题解决方略[M].北京:金城出版社,2018.

[互动5]

1. 反观您的带班育人目标,在制定与执行的过程中,出现过哪些问题?

2. 您有什么好的办法来解决上述问题?

二、制定带班育人目标的基本原则

带班育人目标是落实"立德树人"这一教育根本任务的有机组成,是教育总目标得以实现的基本保障。因此,带班育人目标的制定要遵循国家育人标准的总要求。然而,在具体的班级教育情境中,带班育人目标又因情境因素的区别而各具特色。每一位班主任都必须遵循带班育人目标制定的一般原则,把自己的教育行为规范在整体目标允许的范围里。

1. 科学育人,立足班情

带班育人目标的制定,既要遵循国家对人才培养的基本要求,又要立足班级学生的具体情况。制定一个科学的带班育人目标,要充分考虑三个层面的因素。

首先,必须基于国家教育目的。在我国,教育目的是党和国家对人才培养质量的总的规格和要求,是衡量各级各类教育质量高低的唯一标准。教育目的是对所有教育的一般要求,所以它也就具有较强的抽象性。为了实现教育目的,必须要对教育目的进行具体化。[1]现阶段,纲领性文件《中小学德育工作指南》和《中国学生发展核心素养》等,为班主任在班级层面对教育目的进行具体转化提供了翔实的参考。

《中小学德育工作指南》旨在加强对中小学德育工作的指导,切实将党和

---

① 冯建军.现代教育学基础[M].4版.南京:南京师范大学出版社,2019:112.

国家关于中小学德育工作的要求落细、落小、落实,其中对德育总目标和阶段目标的具体化表述是班主任育人的核心思想。

学生发展核心素养,主要是指学生应具备的、能够适应终身发展和社会发展需要的必备品格和关键能力。《中国学生发展核心素养》以培养"全面发展的人"为核心,分为文化基础、自主发展、社会参与等三个方面,综合表现为人文底蕴、科学精神、学会学习、健康生活、责任担当、实践创新等六大素养,具体细化为国家认同等十八个基本要点。各素养之间相互联系、互相补充、相互促进,在不同情境中整体发挥作用。

带班育人目标的制定要符合现代社会和国家育人的要求,根据当前社会政治、经济科技发展对人才的要求,以及社会对学生的影响,认真加以分析,作出相应决策。

> **相关链接**
>
> 我国西周时期实施了礼、乐、射、御、书、数"六艺"之教;孔子主张实施德、智、体、美教育,但又以道德教育为主;蔡元培提出军国民教育、实利主义教育、公民道德教育、世界观教育、美感教育"五育并举";徐特立主张从智、德、体几方面教育年轻一代。
>
> 古希腊教育家亚里士多德提出体、智、德三育思想;瑞士教育家裴斯泰洛齐提出进行体育、劳动教育、德育、美育和智育,以保证人的和谐发展;英国空想社会主义者欧文认为教育应当培养智育、德育、体育全面发展的一代新人。
>
> ——选自冯建军.现代教育学基础[M].4版.南京:南京师范大学出版社,2019.

其次,必须遵循中小学生的身心发展特点。学生个体身心发展规律对教育具有制约性,具体表现在身心发展的阶段性、顺序性、不平衡性和差异性上。阶段性和顺序性突出地表现为学生的认知、情感、品格的发展具有关键期,如果用同样的方式来带不同学段的班级,效果肯定千差万别。不平衡性和差异性更要求班主任在带班时做到因材施教、有的放矢,使不同个性的学生都能在班集体良好的氛围中扬长避短,健康成长。

相关链接

关于人的身心发展的阶段,各国划分的标准不同。我国通常根据生理年龄划分为新生儿(出生至 1 个月)、乳儿期(1 岁以内)、婴儿期(1～3 岁)、幼儿期(3～6 岁)、儿童期(6～11、12 岁)、少年期(12、13～16、17 岁)、青年期(16、17～30 岁)、成年期(30 岁以后)。发展心理学的研究,从研究者关注的不同面加以分析。如皮亚杰以智慧或认知结构的变化为依据,把婴儿到少年的认知发展分为四个阶段;科尔伯格(L. Kohlberg)把道德认知发展分为三种水平六个阶段;艾里克森(E. H. Erikson)把人格的发展分为八个阶段。

——选自冯建军.现代教育学基础[M].4 版.南京:南京师范大学出版社,2019.

再次,必须立足本班学生的发展情况。立足班情制定带班育人目标,是科学育人的根本要求。地区发展的差异、遗传基因的不同、家庭结构的多样性和教养方式的个性化等因素,使得即便是同年级、同班级的学生也呈现出不同的具体表现。因此,班主任工作既要从国家层面和学生身心发展的普适性规律出发,又要注重从本班学生的实际出发,充分利用班级的各种资源,由本班教师、学生及家长共同参与,在具体的教育情境中创新教育经验,生成教育效果。这样的带班实践重在解决本班学生的实际问题,满足学生个性化的需要,体现了新课程的理念和班主任的教育追求。

2. 师生共建,凸显主体

制定带班育人目标的起始时间有两种情况:建班前和接班后。建班前制定带班育人目标的好处是班主任可以提前筹划,综合国家标准和学生所处的年级段特点前置性开展工作,设计带班蓝图,这时候的带班育人目标更多来自班主任的经验、预判和期待。接班后制定带班育人目标的好处是可以在了解学生特点和倾听学生想法的基础上制定出更具有适切性的目标。不管是建立新班,还是中途接班,分析学生情况后再制定带班育人目标有助于班主任在更精准处发力。

由此可见,班主任在目标的制定中,无论时间先后,都起到了主导性作用。如果将班主任的带班育人目标转化为学生认可的班集体建设或奋斗目标,师生共建,这个过程就是班级价值的认同与内化过程,凸显的是学生的主体性作用。

优秀的班集体各有各的特点,但有一个共性的特征就是都有着良好的师生关系和民主的班级氛围。班级的大小事务(包括规则、活动、创意等)都是由班主任和学生共同讨论决定的,没有任何一方可以独断专行,这就有了坚实的舆论基础和行动方向。当学生成为目标的制定者和执行者时,他们的行动力就会大大增强。

班主任在制定带班育人目标时,不妨认真思考两方面的问题:第一,我想带出什么样的班? 我想培养出什么样的学生? 第二,学生希望自己成为什么样的人? 他们对班级有怎样的期待? 这两方面问题的答案,一是取决于班主任的所思所想,二是取决于学生对自己成长的期待。把这两方面的问题放在一起,寻找答案的交集,让学生参与讨论,师生共建就自然产生了。

班主任要着手给全班确立一个共同的目标,让班集体的每个成员有共同努力的方向。一个良好的班集体有一个集体的奋斗目标,在实现目标的过程中学生会产生激励效应,形成强大的班级凝聚力。每一个集体目标的实现,都是全体成员共同努力的结果,在实现目标的过程中他们能够分享集体的欢乐和幸福,从而形成集体的荣誉感和责任感。

班主任积极引导学生参与目标制定的过程,就成了激发学生自我教育的过程。班主任要注意调动每个学生的积极性,特别是那些平时很少有表现机会的学生,要了解他们的特点,为他们创造参与班级活动的条件,使全班学生都行动起来,为班集体建设出谋划策。[①] 这也凸显出带班过程由班主任本位向学生本位的理念转变,促使班主任角色由管理者转变为参与者,由控制者转变为帮助者,由主导者转变为引导者。

3. 递进上升,动态评价

带班育人目标在定位全面发展的基础上,应该分解至各年级甚至各学期需要达成的目标,其层次性主要体现在班级发展阶段和学生认知水平的关系上。

根据班级发展阶段,班主任在建班初期、班级向班集体发展期、班集体稳定期、毕业期都应有不同侧重点的带班育人目标。同样的,在遵循学生认知规律的前提下,班主任应将目标按照由易到难、由浅入深、由感性到理性的

---

① 齐学红,黄正平. 班主任专业基本功[M]. 4 版. 南京:南京师范大学出版社,2021.

逻辑顺序来分条排列和描述。递进式的目标,螺旋式上升,符合学生成长的顺序性和阶段性特点,把长线目标切分为一个接一个容易达成的阶段目标,提高目标达成的有效性。

带班育人目标是动态变化的。班主任工作本身是一种创造性劳动,师生双方都不应囿于目标的模式而导致学生的个性得不到发展。在带班实践中,班主任完全可以综合多种生成性因素,灵活地、创造性地实现带班育人目标,让带班育人目标成为一个很有张力的驱动程序。这就更加考验班主任的带班智慧,促使其因地制宜、因班而异地调整带班育人目标。

带班育人目标最终会呈现为预期的带班效果,预设学生通过班级教育在某些方面应该发生的变化,由"不能"变成了"能够"。所以,带班育人目标是否实现是应该能够被评估的,比如,"能做到……""能感受到……""能理解……"等,这些效果是能够通过目测、提问、讨论、辨析、问卷调查、个别谈话等方式评估出来的。所以带班育人目标的表述不宜过大、过虚,也不宜过分诗意,而是应该能转化为具体的、切口小的言行举止和思维方式,让目标在动态变化中可以被评价,从而可以更好地调整行动策略。

相关链接

班级目标具有方向性和激励性,它既是对班级发展的一种规定,也是激励班级成员不断进取的一种手段。明确的、合理的班级发展目标,能获得班级成员的认同和支持,给班级的发展增添动力;反之,目标不明确或不合理,班级管理就带有盲目性,工作就会陷入混乱。因此,制定班级的发展目标,是班级目标管理的第一步。

制定班级的发展目标,首先要确立"以学生发展为本"的思想,班级的一切管理都是为了学生的发展,既是为了一切学生,也是为了学生的一切。在此前提下,依据国家的教育目的和特定时期社会对教育的特殊要求,依据学校和班级的现实,依据学生的实际情况,综合考虑各种因素,制定班级的发展目标。

班级目标既要有理想性,又要有现实性,并且是通过一定时期的努力可以实现的。过高的、不切实际的目标,可能听起来动人,但会使集体成员感到高不可攀,而丧失其促进作用。

其次,目标要体现发展性,反映每个阶段的不同要求,要针对每个阶段提出建设的重点。因此,目标要有层次性,要有总目标和子目标,有远景目标、中期目标、短期目标。

再次,班级是大家的,因此,确立班级的发展目标也应该是班主任和每个同学集体商议的结果。就像脱离了每个成员就不可能有班级一样,班级的总目标如果不能落实到每个成员身上,也必然导致总目标的落空。

——选自冯建军.现代教育学基础[M].4 版.南京:南京师范大学出版社,2021.

┌─「互动 3」─────────────────────────────┐

1. 对照自身制定带班育人目标的原则,您觉得上述哪一条原则最重要?自己又是如何践行的?

2. 除了上述内容,您觉得还有哪些原则也对带班育人目标的制定起到重要作用?

└─────────────────────────────────────┘

以下我们结合案例,看一看作者在带班育人目标的制定过程中是如何遵循上述原则的。

案例 3－2　　　　润泽心灵以立基,启迪思想而雄起
　　　　　　　　——我的带班育人方略

一、育人理念

(此处略,可参阅第二章内容。)

二、班情分析——暂时落后,留有发展空间

我在一所四星级高中任教,学校生源成绩处于市区生源的后三分之一。10 多年来,我一直担任学校普通班的班主任,学生属于校内生源的后二分之一。他们存在成绩差、习惯差、缺乏吃苦耐劳精神和远大宏伟目标等不足。有半数学生来自外来务工家庭,缺少良好的家庭指导氛围。基于这些不足,他们常被人认为没有前途。人们往往无视他们的理想追求,忽视与他们的心灵沟通,对他们缺少严格要求和精心指导。

他们也是有情感、有梦想的,是需要关爱与指导的对象,接受现状是对他们心灵的爱护,促进发展是对他们生命价值的尊重。他们暂时落后主要是非智力因素所导致,一旦学习动机被激发,他们将有很大的提升空间。我相信他们有的是花,有的是树,有的是草,只要用心耕耘,就可静待花开、绿树成荫、芳草丰茂。

三、班级目标——志存高远,培育国家栋梁

习近平总书记提出新时代教育的总目标——"落实立德树人的根本任务,培养德智体美劳全面发展的社会主义建设者和接班人"。在这一总目标的指引下,结合生情及其发展规律,我班师生明确班级目标:培养具有积极的人生观、科学的世界观和社会主义核心价值观的新时代青年,培养他们将个人价值同党和国家的前途命运紧密相连的爱国精神。

结合高中生的主要学习活动,我将班级目标分解成"为生、为人、为才"三个阶段目标。高一学生需要快速实现由初中生向高中生的角色转换,做一个合格的高中生,即"为生"目标。高二学生因为选科而面临对自身前途的思考,借此培养学生立足于社会的基本能力,即"为人"目标。高三学生面临高考选拔和大学专业的方向选择,由此培养学生安身立命的志向,即"为才"目标。三层目标循序渐进,符合"最近发展区"的认知发展特征(如图3-2所示)。

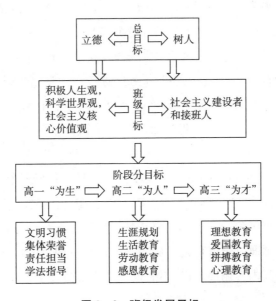

图3-2 班级发展目标

(案例作者:陈宗亭,镇江市实验高级中学)

1. 您觉得上述案例所撰写的带班育人目标有哪些可取之处?

2. 针对这个案例,您还有哪些建议?

陈老师所撰写的带班育人目标能较好地体现出目标制定的基本原则。从总目标到班级目标再到阶段分目标,陈老师的带班育人目标逻辑清晰、依据科学、提纲挈领、层层递进。

很多班主任常常会抱怨自己班级的学生不如其他学校的生源状况好,从案例3-2中我们可以看到陈老师所任教的学生处于市区生源的后三分之一,这并不是一个特别理想的生源。但是基于生源,立足班情,陈老师开始思考和分析班级所存在的问题,基于问题来制定目标,从而让目标具有了达成的可能性。

陈老师结合国家育人的总目标要求,聚焦班级学生目前在学习、习惯、生活品质和个人价值等方面的现状,既关注到学生日常行为习惯和学习习惯的培养,又侧重于高中学生的社会责任感和个人价值的追求,这体现出带班育人目标对高中学生全面发展的积极导向。同时,陈老师分析了学生的家庭结构,有较多的外来务工家庭,缺少家庭教育的指导,这些问题成了陈老师带班必须面对的问题,也是学生成长过程中必须解决的问题。

陈老师的目标不仅紧跟国家政策要求,立足班情,还凸显了学生立场。他强调"学生是有情感、有梦想的",这一表述反映出陈老师将学生视为具有可持续发展和可塑性强的人,所以陈老师尊重学生、引领学生。这在中小学阶段尤为重要,班主任的行为做法直接反映出班主任的学生观、教育观和成才观。

陈老师带班育人目标的第二个典型特征就是对目标既有全局思考,又分解到三个年级阶段并逐一落实。他明确提出了高一、高二、高三的分年级目标,抓住了每个年级阶段学生的主要任务。从衔接教育到分科学习再到个人价值追求,陈老师通过带班育人目标明确了班级发展对学生成长的阶段性服务和引导作用,其内容循序渐进,不断推动学生最近发展区的达成,在动态中螺旋式上升。

稍显遗憾的是,在陈老师的文字表述中,我们没能很清晰地读出师生共建的过程,整体内容还是由班主任制订的,突出的是班主任的主导作用。在实践的过程中,特别是在从高一到高三的发展过程中,陈老师还需要巧妙地引导学生来讨论和修改目标,否则班主任的带班育人目标就很难转化为学生共同奋斗的班级目标。在这里,特别提醒班主任在撰写带班育人目标时需要注意这一点,把师生共建的过程稍加笔墨呈现出来,这样的带班育人目标才有持续推进的可能。

班主任带班是一个科学的、专业的教育过程,遵循立足班情、师生共建、递进上升的基本原则,带班育人目标才会合理,才便于学生接受、认同,并付诸实践,将目标转化为行动,最终将目标中的美好蓝图变成师生共建的美丽风景。

第三节　常见误区与表达策略:带班育人目标制定

林老师是一位青年班主任,他工作有热情,带班有冲劲,在建班之初他就为班级制定了详细的带班育人目标。林老师依据国家育人总目标,致力于培养社会主义事业的合格建设者和接班人,他结合初中生正处于价值观形成的关键期这一阶段特点,豪情满怀地要将社会主义核心价值观的培育融入带班过程中,让价值观的形成常态化、生活化、情境化。

林老师把自己的带班理念和学生们分享,并通过第一节班会课和同学们达成做"四有"好少年的班级发展目标。做"有理想、有责任、有担当、有行动"的中学生成为林老师班级学生们共同的精神追求。

林老师很快设计了初一整个学年的班会课主题,把社会主义核心价值观融入班会课中,意在通过班会课的学习和讨论,引导学生自觉践行社会主义核心价值观。

在一节题为"诚信,中学生最好的名片"主题班会课上,林老师抛出了诚信的话题。没想到,学生的回答和表现并不像林老师预想的那么积极。课堂讨论中,大部分同学对该话题兴趣平平,觉得班主任又要开始说教了。同学们的答案也十分"标准化",比如诚信是立身之本,诚信是每一个人必须遵守

的道德底线,人只有诚信才能赢得别人的信任等。价值观的推进看似顺利,却毫无课堂的生成性。

学生小刘的回答,打破了课堂的"平静"。小刘说,现在网络上存在一种"照骗"的说法,即将自己的照片过度美化,以此来吸粉、赚取流量,这是一种骗局。而那些没有外在包装的博主,即使内容实用,也没有多少人关注。从这个角度上来看,不讲诚信,反而有可能获得更多的资源。

小刘的回答得到了不少同学的赞同。有的说,有些商家不讲诚信,以低成本赚得高利润;有的说,诚信的人会吃亏,"玩不过"精明的人;还有的说,不讲诚信的人往往能走捷径,反而获得更多机会。

原本没有火花的课堂却因为"唱反调"的发言而热闹起来,可是同学们的观点却又与林老师预设的价值取向不一致。

林老师陷入深深的困惑。为什么在课堂前半段,学生面对"诚信"话题会表现得不想听、不耐烦、没兴趣?为什么在出现"非主流"观点之后,学生反而积极回应?学生是在故意和他唱反调吗?他该怎么把控课堂?又该如何引导学生正确认识"诚信"?

[互动 7]

1. 您如何分析林老师遇到的困惑?

2. 您认为林老师在呈现带班育人目标时存在哪些问题?

遵循了带班育人目标的制定原则之后,班主任需要做的是科学、合理地将目标呈现出来。

一、呈现带班育人目标时的常见误区

结合林老师的案例,让我们先来分析带班育人目标在呈现方式上存在的典型问题。

1. 教育内容平行,缺少学段衔接和递进

《中小学德育工作指南》指出,中小学德育应以理想信念教育、社会主义核心价值观教育、中华优秀传统文化教育、生态文明教育和心理健康教育为主要内容,对学生开展教育。

在当下的中小学教育实践中,班主任基本围绕这五个方面的认知层面展开教育,较多地引导学生认识"对不对""该不该""能不能"等问题,而较少涉及"为什么"的意义层面。

在小学低年级,当学生第一次接触这些概念时,可能还比较感兴趣,愿意更多地听取老师的引导和建议。但是从小学中高年级起,学生就在一遍遍地接受重复的教育。特别是高中阶段,如果老师仍然从概念入手,如引导学生讨论"诚信是什么、要不要讲诚信"等问题,教育内容远低于学生的认知能力,所以学生觉得无聊、激发不起兴趣、套路性回答问题,这都是正常现象。

我们需要思考的是:同样的教育主题,不同的学段教什么、教到什么程度、学段与学段之间如何衔接、教出什么样的层次差异,才能在相同主题的教学中推进学生的认知发展和行为选择。

2. 教育方式单一,缺少价值澄清

随着班主任专业化发展的普及,班主任(特别是青年班主任)并不缺少先进的带班理念,也非常关心爱护自己的学生,他们不仅敬业,还会想出很多创新的花样让班级建设更有趣味。但对于涉及价值观方面的内容,大部分班主任还是会本能地选择最常见也最低效的教育方式——说教来进行教育引导。

说教最为常见,是因为它看似立竿见影,特别是对于中低年级的学生来说。出现任何问题,只要班主任严肃地批评,长篇大论地说教,学生就"老老实实"的,班主任扮演着"警察型"的班级管理者。

说教最为低效,是因为它是单方面的教育行为,教师的批评、指责常常被学生理解为一种情绪的宣泄,并没有真正引发学生对价值本身进行分析、澄清、判断和选择。最终是相同的问题,班主任反复强调,不停说教,但成效甚微。

美国心理学家皮亚杰概括出一条儿童道德认知发展的规律:儿童的道德发展大致分为两个阶段,在 10 岁之前,儿童对道德行为的思维判断主要是依据他人设定的外在标准,称为他律道德;在 10 岁之后,儿童对道德行为的思维判断则多半能依据自己的内在标准,称为自律道德。这就是为什么从小学高年级起,班主任用"盯、管、说教"的方式很难影响学生积极的道德认知发展。

3. 关注普遍性,忽视差异性

班主任在呈现带班育人目标的过程中,通常是以班级整体作为设计的出发点,考虑的是整个班级的班风、班貌和学生的共性发展特征。这样呈现的好处是能够在短时间内组织学生围绕共同目标和愿景努力,心往一处想,劲往一处使,将集体利益最大化。

然而,一味关注群体就容易忽视个体,在班级发展的过程中每一个学生都很重要,而每一个学生又都不一样。如果不能充分考虑差异性,包容学生发展的不均衡,班主任就会在毫无觉察的情况下对学困生表现出不耐烦和给予消极评价,想要消除个体差异,甚至放弃对极少数学生的教育。这必将给带班育人目标的实现带来负面影响。

中小学生正处在人格发展的重要阶段,他们的行为受到成年人和同伴评价的影响很大。当他们不能满足群体要求时,他们所受到的否定性评价就会转化成自己的认知和行为方式,用相似的方式对待他人,成为班级里的不稳定因素。其实,学生的个体差异也可以成为教育的资源。班主任需要利用好学生的个体差异,在开展活动的过程中,异质分组,让学生互相帮助、互相补充,坚持个体教育与集体教育相结合。

4. 知易行难,目标呈现存在现实困境

王阳明、陶行知等大教育家都是知行合一思想的实践者。知行合一是教育追求的最高境界,但知易行难恰恰是教育的现实困境。知行合一,并非指先有知才会促行,而是指在连续教育的过程中,知和行是一个整体,相互促进,螺旋式上升。

班主任在带班过程中,花费了大量的精力在解决"知"的问题上。学生即使知道了什么是善恶美丑、什么是公序良俗,但是知道不等于能做到,会判断不等于会做选择。在社会多元化发展的今天,学生对社会不全面、不成熟的认识更容易让他们的思想产生动摇,行为产生滞后。

想要达成知行合一,班主任就必须通过带班育人目标的呈现,在学生的观念与行动之间架起一座桥梁,关注学生的动机、兴趣、情绪、情感、意志力等因素,从而推动知行共生。

[互动 8]

1. 您在带班育人目标的呈现方式上存在问题吗?如果有,是什么样的问题?

2. 您觉得可以按照什么样的标准来呈现带班育人目标?

二、呈现带班育人目标时的表达策略

带班育人目标的表述,既在宏观上包含了班级发展的各个要素,要站位高、统领性强、大处着眼,又在微观上关系到每一个具体的、鲜活的人的发展,要关注差异、重视评价、小处着手。统筹宏观与微观,班主任如何思路清晰、条目分明地写好带班育人目标,不仅做到让自己明确带班路径,更要让学生充分了解。这对班主任带班育人目标的表达提出了较高的要求。

在实践操作中,以下三种表达策略逻辑清晰,较为常用。

1. 按时序呈现,突出年级段特点

学生在不同的年级段发展上具有衔接性和递进性,班主任可以先制定总目标,分解至年级目标后,再进行二级和三级的具体目标设定。表3-1以培养初中生"自主"品格为例进行了阐释。

表3-1 初中生"自主"品格培养目标

一级目标	二级目标	三级目标
自主	学会安排 (七年级)	自己能完成的事情,自己安排着做,有时间管理和统筹多项目的基本能力
		自己完成不了的事情,与他人商量着做或向他人寻求帮助
	学会思考 (八年级)	能独立思考,合理发表自己的意见
		能分析他人的观点,尊重不同的想法和意见
	学会规划 (九年级)	主动规划,选择适合自己的内容,有长远发展的目标
		主动展示,扬长补短,根据目标作出阶段性调整
		主动合作,形成积极的伙伴关系,辩证地听取他人善意的提醒和建议

从上述举例中,我们不难发现,学生某一方面的素养和能力是随着年级的增长和年级段的提升而发生变化的。围绕核心目标,内容上更丰富,程度

上更深入、有递进,从而达成量变到质变的升华。

　　班主任在制定和呈现带班育人目标时,要始终考虑学生的年级段特点,因为年龄会直接影响经验的获得和认知的水平。班主任还应重视教育的衔接性,在学生原有认知的基础上,螺旋式提升目标难度,促进最近发展区的形成。基于年级段的目标表述要尽可能具体、可测量、可评估,它是班主任评价带班状况的重要依据。

　　2. 按对象呈现,坚持个体与群体相结合

　　当我们在谈论带班育人目标时,我们的焦点总在班级整体,这就是群体目标,也称集体目标。但班级又是由一个个个性鲜明的学生组成的,所以也应充分考虑个体目标或分层发展目标。

　　群体目标和个体目标不一定是相同的。而在一个群体中,个体与个体之间的目标通常情况下也是不同的。因此,这就产生了一对辩证关系。群体是个体实现目标的基础,个体通过群体实现自身目标,当个体没有其他实现自己目标的方式时,就必须服从群体目标,在这种情况下,群体目标就转化成了个体目标。

　　班主任可采取自上而下和自下而上相结合的方式来与学生共同制定带班育人目标。一方面,班主任先拟定框架,把握方向,向学生呈现带班育人目标的内容,听取学生建议,共同修改确定,以激发学生共建班级的热情;另一方面,班主任可以向学生征集成长目标,看看学生自己想成为什么样的人,想生活在什么样的集体中,再综合学生的想法,归纳提炼出班级目标的核心,以促进学生行动力的提高。

　　例如,高中班主任的带班育人目标是培养学生自主学习与合作探究的能力。那么,就可以从个体目标和群体目标两个方面考虑(见表3-2)。

表3-2　高中班主任带班育人目标内容

总目标	个体目标	群体目标
培养学生自主学习能力,养成合作探究的习惯	养成良好的学习习惯,定期整理笔记和错题,学会使用工具书	营造班级良好的学习氛围,管理好自习课等自主学习时间
	在与他人合作的过程中,敢于表达自己的想法,重视动手实践过程	建立小组合作机制,培养团队精神和探求真知的品质

班主任在建班之初,应尽量设法使那些个体需要相似、兴趣相近的学生组合在一起,并尽可能使群体目标和个体目标相一致。在群体形成后,应当加强管理、积极引导,妥善处理群体中出现的问题和矛盾。班主任应该致力于班级文化建设,使学生通过努力完成群体目标这一方式来实现个体目标,而又因为个体目标得到了实现,从而带动群体目标的实现。

3. 按规律呈现,遵循"知—情—意—行"的品德形成规律

国内比较流行的观点认为,品德结构由四个部分构成,即道德认知、道德情感、道德意志和道德行为,也就是我们常说的"知、情、意、行",这四者既相对独立,又相互联系。[①]

道德认知,是人们对道德规范及其意义的理解和掌握,对是非、善恶、美丑的认识、判断和评价,以及在此基础上形成的道德识辨能力,也是人们确定对客观事物的主观态度和行为准则的内在依据。道德情感,是人们对社会道德思想和一些行为的爱憎、好恶等的情绪态度,是进行道德判断时引发的一种内心体验。道德意志,是为实现道德行为所做的自觉努力,使人们通过理智权衡,解决思想道德生活中的内心矛盾与产生支配行为的力量。道德行为,是人们在行动上对他人、社会和自然所作出的行为反应,是人的内在道德认识和情感的外部行为、外部表现,是衡量人品德的重要标志。

品德形成过程的一般顺序可以概括为提高品德认知、陶冶品德情操、锻炼品德意志和培养品德行为习惯。知、情、意、行四个基本要素应是相互作用的。其中,"知"是基础,"行"是关键。班主任在制定带班育人目标时,可以遵循这一发展规律,从认知目标、情感目标、意志目标和行动目标四个维度进行设定,具体清晰地呈现带班育人目标。

需要说明的是,在德育具体实施过程中,会有多种开端,不一定遵守知、情、意、行的一般教育培养顺序,可根据学生品德发展的具体情况,或从导之以行开始,或从动之以情开始,或从锻炼品德意志开始,最后促成学生品德在知、情、意、行等方面的和谐发展。

---

① 冯建军. 现代教育学基础[M]. 4版. 南京:南京师范大学出版社,2019:267.

相关链接

  "五维结构说"是品德发展结构的一种新观点,在传统知、情、意、行基础上增加了"信"的维度,构成知、情、信、意、行五个维度。"信"是指对道德的信念乃至终极信仰。

  "五维结构说"是对古老德育理念及传统的借鉴和发扬,同时也是对人的基本品德结构的比较合理的解释,"道德教育的目的实际上就是要形成由知、情、信、意、行五个方面所构成的个体的品德或德性"。

  德育目的就是要促进人的整体的、和谐的发展。

        ——选自檀传宝.德育原理[M].北京:北京师范大学出版社,2017.

──[互动 9]──

  1. 如果修订带班育人目标,您准备选取哪种表达策略?

  2. 除了本节中所呈现的几种表达策略,您还有其他推荐吗?

  在了解了带班育人目标呈现的常见误区、主要表达策略之后,我们来赏析一篇案例。

案例 3-3 课程融合引领成长型班集体建设的班本探索

一、育人理念

(此处略,可阅读本书第二章内容。)

二、班情分析

1. 家庭环境

  绝大部分家长属于工薪阶层,生活节奏较快,多依赖补习机构,对于孩子的个性化教育有所缺失;亲子关系中成长宽容、理解支持的家长占半数左右,控制型家庭占比较大,离异家庭占十分之一,部分孩子的安全感、归属感需被关注。

2. 学校环境

(1)师生关系:大部分同学认为师生关系亲密、支持性居多。

(2)同伴关系:入学初同伴间交流帮助较多、尊重信任感较强。

(3)学校认同感:绝大部分孩子对学校的学习环境、教学水平较满意,有一定的主人翁意识和愉悦感。

3. 学生发展性评估

学习力：班级绝大部分孩子从小依赖补课，即大部分孩子并未养成主动学习的能力。

学习动机：习惯了他律，部分同学求知进取、不惧失败的学习动机不够强。

学习策略：多数学生还未能自主地管理时间，较少运用学习资源、元认知计划、监控与调节能力等学习策略。

意志力：半数学生学习的自觉性、自控力、果断力、坚韧性等意志力不强。

心理健康：少数学生有学习焦虑、自暴自弃倾向、自责倾向等心理问题。

学习品质：会学型、乐学型、乐学会学型、乐学坚持型缺乏，努力型、坚持型尚可，待发展型居多数。

4. 认知特点

初中的孩子自我意识不断觉醒，正处在自我同一性的塑造阶段，渴望寻找内在的价值感与外界认可的统一。部分学生往往想要展示自主性，又怕不被承认，会出现为自主而自主，如反抗老师、拒绝平庸、渴望风暴。

也有部分孩子过早把自己固定化，习惯安于现状，应变能力弱，依赖父母、师长，有同一性早闭倾向。

三、带班育人目标

1. 班级发展目标

（1）环境设计：打造"班级—家庭"学习型环境；在班级营造以"班节（班级节日）课程、运动课程、阅读课程、电影课程"为载体的多元学习生活氛围。

（2）团队建设：发挥同伴影响力，明晰群体边界；培养团队合作能力，增强自主管理的能力；拥有自主决定、掌控任务的能力；畅通非正式团体的信息渠道，提升参与班级事务的积极性，增强班级凝聚力。

2. 个人发展目标

（1）学习力培养：培养学生学习的专注力、洞察力、迁移力和共情力。

首先，培养学习专注力，发展时间管理、任务管理的能力。在内在驱动力不够的前提下，将"时间管理＋任务管理"训练双管齐下。

其次，培养学习洞察力，发展反思与归因，调整自身学习的元认知能力。学习洞察力的核心是掌握方法，注重对情境和经验的高度总结。

再次,培养学习迁移力,发展深度学习的能力。学习从本质上来说是原有经验的迁移,即教学需关注真实情境的重要性,通过知识迁移解决实际问题。

理科学习在于思维建模,是对问题解决方式的高度抽象与概括。文科的学习逻辑是基于读写基础的研究性学习和审辨性思维。这虽是高手的境界,却不意味着我们培养孩子时可以忽视。

最后,培养学习共情力。借助班级节日的仪式感、运动课程的成就感、电影和阅读课程的体验感,在学习过程中帮助学生寻找到价值感,构建基于内在的学习动机,培养学习的兴趣。

(2)运动力培养:养成必备的运动技能,发展一项运动爱好。

在此基础上,促进综合品质发展:培养乐学会学型、乐学坚持型学生,关注差异,发展内省、人际、语言、音乐、逻辑、运动和亲近自然的多元智能,形成积极健康的人格和良好的心理品质。

(案例作者:韦碧莹,苏州市高新区第一初级中学)

〔互动 10〕

1. 上述案例采取的是哪种呈现方式?您觉得可取之处是什么?

2. 针对这个案例,您还有哪些建议?

韦老师在带班育人目标制定的前置性分析中,综合考虑了学生家庭情况、学校概况和学生发展特点,并从学习动机、学习策略、学习意志力、学习品质等方面评估了班级学生发展的可能性,提高了带班育人目标的针对性和有效性。

学生是实现带班育人目标的核心,带班育人目标的本质是服务于学生的成长,因此细致而全面的分析是班主任呈现带班育人目标的重要前提。

韦老师按照班级发展目标和个人发展目标两条主线呈现带班育人目标,思路清晰,是按照对象进行个体与群体呈现的主要方式。韦老师既能统筹考虑班级层面的培养目标,关注学习型班级的创建,注重团队建设,形成正向的凝聚力,又能关注学生个体学习经验和思维方式的提升,培养其良好的学习能力和运动能力。班级群体目标与学生个体目标配套推进。

哲学里有这样一种表达:"一滴水怎样才能不干涸?答案是把它放到大

海里去。"这充分说明个人目标与班级目标是相互作用、相互成就的积极关系。仔细对比韦老师在群体层面和个体层面的目标,不难发现她的体系建构紧紧围绕"学习型"展开,这里的"学习"不是指单纯的知识学习和考试,而是指培养学生从元认知的角度出发,学会学习、学会生活,培养终身成长的核心素养。

特别值得学习的是,韦老师实施目标的路径凸显了班本特色,如开设班节(班级节日)课程、运动课程、阅读课程、电影课程等,都是发挥课程育人、活动育人、实践育人的好做法。韦老师遵循知、情、意、行的品德发展规律,做实、做精学习力的培养,具有可操作性。

在今后的带班实践中,韦老师还可以进一步细化目标到年级阶段,思考学生在每一个学年应该达到的行为标准和应该塑造的思维品质,附以相关评估指标或参考标准,让带班育人目标成为班主任工作和学生成长的内核。

带班育人目标是班级发展的愿景和蓝图,有了明确的带班育人目标,班主任和学生才会有一致的行动方向,并不断对照目标评价自己的成长和与目标之间的距离,从而主动地、持久地克服困难,不断改变,努力达标。

带班育人目标是班主任工作的主导方向,是带班有方的必要条件。班主任只有重视解读带班育人目标的价值内涵,了解带班育人目标的基本内容,明确带班育人目标的制定原则,掌握带班育人目标的表达策略,才能在带班育人实践中做到有的放矢、拾级而上,使班主任工作更有系统、有步骤、有策略、有效果。

典型案例

案例 3-4 　　　　　**润积极心灵　育明亮精神**
　　　　　　　　　　——"向阳"班带班育人方略

[班级发展目标]

总目标:以共同的生命发展为旨归,让师生在共同学习与生活交往中,养成积极心理,铸造明亮品格。培养热心参与者,点亮学生眼中之光;培养自信

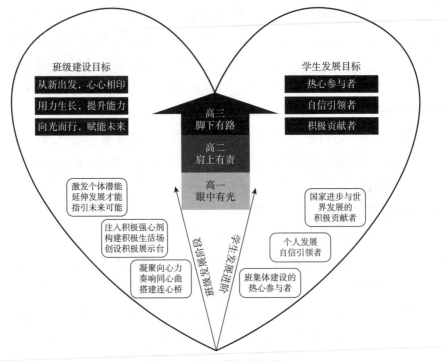

图 3-3 "向阳"班班级目标

引领者,扛起肩上之责;培养积极贡献者,明确脚下之路;培养坚定"四个自信",担当民族复兴大任的时代新人。

阶段目标:

1. 高一年级:积极鼓励每一个学生热心参与新班集体建设,学生自由打造理想教室,自主加入班级管理,自愿创立班级品牌活动"生日会",让学生积极主动融入新集体中,充分激发学生学习主动性,为高中三年学习生活打下良好基础,召开家长会,推动全体师生、家长成为班集体建设的热心参与者。

2. 高二年级:智慧引导每一个学生培养自信品格,正确认识自我,不断激发个体潜能,增强民族自信心和自豪感,坚定"四个自信",汇聚起热爱祖国、建设祖国的磅礴力量,以更博大的胸怀成长为自信的人。

3. 高三年级:有效推动学生积极关心国家、社会发展,为社会贡献青春力量,每天陪伴学生观看新闻联播,引导其主动关注思考社会发展议题,明确未来人生发展规划,为推动社会发展赋能,成长为积极的贡献者。

(案例作者:朱烩,江苏省通州高级中学)

案例3-5　　　"福流"涌动聚合力　幸福共建促成长

——积极心理学视域下的"福流班"带班育人方略

[班级发展目标]

结合班情和班主任学科特色，我成立"福流(FLOW)班"——由"Formula (准则)、Liberty(自由)、Objective(目标)、Willpower(意志力)"为路径促成"福流"发生。

"福流班"建设总目标：在家、校、社共同构建的幸福关系网中，学生体验"福流"，内心充盈，茁壮成长，收获幸福，并将幸福传递给身边的人。学生对于"福流"班集体充满安全感，"福流"班集体里的学生、班主任、任课教师、家长等感知到有序、自在、轻松、愉悦、幸福，以达到集体心流，"福流"涌动。

根据《中小学德育工作指南》，在高中学段，学生的品德思维能力逐步走向成熟，思想活动具有独立性、选择性、可塑性等特点。依据高中阶段学生的身心发展规律、学校教育教学特点，分学段递进式设定目标，具体如下。

高一年级：守则有序，创"福流"条件。

在该阶段，通过"可视化四个'一'计划"，培养规则意识；班集体初步形成，学生与家长、老师各司其职，快速建立班级秩序，形成良好班风，避免混乱管理剥夺学生的安全感与归属感，为"福流"的产生创造条件。

高二年级：自由创造，享"福流"体验。

高二学生克服了前期迈入新环境的"水土不服"，对班集体产生安全感与归属感后，在班主任的引导下，通过"多领域自主模式，全方位幸福传递"，开始自由创造、自由探索、自由发展，充分体验"福流"，开发创造潜能，锻炼综合能力。以"福流"辐射他人，自我发展的同时为他人创造幸福。

高三年级：为理想奋斗，获"福流"果实。

高三毕业班学生学业压力繁重，该阶段带领学生进一步设立适切且明确的目标，依托"明确的活动目标、注意力高度集中与行动意识融合"的"福流"特征，引导学生在每一次奋斗、每一次坚定意志、每一次战胜自我中收获幸福，努力达成马斯洛需求层次理论中的"自我实现"，为理想而奋斗，因奋斗而幸福。

（案例作者：徐媛媛，南京市第五高级中学）

第四章

带班育人实践的路径

内容概要

班级建设处在一个动态发展的过程中,相应采取的带班策略也会随之改变。带班育人实践一般有基础阶段、进阶阶段和拓展阶段之分。建班初期,班主任需要从师生关系、家校关系、生生关系等方面,认真分析班级工作的复杂性及其产生原因,在复杂情境中提升育人智慧。班级建设的基础性工作开展到一定阶段,班主任就要从建班初期的制度建设走向氛围营造,通过良好的班级育人氛围,促进学生自我管理、自主发展,达到润物无声的效果。最后,班级建设受到多方面的影响,作为班主任,要善于总结和提炼自己的带班育人经验,并上升到理论层面,使之具有一定的普适性。

核心问题

◇ 为什么说新班初建是班级建设的良好契机?

◇ 随着班级工作的推进,班主任面临的育人情境会有哪些变化? 为什么会越来越复杂?

◇ 班主任在带班育人实践中形成的经验有何价值? 如何让带班育人经验可学习、可借鉴?

情境再现

新学期,张老师接手一个新班级。刚刚开学一周,张老师就发现学生家长对孩子的教育重视程度不够,对于家庭教育的认识也存在欠缺,更别提配合张老师的工作了。

学生也如同一盘散沙,原来的班委团队几乎不起作用。新一届班委改选,主动竞聘的人寥寥无几,核心岗位几乎没人应聘。班主任私下了解到,大家感觉当班委太浪费时间,耽误自己的学习。班级里还有三个特别顽皮的学生,连班主任的话都不听,更别提组长和班委了,大家都不愿意去"得罪"他们三个。

新加入的语文和数学教师与班主任张老师一样,对学生不了解,遇到问题总是容易受情绪影响,失望、生气、焦虑搅乱着平和的心态。

张老师在日记中写道:当我走进教室的一刹那,几十双眼睛一眨一眨地看着我,他们的小脑袋中满是憧憬。此时所有的老师应该都有着相同的初衷,那就是希望通过自己的努力创建一个优秀的班集体,有优良的学风,有优美的环境,有和谐的关系,有向上的氛围。可是仅有初衷就能如愿以偿吗?我这些憧憬的实现要从哪里入手呢?

> [互动 1]
>
> 1. 接手新班并创建新班集体,这对班主任而言是一道躲不过的必做题,您是从哪项工作开始入手呢?
>
> 2. 您在新班初建时有什么实效性想法和做法?

情境中的班主任并不一定是位新班主任,但一定是接手了一个新的班集体。新班初建是带班育人方略实施的一个重要的初级阶段。班主任要从认识特征开始,着手做好新班初建的必要工作。

第一节　奠定带班育人的初建基石

一、认识建班初期的基本特征

有效抓住新班初建的起点,可以为共生出精彩的带班育人方略奠定基础。新班初建时,学生和老师、个体和集体之间均需要磨合,作为班级主体的学生与老师处在相互了解、相互呈现的状态。彼此呈现得越充分、了解得越深入就越有助于班集体性格的开发和形成,班级形成了集体性格就有助于带班育人方略的设计、实施和优化。因此,认识初建班集体的常见特征,对于接手新班的班主任大有裨益。

(一) 新班初建呈现的两种状态

建班初期,从班主任的工作角度来看,大致可以分为两种情况:第一种是班主任接手一个新的起始阶段班集体,例如,幼儿园的小班、小学一年级、初中一年级、高中一年级等;第二种是班主任在同一学段中,中途接手一个新的班集体,这个新接手的班集体在空间上几乎不会发生太大的变化,但是在时间和归因上往往不可控。班主任中途接手一个新班,原因是多方面的,大致可以归为两类:有突发情况,学校作出人员调整;常规替换,比如,幼儿园里小班、中班、大班的班主任固定轮换,小学低年级到中高年级时班主任的常规调整,以及高中阶段学科分班等。

不论是起始年级接班还是中途接班,这些日常工作中的现象对于教师而言已经习以为常,这也是情境中将此类事件作为必做题的缘由。但对于学生而言,这种现象却是一种需要适应的动态,这种动态会给学生带来一定的影响。这个影响引导得好可以转换成新班集体创建中的资源,引导得不好则会变成班级发展过程中的障碍。因此,班主任在建班初期,一定是把学生放在中心,以人为本,围绕学生的成长需要展开新班集体的各项创建实践。

（二）新班初建常见的三大误区

1. 误区一：为融洽师生关系，牺牲制度建设的原则和底线

年轻班主任身上容易出现此类问题。班主任为了和学生打成一片，打造哥哥、姐姐的人设，刻意拉近与学生的距离。这种带班理念无可厚非，但掌控力强的老师可以用情感维系班级建设，掌控力弱的老师容易失去尺度，为了融洽师生关系而牺牲制度建设的原则和底线。

2. 误区二：为了管理快捷便利，牺牲班级学生的主体地位

不少老班主任身上容易出现此类问题。老班主任并不是指年长教师，而是泛指带班年限较长的教师。因为经验丰富，新班初建时为了让班级快速进入正轨，往往将以前的制度拿来就用，没有根据班情的变化而进行改变，忽视学生的主体性地位。因为没有让学生参与班级制度的创建，所以学生对于新班集体感情不深。

3. 误区三：为了复制成功经验，忽视家长、同事、学生的现实诉求

这一现象几乎在所有班主任身上都出现过。年轻班主任在向老班主任学习的过程中，片面注重经验，对于好的做法不加改进地直接套用，很容易出现"水土不服"，招致埋怨。老手带新班时，如果简单复制成功经验，结果也往往适得其反。这种情况大多是因为忽视家长、同事、学生的现实诉求，忽视现有班级的最新班情，忽视资源的全新组合而产生的。

（三）新班初建的特征

1. 建班初期的特殊性

结构化思维告诉我们，事物的发展在不同的时间有着不同的态势。沃顿商学院的运营和信息学管理教授凯瑟琳·米尔科曼等人合作了一系列实验，他们发现，人们到了一个"时间里程碑"时，才去实现他们所谓的目标，比如开始节食或去健身房锻炼。心理学家把这种现象称为"新起点效应"，这种效应力量巨大。一年之中的"新起点"，除了新年第一天，还会出现在一些临时设定的标志性时间点上，比如生日、新学期开始，所以班级初建就是班级发展的一个重要的起点。

2. 建班初期的基础性

建班初期,顾名思义,从时间的维度上看其基础性不容置疑。从实践的维度上看,建班初期的各项工作都在努力为成为成熟期班集体奠定基础。优秀的带班育人方案都是从最简单的实践开始,简单的实践源于平时教育工作中的基础积累。而这个基础中的基础莫过于建班初期的简单实践,这些简单实践串联起来就是带班理念的体现。在这些基础性的实践中,思想建设必须放在首位。思想建设是班级文化建设的基础,只有初建班级时形成统一的价值观和行为准则才有利于班级凝聚力的提升。在班级日常管理中,以班级价值观为主流思想,在理解中践行,在践行中深化理解,这项基础工作对于未来班级文化创生和发展将起到重要的推动作用。

3. 建班初期的针对性

建班初期的针对性主要集中体现在两个方面:一是针对班级建设中的空白领域进行整体规划设计。例如,制度建设、组织建设、思想建设等都可以是从无到有、从少到多。制度建设,就是结合多方意见,尽快出台各项班级制度。班级是一个社会群体,群体就得有自己的群体规范才能运转自如,所以制度建设是空白领域中需要优先考虑的基础工作。组织建设,是根据实际情况搭建班级的组织架构,一般是先构建以学生为主体的管理团队,帮助班主任执行各项规章制度,因此,组织建设工作是有助于提升管理效能的基础性工作。思想建设,是将大家关于个人发展、班级发展的目标和行动统一起来,形成"人人爱班级,班级靠人人,心往一处想,劲往一处使"的局面。总之,思想建设工作是新班初建中最具有灵魂的基础性工作。二是针对新班初建中人际交往的薄弱环节搭建沟通的桥梁。此时教师与学生之间是陌生的,教师与家长之间是陌生的,有的班级甚至教师与教师之间也是陌生的。在这种情境下,加强人际交往的沟通交流则是当务之急,是基础性工作。

4. 建班初期的复杂性

(1)建班初期各种关系协调具有复杂性。

复杂性主要集中在关系的磨合上,这些关系包括师生关系、家校关系、同事关系、同学关系、班校关系等,很多关系是随着变化而不断派生或消失的。经营、维护好能预见到的每一对关系,这对于初建班级的班主任来说都是挑战。新西兰教育学者约翰·哈蒂对影响教学效果的因素进行了史上规模最大的实证研究,他分析了 800 多项元素,最终归纳出了 138 个影响学业成就的重要因素,这 138 个因素就可以理解为 138 个相互关系,其复杂程度可见一斑。

（2）建班初期起点工作交织具有复杂性。

起点工作的复杂性主要集中在工作时间和工作内容的协调上,这些新起点工作林林总总、繁杂无序。这些工作大致包括新生档案组建或熟悉中途接班学生的档案,班干部的遴选或换届,班级显性文化的打造,班级隐性文化的培育,学生个体交流,第一次家校沟通,编排班级座位,编排住宿及用餐,数据信息类统计,等等。这些工作要按照不同的时间节点,有步骤、有系统、有成效地推进,否则会难上加难,一团乱麻。

二、做好建班初期的必需工作

（一）架构班级管理体系

新班组建之初,构建班级管理架构是基础性工作,也是第一要务。通常的做法是班主任通过观察,发现每个学生的个性特征和潜在领导能力,根据学生的表现赋予一部分学生临时职务,这些学生帮助班主任进行各项班级管理。这样的传统做法有其存在的优势,但是有没有更加创新的方式呢?

案例 4－1　　　　　自主管理：让每一颗星都闪亮

采用民主竞选的方式产生班干部。在竞选前,我利用班会课对全班进行了思想动员,宣读班委成员名单,明确其职责,鼓励每个人积极参加班干部竞选。小学三年级的学生虽然不能发表精彩的演讲,但是在家长的指导下也能把自己的想法表达清楚。在竞选时,候选人基本能够阐明自己的特长爱好、优势、具体做法等,最后全体学生通过民主投票选出自己心中的班委成员。成员确定后,我根据他们的特点,取长补短,对他们进行优化配置,以达成最佳组合的效果。明确各自职责后,班干部就可尝试参与班级管理了。经过一段时期的观察,通过考核的成员正式成为班干部。

（案例作者：温馨,徐州市星光小学）

　　根据案例 4-1 可知,有智慧的班主任一定不会把构建班级管理架构等同于遴选班干部。构建班级管理架构既是对学生角色的另一种赋能,也是对全体同学的多元评价。案例中用竞选、投票的方式选出班干部,既能体现班干部遴选的公平、公正、公开,也能让学生们真切地感知到自己就是班级的主人。当每个人的意见都得到了充分尊重时,他们的现代公民意识也会逐步养成。

　　具体的操作流程,我们也可以效仿南京的陈宇老师,他用思维导图的方式构建出班干部的任用与管理流程图(如图 4-1 所示)。

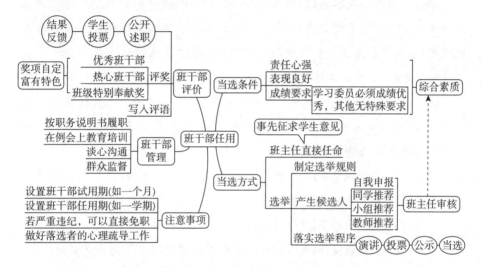

图 4-1　班干部的任用与管理

　　根据图 4-1 显示,班主任从班干部任用的五个方面——当选条件、当选方式、班干部评价、班干部管理、注意事项等分层思考并实践。五位一体的班干部竞选模式对班干部的使用和培养做了系统的思考,为搭建班级管理团队绘制了执行蓝图。

(二) 创新班级运行制度

　　俗话说"不以规矩,无以成方圆",班级组建之初,一般都要拥有自己的制度建设体系,在班级制度建设体系的运行下形成符合班级阶段特性的班级制度。班级制度既有强制性又有教育性,如何协调好强制性与教育性的关系?如何让学生们认识到班级制度制定的目的不是对他们进行管束而是引导?

如何让班级制度不再是冷冰冰的存在？这些问题在建班之初对于每个班主任来说，都是不小的挑战。我们一起来看下面这位班主任的创新做法。

案例 4-2　　　　　共创共守"温暖"的班级公约

"不以规矩，无以成方圆"，行之有效的公约是班级管理与文化建设的重要内容。在自我意识越来越强烈的学生面前，在流行"温馨提示语"的今天，规范、制度、条例那冷冰冰的"面孔"让人难以接受，弄不好还容易使学生产生抵触情绪。心理学家皮亚杰认为："任何强加给学生的纪律仅能停留在学生精神之外，基于相互合作和尊重的纪律才能植根于学生的心灵。"

1. "快板"公约口口相传

为了让学生感受到公约的"温暖"，我提议换一种方式来表达班级的规矩，让冷冰冰的规章制度拥有暖心的温度。最终，在班级集体的打磨下，一份"快板"版班级公约新鲜出炉。

进校：穿戴发型调整好，带齐物品不迟到；进校提起精气神，相互问候有礼貌。

早读：勤奋好学争分秒，贵在自觉效率高；语数英语同重要，书声琅琅气氛好。

两操：出操集队快静齐，动作规范做好操；每天眼操做两次，持之以恒视力保。

上课：铃声一响教室静，专心听讲勤思考；举手发言敢提问，尊敬师长听教导。

课间：课间休息不吵闹，文明整洁要做到；勤俭节约爱公物，遵循公德很重要。

学习：各门功课要学好，遵守纪律最重要；预习复习要自觉，环环扣紧才生效。

作业：审清题意独立做，格式规范不抄袭；簿本整洁字端正，保质保量按时交。

活动：科技文体热情高，体魄健壮素质好；思想觉悟要提高，班团活动少不了。

生活：爱惜粮食要记牢，节约水电少浪费；服从管理加自理，遵守纪律觉悟高。

离校：值日卫生勤打扫，按时离校关门窗；横穿马路站看行，安全法规要记牢。

2. 让公约"活"起来

推行制定班级公约后，经常开展以班级公约为主题的快板比赛、情景短剧表演等，帮助同学们更好地接受和理解班级公约，让公约不仅仅是一纸"通告"。

（案例作者：李田梅，江苏省海州高级中学）

马卡连柯说过："教育工作中百分之一的废品，就会使国家遭受严重的损失。"很多班级制度仅仅装饰在班级墙上，并没有真正走进学生内心。值得称赞的是，案例4-2中的班主任针对班级制度建设中时常遭遇的尴尬境地，为了消除"僵尸"制度，开动脑筋，用快板的形式让班级公约口口相传，为了让班级公约活起来，组织了各种班级活动，如以班级公约为主题的快板比赛、情景短剧表演等，真正做到了班级制度由共生共创到共记共行。

优秀班主任创造性的实践启示着我们，在完善班级制度建设方面要遵循三步法。

第一步，三人行必有我师焉——借鉴法。

"独行快，众行远"，对于班级建设而言，班主任在日常工作中要广泛学习借鉴。虽然"一班一世界"各有特点，但是总体教育背景是相同的，班主任们应广泛学习，向同事学习，向家长学习，向学生学习，向网络学习。所以，切忌贪图班级管理有特色而闭门造车。

第二步，众人拾柴火焰高——共创法。

班级制度需要班集体所有成员遵守。制度建设是班集体发展中重要的精神文化、隐性文化。在制定的过程中，不仅仅要听取广大学生的建议，更要听取家长团队和班级教师团队的建议，切忌班级制度建设成为只有学生或班主任参与的独角戏。

第三步，吹尽狂沙始到金——优化法。

制度的产生不是一蹴而就的，产生后也不是一成不变的。在执行中查缺补漏、继续优化更为重要，因为制度是为学生成长服务的，学生在成长中是不断变化发展的，所以制度建设不可一劳永逸。

（三）营造班级互助氛围

班级是一种学习共同体，基于这个特性，构建团队互助型班级在建班初期就显得尤为重要。构建团队互助型班集体有多重途径，我们一起来看下面这位班主任的创新做法。

案例4-3　　　　　　伙伴成团，共生共长

小学低年级阶段是学生社会化形成良好伙伴关系和意识的关键时期，在伙伴关系中,儿童是自我成长与影响他人的双重主体。在这个关键时期,我在班级成立"伙伴团",旨在通过伙伴关系展开儿童的道德学习,让儿童在社会交往中互相帮助、影响彼此、共同成长。基于此,我在班级开展了以下活动,希望孩子们能通过找寻伙伴、与伙伴一起学习和劳动,与伙伴互相"点赞",最终达到共同成长的目的(如图 4-2 所示)。

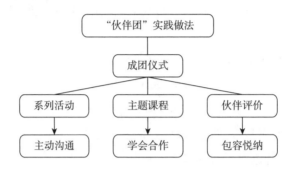

图 4-2 "伙伴团"实践做法

在秋季学期结束后的休业式上,我会安排一个"成团仪式",正式让学生结成伙伴小团队。这些"伙伴团"最重要的任务就是走进一年级孩子的教室,为一年级的弟弟妹妹营造一个干净、整洁的开学环境。

1. 划分团队,启动仪式

团队的划分遵循"座位就近"原则,每个团队人数相当。同时,由团内成员互相推荐,选出"团长",确定团队名。之后,我会根据团队的数量,将教室划分为不同区域,请各团队的团长抽签选择桌椅、地面、黑板和瓷砖、窗台和栏杆、教室外走廊等区域。然后,我会为孩子们填写并张贴表格(见表 4-1),让孩子明确自己的工作区域和具体职责,由"团长"兼职"检查人"做收尾工作。"点赞区"则留到正式打扫结束后,由大家一起贴贴纸投票,获得贴纸票数最多的则会被选为"明星团队"。

表 4-1 团队工作分配表

团队名	工作区域	工作职责	负责人	检查人	点赞区
帮帮队	桌椅	桌椅排列整齐,对齐地标; 用魔力擦清洁桌面和椅子			

续表

团队名	工作区域	工作职责	负责人	检查人	点赞区
我爱整洁队	地面	1. 将地面纸屑扫干净 2. 将地面污渍拖干净			
欢迎新生队	黑板和瓷砖	1. 用湿抹布擦干净黑板 2. 扫干净黑板槽中的粉笔灰 3. 擦去四面墙壁瓷砖的浮灰			
劳动光荣队	窗台和栏杆	1. 用抹布将室内、室外的窗台擦干净 2. 清理栏杆上的植物落叶、鸟儿粪便等垃圾			
团结一致队	教室外走廊	1. 清扫走廊上的垃圾 2. 将走廊边排水凹槽中的枯叶等垃圾清扫干净 3. 将教室外墙壁瓷砖上的浮灰擦干净			

2. 环境清扫,分工合作

此后,我并没有对这些团队作出任何提示,而是采用"自主发现问题和老师引导解决"的方式帮助这些团队成长起来。等到孩子们真正拿着工具开始打扫时,他们发现有些工作同时开展会引起冲突,这时,我提示他们,不如让团长们先开个会,把清扫工作划分先后顺序,再分工合作。之后,我走进每个团队,进行针对性的指导,发现反应快的孩子甚至会自己形成"打扫流水线"。

一切井然有序,学生不仅在完成自己任务的过程中发展自己、完成自我,也能通过合作探究,提升与他人合作的能力,强化伙伴之间的信任。在这个仪式上,孩子们感受到了什么是"团队",有了"合作"的朦胧意识。

(案例作者:秦君妍,常州市武进区湖塘桥第三实验小学)

团队互助型班级,是指为了让学生在小组或团队中完成共同的任务,建立起有明确责任分工的互助性学习团队,从而打造互助、共管、合作型班集体,培养学生的教育管理能力。团队的组建依据有很多,常用的是根据学生的学习特征组建学习小组。案例中的老师打破了互助型小组仅仅局限于学习小组的惯例,在平时的实践中,深化了小组的内涵,让小组不仅是班级的学习共同体,也是卫生、荣誉等各方面的成长共同体。别具一格的"成团仪式"更是让学生们在仪式感中成长、成熟,拥有积极向上的信念。当每个老师和每个同学都把自己看作班级成长共同体的一分子时,团队互助型班级才算是真正诞生了。

(四)奠定班级共育基础

1. 共建师生和谐

建班初期,班主任应努力让每位任课教师、每个学生在友爱、平等、温暖的全新班集体中,充满期待地开启新的学习生活。

案例 4-4   深入了解学生

当学生进入新的班级后,都想得到认同与肯定。班主任可以根据学生这一特点,深入学生群体中,了解学生的想法与特征,与学生进行沟通,因材施教,才能够事半功倍。在面对不同的学生时,班主任应当采取不同的鼓励方式,让学生能够认可班级、肯定班级,鼓励学生在班级中主动展示自我。在增强学生班级凝聚力的方面,班主任需要积极总结经验,尽快熟悉每一位同学,观察学生的个性和性格,结合每一个学生的个体特征和学习要求、生活要求,给予耐心的管理和指导,最终打造一个活跃、积极、优秀的班集体。

我每天晚上去寝室查寝,以走访的方式了解学生、关心学生。查寝时与学生们多聊聊天,通过聊天和观察获知学生们在当天的学习或者是生活中所遇到的问题并帮助学生解决这些问题,这也是让我能更好地深入学生群体的有效方法之一。

每个月一次的"加餐课",我提前定了五盒寿司,五十个,每人一个。剩下四个呢?轮流啊,每次有四个孩子分享"周末小时光",然后再得到一个。"小时光"让我们在快乐的时光里,愉快地了解了彼此。

(案例来源:《向"这儿"看齐——初中班级凝聚力形成的有效策略》)

新班初建是构建和谐师生关系的最佳时期。案例 4-4 中的班主任非常注重学生进入新班级后的内心感受,用个性化的鼓励方式,细心地观察个体,关心住校生的休息情况。每月一次"加餐课"等这些实践做法,对于构建和谐师生关系,都是成熟而有效的。

具体而言,班主任可以从以下几个方面构建班级和谐的师生关系。

彼此信任,真心相待。班主任不仅是学生的学科教师,更是学生们这个年龄段遇到的人生导师和重要他人,班主任对待学生们的态度、方式深深地影响着班级群体之间的相处方式。班主任要传递给学生彼此信任、真心相待的感受,这样学生才会在接受这个新班集体的同时,把信任和真心融合到班级发展中。

彼此尊重,平等相处。不论是新班初建还是新手接班,学生都来自不同的家庭、不同的学校、不同的班级、不同的小组。彼此之间需要了解,需要磨合。这种情况下,尊重和平等显得尤为重要。班主任要利用一切德育阵地宣传班级人人平等、人人被尊重的价值观。不管学生的家庭状况、学业水平、以前获得的个人荣誉、身体发育程度有着什么样的区别,每一个人的人格都是平等的,是完全可以平等对话的。

彼此了解,相亲相爱。据数据统计,除去休息时间,中小学生一天之中在校时间 8～10 小时,与家人相处的时间仅为在校时间的二分之一或三分之一。从数据上看,同学和老师是每个学生日常接触时间最长的人,班主任要用好这个时间优势,在师生相处的时间里,创造各种活动引导学生相互了解,培养学生、师生之间相亲相爱的意识。案例 4-4 中的班主任亲自去寝室探望住校学生,学生是完全能够感受到这种无微不至的爱的。在这种相亲相爱情感的浸润下,班级一定会成功构建出和谐的师生关系。

2. 赢得家长的信任

赢得家长的信任是做好家校共育的第一步。要想做好家校合作,需要教师具备更出色的能力。[1] 但许多教师缺乏应有的家校共育能力,难以胜任家校沟通工作。原因在于,首先,教师在该领域没有足够的相关知识储备。其次,没有丰富的互动手段,很多年轻教师在面对问题时,经常不知道如何处理,甚至还会造成冲突或矛盾。最后,不少教师没有真正了解家校共育的价值所在,也

---

① 洪明. 合育论——学校家庭社会合作共育的理论与实践[M]. 合肥:安徽教育出版社,2017:147.

不清楚自己在其中的定位,所以家校共育中的相关行为就会出现偏差。

案例 4 – 5 **"被家长举报后"**

山东邹平市的石老师遇到过这样一起"家长举报"。

暑假期间,石老师关注了几个数学名师的公众号,了解到阅读数学绘本对于提升学生们数学核心素养很有帮助。二年级的学生们正是数学阅读的最好时机,于是石老师便给学生们布置了阅读打卡任务,并每天把音频或视频传到群里。石老师牺牲自己的假期,每天进行点评、统计、记录、微信叮嘱和电话督促。可是令她感到十分委屈的是,这些勤勤恳恳的付出到头来换来的是被家长举报。举报内容:要求学生手机打卡,增加了学生和家长的负担。石老师心灰意冷地取消了打卡活动。

开学前的家访,让石老师的心头的阴霾一扫而空。因为家访中她了解到家长们很赞同让孩子们阅读,可是每天打卡却带来了诸多不便,为了每日打卡,有的学生一个暑假都不敢去爷爷奶奶家,因为乡下没有网络,也有的家庭原先定好的旅行计划因为每日打卡不得不取消。最终在家长们的建议下找到了更好的办法,既保证了学生们的阅读,又不会因为每日打卡影响到家长们的日常生活。

〔选自石红梅.被家长举报以后⋯⋯[J].班主任,2021(8):42.〕

一起举报,几次家访,也引发我们的思考:"组织教育教学活动时,要站在各方的角度上换位思考;凡事有度,要根据具体情况具体对待,留有一定的弹性;及时与家长沟通,听取家长的意见和建议,对活动方案不断微调、修正⋯⋯最重要的是,作为教育工作者,我们只有放下架子、放平心态,才能家校携手,共育英才。"①

石老师的这次遭遇也启发我们,要顺利地开展理想中的班级建设,家长的支持很重要。在建班初期,可以采取以下策略赢得家长的信任,获得家长的支持:发一张家长期待单——快速与家长建立联系;做一份家长考试

---

① 石红梅.被家长举报以后⋯⋯[J].班主任,2021(8):42.

卷——增强家长工作信心;来一场全员大家访——学会面对不同类型的家长;写一本问题记录册——积累家长工作经验。

第二节　抓实带班育人的常态工作

扎实有效的班级建设源于日复一日地勤勉耕作,设计实施、抓好抓实班级一日常规是班主任的常态化工作。

一、基于不同的发展阶段理解"一日常规"

一日常规是班主任基本工作的细胞。一日常规工作的业务流程操作是班主任做好本职工作的基础。不同地区、不同学段、不同校情的班主任一日常规工作有着不同的内容呈现。常规工作要符合教育规律、符合学生发展特点、符合学校德育要求及符合班级发展规划。创新型的一日常规往往体现着学校以及班主任的德育理念。

案例 4-6　　　　　学校班主任一日工作清单

一、晨检

1. 班主任 7:50 前到教室,开窗通风,迎接学生到校。

2. 检查出勤情况,发现未按时到校的学生要马上联系家长询问原因,做好登记。(对迟到的学生进行提醒教育,对请假的学生及时与家长取得联系)

3. 检查学生仪容仪表,检查班级卫生及书桌抽屉情况,保持教室及活动区域干净、整洁。

4. 督促学生及时上交各科作业,组织班干部或课代表带领早读。

(课代表在早读课收齐作业,把作业情况汇报给科任老师和班主任)

二、两操集会

1. 铃声一响,快速组织学生集合,按指定的路线排队到达操场。

2. 落实两操卫生,提醒学生养成"桌面无杂物、抽屉无杂乱、地面无垃圾"

的好习惯。

3. 检查出操人数,保证全员参与,做到教室不留人,保证做操质量。(因身体原因无法做操的学生,可在操场旁边观摩)

4. 眼保健操由当堂老师负责,班主任及时督促、检查,提醒学生认真做操。

5. 升国旗时,教育学生面向国旗列队、肃立、行注目礼,少先队员行队礼,唱国歌时严肃认真,声音响亮;认真聆听国旗下讲话,不得说话、搞笑或做小动作。

三、上课

1. 指导、督促学生做好课前准备,训练、强化课前准备的好习惯。

(要求:下课铃一响就归位,准备下节课课本和文具,等预备铃一响,静坐等待老师上课)

2. 培养学生认真听讲,积极发言的学习习惯。

3. 关注不同学科的课堂纪律,多巡视,多与任课老师联系。

4. 关注学生上课情况,多找学生谈话,掌握班级纪律情况,发现问题及时沟通。

5. 学生上课出现特殊情况,班主任要第一时间协助解决。

四、课间

1. 班主任在课间经常到班级巡视,指导学生适当放松,课间休息时要文明游戏。

2. 强调课间十不准:不喧哗,不追逐,不打闹,不乱扔,不乱吐,不乱爬,不乱拿,不高空抛物,不辱骂同学,不做危险游戏。

3. 发现学生出现各种问题要及时处理,确保学生的安全,确保课间安静有序。

4. 引导学生举止文明有礼,学会见面打招呼、主动向老师和来宾问好,上下楼梯靠右行、不拥挤,保证安全有序。

5. 培养得力小干部协助班主任管理班级,让小干部带头组织课间文明游戏,树立良好榜样。

五、午餐午休

1. 组织午餐学生排队,核对人数,带队到餐厅指定位置(或教室)就餐。

2. 培养学生午餐时不说话、不浪费,餐后收拾桌面,轻轻倒掉食物残渣,整齐摆放餐具的好习惯。

3. 督促学生就餐完毕及时回到班级,不进行剧烈活动,可看书或画画,安排学生进行午休。

4. 协助午餐管理人员,出现突发事件及时到场沟通、协调。

5. 组织班干部对学生午餐午休情况进行记录,及时评价反馈,强化学生午休习惯。午休结束后,及时组织学生安静自习。

六、放学

1. 放学前进行安全教育,提醒学生按时回家,遵守交通规则,注意安全。

2. 放学铃声响起时,组织学生整理书包,清理垃圾,摆放桌椅,学生集合并整理队形,做到快、静、齐。

3. 由班主任统一带领学生走到校门口指定位置进行疏散,及时将班牌放置于班牌架处,并告知家长放学情况。

4. 一、二年级学生放学时,班主任逐一与家长做好交接,确认每个孩子由学生监护人接送,保证学生安全。

5. 检查教室卫生及物品摆放情况,关闭门窗、电器等。班主任进行"一日常规"工作小结,对存在的一些问题进行反思与改进。

案例 4-7

表 4-2　某校班主任"一日常规"工作

时间	常规工作	要求
7:30—8:00	1. 7:30 前到班,做一日准备工作 2. 检查卫生及教室有无安全隐患 3. 督促早到的学生自主学习	1. 如有学生 8:00 未到,应及时与家长联系 2. 检查卫生要到位 3. 听取课代表汇报班级作业收取情况
课间	1. 到教室巡查 2. 学生安全教育及检查	1. 班主任课间到班级,了解学生的学习生活、心理状况 2. 检查学生课间安全事项,随时做学生的思想工作 3. 组织好"两操"
上课期间	1. 巡视课堂 2. 备课、上课 3. 培训班干部做好班级课堂观察、记录	1. 观察学生学习状态 2. 随时培训班干部,构建班级自主管理体系

时间	常规工作	要求
午、晚餐	1. 带队用餐 2. 做好学生的"光盘行动"教育	及时关心学生的用餐情况,对吃得特别好或食欲不振的学生要格外关心
放学	1. 组织班干部一日总结 2. 督促值日生值日,卫生委员检查 3. 协助各门学科教师对家庭作业做好家校沟通	1. 班级一日常规要有闭环工作思维 2. 卫生监督常态化 3. 重视学生在做作业时表现出来的问题
放学后	1. 做好延时服务 2. 对于部分学生的在校情况进行家校沟通 3. 做好今日总结和明日计划	1. 做好放学后的服务工作 2. 做好家校沟通

一日工作清单不等同于"一日常规"管理,但是一日工作清单可以显示出班主任对一日常规管理的思考和实践。对比两份不同地区、不同学段的班主任一日工作清单,我们可以发现,有很多共同之处,也有很多不同之处。部分相同工作是基于班主任岗位的传统职责,比如自主学习、延时服务时的纪律监督,住校学生或者在校午休学生的生活管理等。不论工作内容相同还是不同,流程清晰的一日常规均体现了班主任工作的逻辑性。

（一）"一日常规"的一般性

"一日常规"的一般性生成于学生发展和班级发展的共性特征。学生发展与班级发展都是一个由简单到复杂、由单一到多重的过程。

从学生发展的角度来看,"一日常规"的设置要简单明了。教师的一日工作计划往往针对的是学生发展的常态问题。学生发展过程的常态问题包括习惯养成、价值观澄清、人际交往、综合评价等方面。例如,我们常见的文明礼仪、课堂纪律、教室卫生、作业收取等都可以归结为习惯养成;对学生"热爱中国共产党、热爱祖国、热爱人民,爱亲敬长、爱集体、爱家乡"等引导属于价值观澄清;学生与老师之间的互相尊重,同学之间的和谐相处等则属于人际交往;教师对学生以及学生对学生的评价类的设计、执行、反馈则属于综合评价。除此之外的一些琐碎事情,可以根据学生的发展状态纳入常态化的"一日常规"培养中。

从班级发展的角度看,"一日常规"偶尔会提醒班主任对突出问题的关注。这里的突出问题主要指对班级发展具有影响力的学生的个性化问题以及特殊情境下的突发性问题。比如,有的班主任发现班级学生提问题的意识不强,整体个性呈现"独学而无友"的状态,于是便在班级一日常规中加入了对学生提问题的记录、反馈、表彰等。这种态势有时候会被发展为固定的班级制度,也有时仅仅存在于班级"一日常规"的范围内。比较典型的突发性问题是校园对流行病的监测、管控等,如每年春秋之际预防红眼病、肺结核、手足口病、诺如病毒等宣传会呈现在班级"一日常规"或"一周常规"中。

皮亚杰经过研究发现,儿童的道德发展是一个由他律到自律的过程。班主任实施"一日常规"的初衷通常是调动各种教育资源,帮助学生感知到他律的存在。"一日常规"工作的有效实施,对于班级正常的秩序及学生发展有重要意义,既有利于班主任调动一切有利因素,营造和谐的教育教学氛围,也有利于学生的长远发展,健康成长。

(二)"一日常规"的特殊性

"一日常规"在不同的学段有着不同的侧重点,这个侧重点是针对学生不同成长阶段的主要矛盾。学生在成长的每个阶段中呈现出来的问题都是不同的,例如,幼儿园阶段,老师们关注的是极其固定的"一日常规",注重对于基本认知的引领;而义务教育阶段的学生,随着年龄的增长、认知能力的增加,班级"一日常规"涉及的范围更为全面深入,要覆盖学生认知、意识、生活、学习、习惯、价值观等各个方面。

1. 幼儿园阶段目标

《3—6岁儿童学习与发展指南》指出:"幼儿的社会性主要是在日常生活和游戏中通过观察和模仿潜移默化地发展起来的。"幼儿园德育不同于中小学德育,是教师根据幼儿品德发展的实际情况,通过情景创设、有效的榜样示范等方式提高幼儿对思想道德问题的正确认识。幼儿园的品德教育应以情感教育和培养良好的行为习惯为主,并贯穿于幼儿生活以及各项活动之中。幼儿园应在幼儿阶段创设良好的思想道德教育环境,培养良好的行为习惯,为幼儿今后的思想道德发展打下坚实基础。所以针对幼儿园阶段的"一日常规",要多注重幼儿生活习惯的培养,多注重游戏环节的参与。例如,早晨入园时,注意培养幼儿使用礼貌用语的习惯;自由活动时,注意培养幼儿的合作、友爱精神;通过常规训练和严格执行一日生活制度,培养幼儿遵守纪律、诚实、勇敢、自信、关心他人、爱护公物等良好品质。

2. 小学低年级学段目标

《中小学德育工作指南》指出小学低年级学段目标是:"教育和引导学生热爱中国共产党、热爱祖国、热爱人民,爱亲敬长、爱集体、爱家乡,初步了解生活中的自然、社会常识和有关祖国的知识,保护环境,爱惜资源,养成基本的文明行为习惯,形成自信向上、诚实勇敢、有责任心等良好品质。"所以针对小学低年级的学生,要在"一日常规"中多加入常识类的知识,例如,生活中的自然、科学常识,关于祖国、民族的常识,关于身边资源、环境等常识。根据这一特点,小学低年级的"一日常规"侧重于文明行为的习惯养成方面。

3. 小学高年级学段目标

《中小学德育工作指南》指出小学高年级学段目标是:"教育和引导学生热爱中国共产党、热爱祖国、热爱人民,了解家乡发展变化和国家历史常识,了解中华优秀传统文化和党的光荣革命传统,理解日常生活的道德规范和文明礼貌,初步形成规则意识和民主法治观念,养成良好生活和行为习惯,具备保护生态环境的意识,形成诚实守信、友爱宽容、自尊自律、乐观向上等良好品质。"

4. 初中学段目标

《中小学德育工作指南》指出初中学段目标是:"教育和引导学生热爱中国共产党、热爱祖国、热爱人民,认同中华文化,继承革命传统,弘扬民族精神,理解基本的社会规范和道德规范,树立规则意识、法治观念,培养公民意识,掌握促进身心健康发展的途径和方法,养成热爱劳动、自主自立、意志坚强的生活态度,形成尊重他人、乐于助人、善于合作、勇于创新等良好品质。"

5. 高中学段目标

《中小学德育工作指南》指出高中学段目标是:"教育和引导学生热爱中国共产党、热爱祖国、热爱人民,拥护中国特色社会主义道路,弘扬民族精神,增强民族自尊心、自信心和自豪感,增强公民意识、社会责任感和民主法治观念,学习运用马克思主义基本观点和方法观察问题、分析问题和解决问题,学会正确选择人生发展道路的相关知识,具备自主、自立、自强的态度和能力,初步形成正确的世界观、人生观和价值观。"

二、基于"一日常规"设计"必然工作"

"一日常规"管理包含着日常所需的"必然工作",它如同学生成长和班级发展的刻度尺,不仅衡量着学生良好习惯的养成度,也衡量着班级发展规划的落实度。

(一)基础性常规的设置

1. 习惯培养

学生时代的习惯培养主要包括生活习惯、学习习惯、劳动习惯的养成。习惯的力量是巨大的,优良的习惯将会伴随人的一生,而学生时代的日常习惯培养则是习惯养成的开始。习惯养成不是一蹴而就的,而是需要教师借助基础性常规,细致、耐心地用智慧引导,让学生规范自身的行为,养成良好的行为习惯,为全面健康发展奠定坚实的基础。这一类大致包含课堂规范,班级卫生,按时进行"两操"、阳光活动等体育锻炼,以及住校生生活管理等方面。

2. 价值观培养

学生时代的价值观培养尤为重要。当前社会思想多元化和价值取向多样化相互交织,现实和虚拟世界中正负两极力量角逐。一方面,"感动中国人物""最美乡村教师""全国道德模范""全国文明家庭"等先进事迹让人们体会到坚强、友善的力量,感受到高尚的人格魅力与浓厚的家风家教;另一方面,媒体网络信息层出不穷,使人们在海量信息面前时常产生道德选择困惑。一些社会恶性事件让人唏嘘反思,"孩子扶摔倒老人反被讹""校园欺凌"等情况的发生暴露出人们的信任危机及浮躁的功利心态。如何帮助学生树立正确的价值观,成为班主任面前的一道不可回避的难题。"一日常规"价值观培养可逐步解决这些难题。通过"一日常规"的设置执行,引导全班提炼班级核心价值观,生成符合班级价值观的口号,人人能解读,人人可践行。"一日常规"管理突出对好人好事、道德习惯养成的评价和要求,并要求落实到日常的学习、实践中,从而逐步培养出共同的价值观。

3. 人际关系培养

我们曾经做过关于"情绪"的大数据调研,经过问卷分析发现,在所给的12个影响因素中,人际关系仅次于学业压力,处于影响个人情绪因素的第二位。所以，学生时代的人际关系培养是"一日常规"管理的工作，这项工作关系着学生的健康成长。

如何在"一日常规"管理中设计并培养人际关系呢？大致可以从以下三个方面入手。

（1）对于影响人际和谐交往行为的明确惩戒。在学校和班级的制度体系下，对于学生的肢体冲突要有明确的惩戒条例。"一日常规"管理中要清晰地呈现出学生之间解决矛盾冲突的处理流程。

（2）对于正向同伴影响的支持和表扬。在教育研究领域，著名的科尔曼报告最早将同伴的作用展现在教育研究视野中，认为除了家庭背景以外，同伴的影响最大。同伴对儿童社会能力发展、社会支持和安全感获得、自我概念形成及人格发展都有重要作用。班主任在"一日常规"管理中要重视同伴影响，最大化地支持和表扬正向的同伴影响，及时通过制度建设将班级同伴影响的正向作用发挥到最大。例如，每日放学前对表现优秀的小组或团队进行书面或口头的表扬，把每日小组或团队表扬纳入"一日常规"管理必做项。

（3）对于师生关系的多角度描述。师生关系是学生人际关系中的重要方面，教师是学生成长过程中的"重要他人"。师生关系不仅会对学生的社会适应产生影响，而且也会在亲子关系和同伴关系之间产生影响。基于师生关系的多角度描述，心理学上存在"第三者效应"，当第三者转述的时候往往会给听者带来更大的信任感。班主任要把表扬同事列入一日必做工作，在平时工作中要多多展示科任教师的爱心之举，多多转述科任教师对学生的赞许之辞，增强学生对班级所有教师的信任感。除此之外，班主任要与科任教师积极配合，一起落实班级"一日常规"管理，用严谨的工作态度赢得其他教师与学生的信任和尊重。

"一日常规"管理中还必须发挥综合评价的作用，一定要以综合评价作为各种培养的引领和撬动。综合评价通常存在三种使用状态：总结态，一日校园生活结束后，班主任或者学生对一日重点活动做点评，对第二天的同类活动进行列点式要求；生成态，在一日校园生活中，抓住契机进行评价引领，例如，最近某校学生捡到人民币现金千元以上，学校德育部门一改失物招领的流程，不再是流程化地在失物招领的最后一句表扬"拾金不昧"，而是专门以表扬信的方式下发至各班，做好事的学生道德得到了强化，其他学生受到了浸润,丢失钱的学生也在第一时间内了解到信息,像这种生成态的评价,班级层面操作起来更为便捷和有效;计划态,是指提前计划好的,有目的性地进行评价引领,在被评价行为还没有出现的时候提前把评价标准公示给大家,从而用评价来引领学生行为,这项工作也是一日常规管理中的"必然工作"。

(二)个性化常规的创造

1. 文化彰显

以班级特色文化为系列主题。例如,盐城市神州路小学的于洁老师运用独具特色的"战狼文化"设计班级环境,班级一日常规处处彰显"战狼文化"(见表4-3)。

表4-3　具有"战狼文化"特色的班级文化

	类别	内容
"战狼"班级环境	"小狼队"文化	1. 狼队之纪 2. 狼队之梦 3. 狼队之星 4. 狼队风采
	"战狼"班级文化	1. "战狼"班训、班徽、班服、班旗 2. "战狼"先锋:进步之狼、先锋之狼 3. "狼群"法则,"领头狼"制度等

这种文化彰显类的个性化创造,对班主任个人素养要求较高。不仅要求班主任有及时发现问题、提出问题的能力,还要求班主任有一定的文化创造力。这种文化创造不能是迎合学生兴趣的凭空想象,也不能是班主任一厢情愿的情怀复古,而是要结合学生的情况脚踏实地,否则难以走进学生内心。曾在寻访中遇到这样一位年轻班主任,他为了迎合学生中的部分活跃分子,把热门网游人物和情节引入班级文化,而忽视了另外一部分学生的实际情况,从而导致原本没有接触过这款网游的学生也开始接触,在家长的反对下导致亲子关系紧张,进而带来了家校矛盾。所以,文化彰显类的个性化创新

需要做好充分评估,切合班情。

2. 舆论导向

班主任在班级舆论形成中扮演着重要角色。这个重要性主要体现在班主任如何引导班级舆论,在班级发展问题上支持什么、反对什么,需要毫不含糊地表明态度,并且用好班级发展系统,一起助力班级正向舆论的形成。在"一日常规"中,班主任可以通过言行去影响和教育学生,培养学生具备自我批评、自我提高的能力。例如,有这样一位班主任,他在班级一日常规管理中加入了一个项目——"班情播报",播报形式活泼自然,播报人员每日由班主任指定,播报的内容来自全班同学和特约"记者"供稿,有喜报也有"举报"。这项活动开展的原因还要从最开始曾困扰班主任的"间谍事件"说起。接班初期为了更好地掌握班级情况,班主任经常会找一些同学谈话,发现问题后及时跟进,该批评的批评,该教育的教育。结果适得其反,班里有些热心的学生被大家说成是"间谍",向班主任如实反馈情况也成了"告密"。为了改变这个舆论风潮,该班主任才有了这一创新。经过一段时间的运行,学生们有了正能量,也了解了班主任的初衷,"班情播报"成了学生们踊跃参加的爱班阵地。

3. 个人魅力

班主任要通过认真制订、执行和优化一日常规的方式,让学生感知班主任做事严谨、认真负责、真心关爱学生的品质。优秀的品质才会带来个人魅力。"亲其师,信其道",通过一日常规管理提升个人魅力,通过个人魅力落实一日常规管理,两者相辅相成,不失为一种独特的创新工作法。首先要重视与学生和家长书面交流。认真指导撰写,用心交流,让此项常规管理走进学生和家长的内心世界。其次要精心对待学校组织的各种主题活动,不推诿、不抱怨,时刻思考如何将外部活动与班级内部建设做好连接,互相促进以提升班级凝聚力。最后是常规管理中班主任的个人态度要端正,应严要求、重细节、守诚信、够专业。

(三)长效化常规的建议

1. 思想统一

思想统一有助于形成班级目标、行动上的统一,可重点解决上下不一致的问题。"一日常规"的内容传达到每一位学生,让每个人都清楚班级管理工作的目标、任务。学生干部要结合自己的岗位和服务对象，列出工作的重点和具体的方式方法以及时间进度。班主任要及时明确阶段性目标是什么，重点统一好班级内部、班干部整体及教师团队的思想认识。

2. 要求规范

要求规范是重点解决做什么、如何做、做事情的标准是什么的问题。这是一项基础性工作，依据学校现有制度，班级要创造出适合班情的制度及规范要求，并不断动态中优化，抓主要矛盾，针对主要问题及时查漏补缺，增强可操作性，并帮助学生细化实施量化考核。

3. 全员参与

"一日常规"管理中，全员参与是核心环节，不能出现单打独斗的局面，要做到上下同心，形成强大的凝聚力，营造良好的氛围，让身处其中的学生内心形成无形的自我约束力，让所有的成员都知道工作重点，明晰规范流程。

4. 评价引领

对于班级中好的现象要及时总结表扬，强化正能量，树立学习榜样，交流工作方法，扩大效果辐射范围。以评价保障常规行为的一致性、发展性，让参与人员能享受到常规管理给自己带来的成长，使一日常规的必然工作最终内化于心，外化于行。

（四）无效化常规存在的原因

1. 认知不到位

这既包括学生认知不到位，也包括教师认知不到位。学生对"一日常规"管理认知不到位导致无法认同班级常规的要求和引导，学生不认同带来的结果是不配合，因而无法达至预期的育人成果，因为没有成果导致学生对"一日常规"管理更加不认同。教师认知不到位主要体现在不愿在常规管理上倾注精力，投入智慧。教师错误的认知体现在两个方面：一是认为"一日常规"管理就是简单重复，除了浪费时间以外没有实际意义；二是认为"一日常规"是教师制订、学生遵守即可，为了省事无须让家长和学生参与制订过程。这些会导致产出低效或常规管理无效，最终学生和教师都无法提升自己，发展自己。

2. 执行不到位

好的制度并不是优质管理的全部，执行团队的执行力是对结果产生重要影响的因素。"一日常规"执行团队执行不到位,"一日常规"则无法达到应有的育人效果。这个执行团队不仅仅是学生干部团队,还应该包括教师德育团队和家长德育团队。当然,学生干部团队是执行层面的主力军。学生干部团队执行不到位多数是因为班主任培训不到位、考核不到位,家长团队与教师团队支持不到位。因此,为了保证"一日常规"管理效果,首先在常规制订之初就要征求执行团队的意见,或者根据执行团队的当下能力设计操作性强、简单明了的制度,减小执行团队的执行难度。其次是对执行过程中遇到的困难,教师德育团队与家长德育团队要给予充分的支持和理解,并及时对常规进行优化。最后是对执行团队要有考评制度,让优秀的执行者变得更优秀,让不足的执行者有提升的空间和契机。

3. 动态管理不到位

班级"一日常规"管理本质上是一系列琐碎班务的清单式管理,但是琐碎不代表林林总总、毫无重点。在班级动态发展过程中,"一日常规"内容要根据班级发展的变化而变化。例如,在班集体创建的起始阶段,班级发展重点是时间规划培养、学习习惯的培养、卫生习惯的培养等,这时班级"一日常规"要注重对学生们进行这些方面的引导和督促;当班集体建设到了发展阶段的时候,班级道德培养和人际交往等问题则显得较为突出,"一日常规"要凸显对这些方面的引领;当班集体建设发展到成熟阶段的时候,生涯规划、价值观培养、班级文化辐射等开展起来就会事半功倍,"一日常规"管理可以着重体现这些方面的思考和实践。总之,动则变,变则通,时刻保持动态管理,才能确保最大化地符合班情,达到最佳育人效果。

综上,班级常态化规范管理重在常规教育,常规教育则重在持之以恒,只有在常态化工作的坚守中,班主任的带班育人实践才能守正创新,更上一层楼。

第三节 应对带班育人的复杂情境

小马老师虽然已经做了这个班一年的班主任了,但新学期即将开学,他还是遇到了棘手的问题。原来他想在新学期初对班级座位进行一次大规模的调整,经过几个晚上的"奋战",当小马老师把排好的座位表公示在班级群,并告诉大家到校后找到自己的新位置落座时,问题就来了。

小 A 同学:"老师,我还是想和××同桌,我现在真的不想坐在××的旁边……"

小 B 家长:"老师,这么晚了还打扰您,孩子回家说××上课总是讲话,看看能不能给小 B 换个同桌啊?"

小 C 家长:"老师,为什么小 C 没有同桌啊? 上个学期他可是进步了啊。"

数学老师:"马老师啊,你班那××和××必须得调开,他俩离得近太影响课堂了!"

马老师:"唉! 新学期,新起点,我只想调个座位,怎么就那么难?"

[互动 2]

1. 新学期开学了,您打算调整座位吗? 是不是还在犯愁,独自苦想? 您是否也遇到了学生不支持、家长不理解、任课老师不配合的情况?

2. 班级发展一段时间后,进阶阶段的您在班集体建设方面有什么行之有效的做法吗?

情境中小马老师遇到的情况,相信很多老师都遇到过。当班级基础性工作开展到一定程度,班级育人实践向深层次推进的时候,班主任遇到的问题将越来越多,面临的教育情境会越来越复杂,这就需要班主任认清教育情境的本质,掌握复杂教育情境的应对策略。

一、透视复杂教育情境的表征与发生

(一)认清复杂教育情境的现实

复杂情境涉及与人发生关系的整个外部环境或外部世界,是复杂因素的聚合体。复杂情境的"复杂"有两层含义,第一层含义是指单一的情境里包含多重矛盾。比如,班主任面对一名有厌学情绪的学生,这是个单一情境,但如果包含了亲子关系、师生关系、学生人际交往,以及学生自身的对于学习内容识记、理解、分析能力的薄弱问题和自身心理健康的问题,等等,它就成为复杂情境。第二层含义是指单一情境发生在特殊的时间或空间。比如,学生之间的肢体冲突是个单一情境,但如果发生在正在上课的时候,或者发生在开家长会的时候,或者发生在校园开放日的时候……这些情境一旦叠加,复杂程度就明显不一样了。

《班主任》杂志 2021 年"我该怎么办"栏目提供过 12 个选题,即"学生自主学习能力不强,怎么办?""家长不配合班主任工作,怎么办?""学生出现了自我伤害行为,怎么办?""学生归属感不强,怎么办?""学生做事拖拉,怎么办?""面对自我封闭的学生,怎么办?""学生没有养成良好的劳动习惯,怎么办""学生沉迷'饭圈'文化,怎么办?""新班主任带班效果不佳,怎么办?""学生缺乏社会责任感,怎么办?""学生规则意识不强,怎么办?""班里出现网络欺凌事件,怎么办?"这些选题其实都来自现实中复杂的教育情境。可见,班集体经过建班初期的磨合后,班主任面临的新问题、新挑战将层出不穷,面对新时代学生发展与班级建设进程中的复杂性,如何化繁就简、厘清思路、分类施策,班主任承担着重要职责。

(二)识别复杂教育情境的表象

教育情境之所以复杂,往往都因为其以冲突为表象,主要有以下三类。

1. 师生冲突

师生之间产生的复杂情境很多是指师生冲突。师生冲突根据不同的分类标准可以划分为不同的类型。根据师生冲突的主体不同,师生冲突的类型有师生之间的个人冲突、教师与非正式群体的冲突、教师与学生班委成员的冲突;根据师生冲突的性质,可以把师生冲突划分为良性冲突和恶性冲突;根据师生冲突的表现,可以将师生冲突分为隐性的、间接的冲突和外显的、直接的冲突;根据师生之间行为对立和对抗的程度,可以将师生冲突分为一般性的行为冲突和对抗性的行为冲突;根据冲突行为目的指向,可以将师生冲突分为手段性冲突与目的性冲突;根据冲突对学校组织的影响,可以将师生冲突分为建设性冲突与破坏性冲突。[①]

2. 家校冲突

家校冲突,是指家庭和学校之间发生的冲突,即家庭和学校在教育孩子

---

① 田国秀.师生冲突的含义、类型及特征分析[J].教育科学研究,2004(7):12-15.

过程中,由于双方在文化、背景、观念和价值观等方面存在差异而出现的消极对抗的心理和行为过程。家校冲突一般表现为相互排斥、敌对的行为或心理状态;家校冲突的主体是家庭和学校,既可能是家长与教师个体之间,也可能是家长群体与学校之间,还有可能是家长个体与学校或家长群体与教师个体之间;家校冲突在程度上既有争吵类型的较弱冲突,也有暴力伤害对方等比较强烈的冲突。家校冲突往往覆盖校园安全事故、教育教学冲突、学校管理问题等多个方面,并且从口头纠纷到暴力事件,甚至出现"校闹"等社会影响恶劣的情况。家校冲突不仅打破了学校的和谐与秩序,削弱家校之间的信任,甚至会导致整个社会对学校和教师产生信任危机。

3. 生生冲突

据调查,中小学班级里几乎都发生过学生打架事件。虽然打架事件原因各异、程度不同,但打架都源于学生与学生之间的矛盾冲突。当这种矛盾冲突长期存在并发展为"校园欺凌"时,学生之间的复杂情境就产生了。尽管国家已印发《关于开展校园欺凌专项治理的通知》《加强中小学生欺凌综合治理方案》《防范中小学生欺凌专项治理行动工作方案》等文件,将做好学生欺凌防范、防治工作作为保障学生成长、成才的底线要求,并将其纳入建设高质量教育体系的重要内容,但事实上,班主任对欺凌发生频率的认知与学生受到欺凌的相关报道之间依然存在很大差距。从学生视角来看,当遭遇欺凌时,他们更多选择向父母、朋友倾诉,而不是向班主任报告。这是因为一方面,有些学生认为班主任不会认同自己被欺凌,无法解决问题;另一方面,一些学生担心告知班主任反而会导致自己的处境更加糟糕。

(三)分析复杂教育情境的原因

1. 班级发展过程中的必然

班级发展的过程是不断实现班级发展目标的过程。在这个过程中,整体向前的态势与学生群体固有的分层存在矛盾。尽管大部分班级在发展中都会兼顾到学生的状态,并根据学生的状态调整班级发展的节奏,但是学生发展与班级发展之间的差异是必然存在的,学生之间个体发展的差异也是必然存在的。学生如果不能正视这个正常存在的差异,慢慢就会心理失衡。这一系列必然性的日积月累,直接导致班级发展过程中复杂矛盾出现的必然性,当矛盾积累到一定量的时候,复杂情境也必然随之出现。例如,当学生的个人发展跟不上班级整体发展的节奏时,班主任与家长的督促帮助就显得很重要。但如果在教育过程中积累多了一些教育偏差和失误,便可能导致学生的不理解、不配合甚至是愤怒、偏执,进而出现过激行为。

2. 人际交往中的偶然

人是一种社会性存在,有人的地方就有社会组织和社会交往。虽然社会交往不一定会引发人际交往冲突,但班级人际冲突是班级成员在班级人际交往过程中不可避免的。所以,班主任面对的复杂情境,有一部分是因为班级人际交往有冲突而偶然形成的。因分类依据的不同,班级人际冲突的表现也会有所差异。冲突一方直接用行为来对抗、侵犯、伤害对方而产生的冲突为显性班级人际冲突,冲突双方因某些原因而产生的心理上和情感上的不相容为隐性班级人际冲突。不管从哪个角度看,班级人际冲突处理不当,不仅会影响个体的心理与行为,也会影响班级人际关系的发展,给教育教学和班主任工作带来一定挑战。

二、提升教育复杂情境中的育人智慧

教育学上有个专业名词可以代为解释育人智慧,即教育机智。赫尔巴特(Herbart)首先将"机智"概念引入教育学,将机智解释为作出迅速的判断和决定的能力,从而提出了作为教育理论和教育实践之间的"中间环节"的"教育机智"概念。范梅南在《教学机智:教育智慧的意蕴》一书中详细阐明了教学机智与教育智慧之间的关系,他指出"教育机智是总的社会机智的一个特殊实例"[①]。

(一)复杂情境中教育智慧的衡量标准

从形式上看,教育智慧是教育语境中连接理论与实践的桥梁;从内容上看,教育智慧包含对教育时机的敏锐把握和对待受教育者的得当方式,它一般涉及机敏、克制和对受教育者的保护、尊重、关爱等,其在不同的历史语境、

---

① [加]范梅南.教学机智:教育智慧的意蕴[M].李树英,译.北京:教育科学出版社,2014.

学科语境和文化语境中具有各自独特的内涵。卓越的育人智慧主要表现在以下几个方面。

1. 面对复杂情境的敏锐判断

敏锐的判断力是一种教育智慧,这种育人智慧仅仅通过阅读理论书籍是无法直接获得的,也无法通过机械性地重复简单事务而获得,其只能在有理论知识作基础、在实践中灵活运用理论、在实践后反思理论知识这样的"实习"中获得。通过一定量的实践积累和理论学习,教育者就能形成一种"感觉",平时几乎感受不到,但遇到复杂情境时,能在短时间内迅速而得当地给出判断。

2. 面对复杂情境的时机把握

善于抓住教育契机是一种教育智慧。虽然德育实践具有一定的计划性,但在教育实施的过程中,当情境本身具有复杂性和多端性时,育人时机便无法按照原有的计划实施了。德育过程虽然是知、情、意、行四个维度的相辅相成,但可以从其中任何一个环节开始,这就有助于教育契机的发生和影响。

教育契机的发生大致可以分为被动发生和主动发生两种状态。被动发生是在复杂情境出现后,教育者抓住其中的教育契机,与学生一同分析、思考、借鉴,帮助学生用自己的方式理解、顿悟、改变,用自己的原则去克服不足,总结经验。这一切看似是很简单地用自然结果来形成教育契机的做法,实际上要求教育者对学生的道德品行和心理状态有准确的判断,并能敏锐地洞察学生的思想或意志可能陷入困境的时刻,力求让学生自己发觉问题所在。主动发生是教育者对于发现的问题主动出击,这既需要高明的教育智慧,也需要高超的沟通技巧。因为教育情境是瞬息万变的,仅等待学生的思维和行动的结果来形成契机是不够的,教师还必须善于提出正确的问题来制造育人契机,苏格拉底形象地称之为"产婆术"。在今天这样多元文化相互碰撞的时代,这种"问题意识"的德育机智比以往更加意义重大,更需要教师有"问题化"的能力。除了要非常清楚学生的道德观念和道德认知水平外,还要了解流行文化和传统文化的道德观念,同时也要求教师在心理学、教育学、社会学、伦理学和自然科学等相关学科上有一定的理论素养和思辨能力。在此基础上,教师要能敏锐地把握住学生道德认知的片面性,"叩其两端"而促使

学生对习以为常或未加反思的观念加以考察。①

3. 面对复杂情境的得当行动

育人行动得当是一种育人智慧。自媒体时代的今天,有关教育的新闻总是在提醒人们思考什么是得当的育人行动,以及教师对学生施加影响的行动边界在哪里等等。

教师的育人行动在"得当"的维度上,一方面要求对个体性的养护和对学生的关心,另一方面要求对学生个体自由意志保持克制的距离。所以对学生教育行为的得当,从某种角度上可以理解为教师对学生的尊重、宽容和爱。我们很清楚地知道,真正内化的品德只能在人的自主行动中生根,外在的教育行动只是必要的辅助,单凭教师的教育行为很难取得应有的德育效果。因此,秉持着对学生的爱与尊重,面对复杂情境时采取得当的教育行为是教师必备的育人智慧。

(二) 复杂情境中教育智慧的提升路径

班主任在复杂情境中提升育人智慧,具体可以通过以下途径。

1. 依托"自我精进"提升育人智慧

(1) 进行高品质阅读。

教师的发展之路就是学习之路,学习中实现固本强基的最坚实的路径之一就是读书。关于阅读的指导性书籍,从古至今浩如烟海。作为教师,以自我提升为目的的阅读应不同于一般阅读,有选择性的阅读才能有效提升自己。那么,我们要选择哪些内容来阅读呢?

首先,阅读与教育有关的政策、法规等文献。时刻关注国家层面在教育领域内的宏观引领,从国家的主流媒体和官方网站上下载相关文献,了解教育动态,认同国家层面作出的重大调整,提高自己的学习站位。用固定的时间学习与教育行业有关的最新文献,时刻把自己的工作纳入社会主义核心价值观的比对范畴,从而坚守教育初心,明确职责界限。

其次,阅读教育学、心理学、社会学等相关书籍。除了相关专业的图书外,科普性或大众化的图书也要广泛涉猎。阅读这类书籍重在提升自己的

---

① 彭韬. 论教师的德育机智[J]. 中国教育学刊,2020(6): 13 - 17.

专业精度、宽度和深度。一个专业的教育工作者,既要仰望星空,又要脚踏实地,用专业的书籍锻造专业的自己,把专业知识转化为专业能力。书要为己所用,成为我们工作中的生产力。

最后,阅读人文类、社科类经典。"一个人的阅读史就是一个人的精神史",通过读经典、悟原理、求新知,从理论素养上不断提升自己。阅读这类书籍,要读出作者的思想,更要丰富自己的人生观、价值观、教育观、学生观。

(2)撰写育人故事。

美国著名学者丹尼尔·平克在他的《全新思维:决胜未来的6大能力》一书中指出,概念时代人需要拥有的6大能力分别是设计感、娱乐感、意义感、故事力、交响力、共情力。[①] 丹尼尔·平克说过,每个人都有自己的故事,人人都是个人生活的策划者。那么何为"故事力"呢? 女评论家海尔在其《故事力》一书中认为:故事力就是指编故事、讲故事、写故事、演故事的能力,借由故事说服别人、感动别人、影响别人,让他人与你心灵相通,并促成你某些想法的实现。

既然故事力对人的未来极其重要,而班主任又承担着育人的重任,是学生成长的引领者,那么班主任就必须提升自己的故事力,从而帮助学生找到人生的意义和奋斗的理由。

(3)拥有问题意识。

教师是一个培养人的职业。班主任又是中小学日常思想道德教育和学生管理工作的主要实施者,是中小学生健康成长的引领者,班主任要努力成为中小学生的人生导师。班主任在与学生们朝夕相处的日子里,拥有问题意识更有助于自我提升。

有的教师过着千篇一律的生活,每天按时上下班,按部就班"走过场"地完成学校安排的任务。对学生们丰富多彩的生活不关注,对学生们潜在的危机不在乎,这样的工作态度,即使工作几十年的教师也难以提升自己。究其根本是没有问题意识。

中国情境教育创始人李吉林老师,原本只是江苏南通师范第二附属小学的一名普通的小学老师,她的教育人生却"美丽如诗画,阔大如江海,雄浑如

---

① [美]丹尼尔·平克. 全新思维:决胜未来的6大能力[M]. 高芳,译. 杭州:浙江人民出版社,2013.

峰岭"。1976年后,她发现小学语文教学单调、呆板、低效。为了解决这个问题,她一路探索,从最开始的情境教学到情境教育,再到情境课程,最终到今天的情境学习。她在每一个阶段的探索都有一个共同点,那就是"问题驱动"。李老师走"情境"之路,不断地反思、总结经验,这一路带给我们非常多的启示,尤其是她高度的问题意识启示我们,问题意识可以成为引领班主任提升自我的最佳路径。

2. 借助"学习共同体"提升育人智慧

"学习共同体"是由美国教育家杜威构想的学校模式,20世纪90年代,日本学者佐藤学将"学习共同体"作为21世纪学校的发展愿景。时至今日,学习共同体也是班主任提升育人智慧的重要路径之一。班主任的"学习共同体"主要有以下三种类型。

(1) 类型一,积极参加班主任培训、班主任基本功大赛。

2008年,教育部网站发布了一则新闻:"日前,由北京教育科学院、北京教育学院、北京教育音像报刊总社、德育中心、基教研中心等部门组成的工作团队召开年度第一次联席会议。会议重点研究讨论了开设中学生时事讲堂、首次举办班主任基本功培训等四项新启动和常规的德育重点工作项目,并达成一致意见。"此后,以国家层面为主导的各级班主任培训活动全面展开。以南京市班主任培训为例,每年举办一场培训、两场赛事,建设多个发展平台,实现阶梯式培养,打通了班主任专业发展的"快车道"。

各级班主任培训活动中有专业的理论知识解读、专业的技能培训等,一线班主任们的工作困惑在这里得到解答,优秀者的教育故事在这里得到了传递。通过培训,也培养出了一位"感动中国"的年度人物。这些平台已成为班主任们快速成长、增进教育智慧的重要场所。

(2) 类型二,积极参与名班主任工作室研讨与德育沙龙。

班主任培训无法覆盖到所有人,因此在平时工作中班主任要想提升自己的教育智慧,还有一条便捷的路径,那就是积极参与名班主任工作室研讨与德育沙龙等。

名班主任工作室,是由区域内有一定知名度、影响力的班主任带头组建的优秀班主任发展共同体。名师拥有专家型的教育研究眼光,既有一定的理论储备,又有丰富的实践智慧。工作室里的老师们共同学习、互相勉励、一起成长。这一路径有利于在研讨中发现真问题,总结真经验,常以平等对话的沙龙研讨为主要形式,辅之以技能大赛、课题研究、专家资源等平台,引领成员向专业化发展,在专业化发展中增长教育智慧。

（3）类型三,积极参建班主任联盟、班级导师团等德育团队。

积极参建校内班主任联盟和班级导师团是班主任日常工作中的技能提升途径,能使解决问题更高效,更能彰显教育凝聚力。它具备三个优点:第一,相对于国家级、省市区级培训来说,参建校内班主任联盟、组建班级导师团在时间上更为自由,人员搭配上更为熟悉。团队组建在彼此时间自由、风格熟悉的基础上,效果更为明显。第二,由于参建的班主任在同一个学校或年级,校风校训一致,校园文化一致,在研讨时共同语言更多,创造出的智慧实践性更强。第三,由于是小范围的学习共同体,大家所面对的学生层次一致,学生问题也较为集中,研讨起来更加具有针对性。尤其是班级导师团,主要就是针对班级发展中的问题而展开研讨,研讨成果也能够以最快速度落实在班级建设中,从而很好地将问题、措施、结果反馈连接起来,让共同体智慧最大化,并转化为班主任的个体智慧。

3. 通过"家校合作"提升育人智慧

家校合作可以从多个维度去解读。这里我们解读的是在家校合作的过程中,有利于增进班主任育人智慧的一面。

班主任"金点子"不断,家长也频频献计,这种和谐美好的家校关系是班主任创意的加油站。但是,在相关调查研究中,我们发现超过半数甚至可以说大部分的教师都是在家长不配合的情况下,创生出很多经典的做法,这些做法不仅缓解了矛盾,而且还增强了教师的自我效能感。

例如,北京市通州区的刘老师,她的亲子阅读计划刚一推行,就遭遇了家长们的纷纷"吐槽"。

"老师,阅读对于一年级的学生来说太难了!"

"老师,您是专业的,我们家长哪会教孩子阅读?"

"老师,每天晚上的阅读都需要花费我一个多小时,孩子急,我也急,太累心了!"……

（选自北京市通州区漷县镇中心小学刘巍《专业引领,转变家长观念》）

家长不配合并没有让刘老师打退堂鼓,她结合班情找到问题的症结,也找到了解决问题的途径。随后她创设了绘本家长课堂、家庭读书角及影响深远的儿童阅读群。这些做法并不是一开始就有的，而是在家校合作出现矛盾时应智慧而生的，并且越发展越好，成为刘老师和家长们引以为傲的精神资产。

我们试想一下，如果刘老师不在意家长的看法，一意孤行地不做任何改变，或者干脆放弃阅读推广，其结果不仅令人遗憾，而且对于刘老师来说几乎等于前功尽弃，没有任何提升可言。因此，加强家校合作能够提升育人智慧，是班主任提升自我的重要途径之一。

第四节　形成带班育人的班级特色

在学校举行的班主任工作交流会上，王老师以"打造特色班级文化，营造良好育人氛围"为主题，介绍了自己的带班育人经验。以下为部分内容。

人的生命成长必须是人格的成长。教室是学生人格养成的重要场所，能够说出爱、理解爱、付出爱是一个人人格发展的最高境界，而爱的能力是需要培养的。为了培养学生爱的能力，我把"爱要大声说出来"作为我带班的育人理念之一，在平时的教育教学中充分利用各种节假日，抓住一切教育契机，让孩子们在体验中感受爱与被爱。

每一年的教师节是孩子们和老师们融合师生感情、传递师生之爱的最佳时刻。在教师节即将来临的时候，我精心为孩子们策划了专属于我们班的教师节系列活动，让孩子们根据自己的特长用实际行动表达对老师的感激和爱。对于平时跟老师有小矛盾的孩子，我会特意嘱咐他们把自己精心准备的卡片和书信送给这些老师。孩子们用心准备，真情奉送，老师们充满感激，深以担任我们班的任课老师为荣，师生之间的情感沟通进一步加强，师生关系更融洽了，因为我们知道自己在对方心目中都占有十足的分量。不仅是教师节，在三八妇女节、父亲节、冬至、重阳节和端午节等重要节日，我们班都开展了类似的体验活动，让孩子们在活动中体验，在体验中成长，把"爱要大声说出来"贯彻落实到底。爱因斯坦说，"忘记课堂上所学的一切，剩下的才是教育"。当一个孩子离开学校时,即使他忘了所学的所有知识,但是他会用自己所有的力量去爱自己身边的人,去承担责任与义务,这就是成功,这就是教育。

┌─ [互动 3] ─────────────────────────────────┐
│ 1. 王老师营造了怎样的育人氛围?   │
│ 2. 营造良好的育人氛围在班集体建设中发挥着什么样的作用?   │
└──┘

班级氛围对学生起着无声的浸染作用。在良好的班级氛围中,优秀的班级文化、班级精神,健全的班级管理模式、运行机制,特色的班本德育课程、德育活动,都会对学生起着积极的引导作用。在班级管理走上正轨后,带班育人就不再仅仅是靠"一日常规"这样的刚性规定,而要逐步建立一个有助于促进学生自我管理、自我教育的班级育人环境。

富有特色的班集体会让学生产生很强的归属感和荣誉感。特色不是哗众取宠,更不仅仅是与众不同,它要具备正能量的引导性和有效性。很多班主任都希望自己能带出有特色的班级,但班级特色不是班主任个人风格,它需要教师、学生与家长共同创建;班级特色也不是热门现象的复制,它需要立足现实、兼顾效率。真正的班级特色是持之以恒的坚守,是以人为本的创造。

1979 年,魏书生老师写道:"学生免不了犯错误,犯了错误,当然要想办法帮学生纠正,我常用的一种纠正方法是请学生写说明书。"20 世纪 80 年代到 90 年代,魏书生老师陆续写道:"有的错误,有较深思想根源,病情较重,反复较多,这样就需要采取多种治疗方法互相配合。我觉得比较有效的方法之一就是写心理病历。它包括五部分内容,即疾病名称、发病时间、发病原因、治疗方法、几个疗程。"他通过《犯错误,写说明书》《犯错误,写心理病历》《犯错误,唱歌》《犯错误,做好事》等一系列文章搭建了一个特色鲜明的班级犯错误处理架构,处处体现出尊重学生、教育学生,妙趣横生又意味深长。

魏书生老师正是通过特色品牌创建工作,培养了学生良好的习惯和文明行为,也为其他班主任德育意识和能力的提升提供了参考。那么,师生如何共创班级特色呢?

先需明确特色班级共建的主体组成部分,即以班主任为主导,学生为主体,发挥家长的助力作用。特色班级共建主要从"核心:文化与精神凸显独特的文化魅力""关键:模式与机制展现独特的管理品位""重点:课程与活动促进独特的内涵发展"这三方面入手,通过家校携手、师生合作,共同创建具有班级专属风格的品牌。

一、班级特色的核心:文化与精神

文化是行为方式,精神是思维方式。精神在文化的土壤内成长,贯穿于文化始终,但反过来,精神又对文化的发展有很大的影响。

(一) 班级文化的内涵

班级文化的涵盖面非常宽泛,简而言之,班集体发展过程中的方方面面都可以归入班级文化,所以它并不是一个很具象的抓手。

《教育大辞典》对班级文化是这样解读的,班级文化是"班级群体文化"的简称,英文名为 class culture,是社会群体的班级所有或部分成员共有的信念、价值观、态度的复合体。班级成员的言行倾向、班级人际环境、班级风气等为其主体标识,班级的墙报、黑板报、活动角及教室内外环境布置等则为其物化反映。按照与社会要求的吻合程度,分为班级制度文化与班级非制度文化(含班级反制度文化)两种成分。按照班级成员的认同程度,分为班级虚形文化(体现社会要求但尚未被班级成员内化的文化,又称纯制度文化)与班级实体文化(班级实际具有的文化,又称素质文化)两个层面。按照班级成员的占有集中程度,分为统合型班级文化(班级所有成员或大部分成员共同占有)与离散型班级文化(班级成员分别占有几种不同性质的文化,且其中任何一种均不占主导地位)两种类型。[①]

由此可知,班级文化内容虽然宽泛,却不同于一般的文化。首先,它是一种特殊群体文化,有个性的文化,代表着班级形象和班级精神;其次,它是由与这个群体有关的所有人共同创造,它不是任何一个人的智慧,而是班集体中所有人的共同财富;最后,班级文化不是静态的展示,而是不断动态发展的,初创阶段有初创阶段的文化特色,发展进阶阶段有发展进阶阶段的文化特色,内容复杂宽泛,但主体始终如一,即以班级学生为主体。在班级文化创

---

① 顾明远.教育大辞典[M].上海:上海教育出版社,1998.

生、发展中,学生既是创造者,也是受益者。

（二）班级文化的目标

班级文化创生和发展的目标是尊重学生、发展学生、成就学生。

学校是育人的场所,班级是育人的主阵地,阵地上的主体是学生。学生对班级有强烈的归属感,才会积极参与班级文化的创生。我们在平时的工作中是不是经常发现这样的现象:某班学生集体荣誉感很强,学生亲如一家,超级拥护班主任;某班学生不关心集体,"小团体"众多……根据马斯洛的需求层次理论可知,这就是学生对班集体是否有"归属和爱"的体现。满足学生的心理需求就是尊重学生、发展学生、成就学生,这既是文化共创的起点,也是终极目标。

（三）班级文化的创生

班级特色文化创生的前提是班主任对培养"什么样的人"有全面的了解。班主任应以"学生为本",分析学生特点、兴趣爱好,结合班级发展阶段的需要及自身专长,将班级特色理念具体落实到班级文化的外部呈现上。在落实过程中,应去除繁杂的理论概念分类,从实际工作和实际效果出发,将班级文化的创生根据班级发展阶段逐一体现在目标和措施里。

班级特色文化的创生需要团结一切可以团结的人。班级文化的创生不是一个人或者几个人的智慧,它的荣耀属于与班集体有关的所有人。在班主任的引导下,团结可以团结的所有人,包括学生、学生家长、科任教师等等,建班初期大家共同设计显性文化,如班徽、班歌、班训、班报、班级微信公众号等,在班级发展一段时间后,班级文化的共创主体渐渐倾向于校内人群。班主任主导,学生和班级教师团队一同创造班级隐形文化,如班级风气、制度文化、观念文化、行为文化等,从而逐步在班级独有的品牌文化中凸显学生的发展。

（四）班级精神的内涵与目标

班级精神不同于班级文化。所谓"班级精神"是班级全体学生学习、生活以及文明、道德等各种观念汇聚而成的一种群体意识,它一旦形成,就会对学生产生一种无形的教育力量和巨大的群体效应。优秀的班级文化会孕育独特的班级精神文化,这是班级管理的灵魂。

在班级精神理念目标创建中,班主任要基于学生的健康成长,以爱国主义教育、社会主义核心价值观教育、集体主义教育、行为习惯教育、生命教育、感恩教育等为抓手,寻找立足点、切入点、落脚点和延伸点,作为开展特色班级创建工作的教育理念和指导思想。

在班级精神行动目标创建中,班主任应开展以心理教育为主的实践活动、以理想信念和价值观教育为主的德育活动,进一步构建良好的班级文化,形成催人奋进的班级精神。

(五)班级精神的培养

班级精神的培养重点是培根铸魂。

培根,是指班主任应抓住特色班级构建的核心任务,基于培养学生全面素质的目标培育班级的根本。"始终坚持育人为本、德育为先,大力培育和践行社会主义核心价值观"[①],"站在教育的制高点、把握德育的增长点、探寻家校同盟的合力点,准确定位班级特色,促使班级的精神文化具有个性并凸显文化魅力,使其成为学生健康成长的'小屋',成为班主任专业成长的'试验田'"[②]。

铸魂,催人奋进的班级精神是班级发展的灵魂。作为一名班主任,要坚持把班级精神的培养作为一项重要工作内容,利用各种机会,对班级精神进行广泛宣传,使之在学生中深深扎根,并成为全班学生自觉遵守的信条、共同执行的准则。具体培养方法有目标激励、氛围营造、榜样模范、情感浸润、活动引领等途径。

总之,班级精神是全体班级成员共同的观念汇聚,这个共创的成果也终将约束或激励着每一个成员,这亦是共创班级精神的价值所在。

二、班级特色的关键:模式与机制

(一)共创班级特色的若干模式

班级德育模式的建构受制于社会背景文化与当前教育状况。不同的历

---

① 《中小学德育工作指南》,来源于教育部网站。
② 林卫红.探索创建特色班级的理念与路径[J].辽宁教育.2021(18).

史时期,德育模式呈现类型各有不同。在当下,一线班主任对班级德育模式的研究重在践行德育模式类型,在已有的模式上进行创新实践。创新实践时需要注意两个因素:一是基于班级总体发展目标;二是在现有的社会文化、教育环境下创新方式。

1. 全员德育模式

《中小学德育工作指南》指出:"为深入贯彻落实立德树人根本任务,加强对中小学德育工作的指导,切实将党和国家关于中小学德育工作的要求落细落小落实,着力构建方向正确、内容完善、学段衔接、载体丰富、常态开展的德育工作体系,大力促进德育工作专业化、规范化、实效化,努力形成全员育人、全程育人、全方位育人的德育工作格局。"由此可知,全员育人是已有的德育模式,那么,如何将全员育人与班级特色创建连接起来呢?

第一,改变陈旧的认知。作为班主任,我们对"全员育人、全程育人、全方位育人"有什么样的理解,就会有什么样的行为。当今时代的教育环境与目前很多教师求学时的教育环境相比较,有相似的地方,但更多的是不同。最主要的不同是历史环境造就的,如今学生接受的多是选择性教育模式,而我们的老师求学时期大多接受的是灌输式教育模式。选择性教育模式是以社会所认同的价值观和价值规范为德育目标,运用"两难"问题辨析、环境诱导、自我领悟等方式,进行指导性教育的一种德育模式。选择性教育模式更加注重"自由意志"的体现,是一种为学生成长提供适性环境的模式,这个环境仅靠班主任一个人是无法搭建的,所以需要全员育人的环境。

第二,投入真挚的情感。班级德育对学生的健康成长起着不可忽视的作用。因为接受班级德育的时期也正是学生能力开发和科学世界观、正确人生观和良好道德品质形成的重要阶段,在同样的社会环境中,一个人品质的形成、人生道路的选择与社会作用的发挥的差异性都与所受教育密切相关。作为班主任,要高度热爱自己的工作,为了班级发展,团结一切可以团结的力量。除了我们熟知的家长、社会、学校以外,我们还可以团结关心学生们成长的课程专家、管理专家、教育专家,将所有正能量的情感引入班级建设,在情感浸润中寻找、创造班级特色。

第三,践行创新的行为。当有了清晰的目标后,我们就可以在经典的德育模式下创新我们的行为,一键开启属于我们的各种模式,具体如下。

开启全员欣赏模式。一是建立参谋或伙伴式的师生关系,二是德育情境的审美化,三是在"欣赏"中完成价值选择能力和创造力的培养。

开启全员关心模式。"学会关心"是21世纪的教育哲学,也是一种实践性的教育模式。具体而言,一方面是营造关心型体系,另一方面是指导关心品质学习的具体方式,主要包括品德践行作业、设岗服务制、道德游戏、关爱叙事等方式。

开启全员对话模式。在"对话"践行中,有一些基本策略:第一,营造自由的交往情景;第二,鼓励学生的自我表达;第三,培养学生的质询意识;第四,建构开放的话语模式。

开启全员活动模式。首先,"活动"设计是一个拓扑模型,可以连接很多领域;其次,传统灌输教育忽视主体精神在活动中的重要地位,所以全新"活动"要突出学生主体性;最后,作为对道德教育的一种补充,活动要突出道德教育的实践性特征。

开启全员劳动教育。劳动教育属于生活德育的范畴,班级生活德育的具体目标是帮助学生在日常生活实践中学会按照一定的品德规范去生活。为了使这一目标更具操作性,要积极调动家长资源,真实还原生活情境,让劳动真实,让体验真实。经过真实的劳动、真实的体验,最后才会有真实的感悟、真实的成长。

开启全员自主管理模式。学生是发展自己的主体,对于自己的成长负有第一责任。班主任在管理学生上要讲究育人策略。第一,自主管理模式以师生互动为基础,平等、和谐的师生关系有助于效果反馈;第二,全员自主管理以学生为主,但不能排斥教师团队与家长团队,在主体性面前人人平等;第三,全员自主管理模式以培育和优化学生自我管理能力为核心。

2. 评价引领模式

管理如果缺乏评价,就失去了公平和管理的长效机制。因此,班级要想朝着梦想快速发展,必须对学生有客观的准确评价。

在平时工作中,我们经常会有这样的发现:有些班集体,班主任并没有疲惫不堪,却屡屡被评为优秀班集体;有的班级,班主任整天忙前忙后,不停地找学生,找家长,可结果往往不甚理想。什么原因呢? 其实,这里面一直有双看不见的手在起作用,这双看不见的手就是"有效评价"。

最近,由于部分省市地区将学生的综合素质评价纳入升学考试的参考范围,很多机构纷纷着手调研,与一线学校、一线班级建立联系,创建形态各异的学生评价系统。

很多学校也鼓励各个班级根据自身的实际情况实行自己的评价机制,同时班级评价结果也可以作为学校推优的依据,如推荐各级三好学生、时代好少年等。开放的评价机制,不仅激发了学生的荣誉感、成就感,也激发起学生自觉积极向上的内在动力。

(1)结合现有资源的多样性评价。班级德育可以创造性地使用资源,将学生德智体美劳的"五育"评价与学校的监督检查、习惯常规养成项目结合,在此基础上由班级进行内容上的丰富与创新。例如,班级自行研究设置了常规加分项——学习,特长加分项——艺术、体育、学科竞赛,特殊贡献加分项——人力贡献、物力贡献、荣誉度贡献等。

(2)融合各方代表的多主体评价方式。在多主体评价体系中,班主任不再是单一的评价者。依据师生共同制定的评价点和评价标准,学生从"被评价者"变为"评价的参与者"。不但有学生自我评价,还有生生互评。教师评价由科任教师与班主任共同参与,此外还增加了社会评价因素,形成多主体评价方式。

(3)发现潜在能力的多元化评价。关于多元化评价,我们可以关注两种理论。其一是20世纪哈佛大学认知心理学家加德纳所提出的多元智能理论,他认为我们每个人都拥有八种主要智能,即语言智能(言语)、数理逻辑智能(逻辑)、空间智能(视觉)、运动智能(身体)、音乐智能(节奏)、人际交往智能(交流)、自我认识智能(自知)、认识自然智能。由此可知,对有着无限潜能的学生进行一元评价是多么愚蠢的教育。其二是科尔伯格道德六层次理论,它包括:第一层次是因为害怕惩罚而不去做某事;第二层次是为获得奖赏而行动;第三层次是为取悦他人而行动;第四层次是做遵守规则的人;第五层次是做有契约精神、与人为善的人;第六层次是有自己的行为准则,并奉行不悖。据此,我们可以根据班级学生所处的道德发展水平,制定多元化的评价方式。这两种理论可以辅助我们不再单一地看待学生表现,不再静止地看待学生发展。

多元智能理论是加德纳于1983年提出的,并在之后的时间里多次加以发展。该理论认为,智能是解决某一问题或创造某种产品的能力,而这一问题或这种产品在某一特定文化或特定环境中被认为是有价值的。

就其基本结构来说,智能是多元的,每个人身上至少存在七项智能,即语言智能、数理逻辑智能、音乐智能、空间智能、运动智能、人际交往智能、自我认识智能。

智能的分类也不仅仅局限于这七项,随着研究的深入,会鉴别出更多的智能类型或者对原有智能分类加以修改,如加德纳于1996年就提出了第八种智能——认识自然的智能。

多元智能理论是一种全新的人类智能结构的理论。它让人们相信:人类思维和认识的方式是多元的。

——选自[美]埃米勒·艾斯贝勒,玛拉·克瑞克维斯基.多元智能理论与儿童的学习活动[M].何敏,李季湄,译.北京:北京师范大学出版社,2015.

(二) 共创班级特色的若干机制

1. 班主任主导的德育团队配合机制

班主任是班级建设的主要责任人。一方面,班主任是中小学日常思想道德教育和学生管理工作的主要实施者,是中小学生健康成长的引领者;另一方面,班主任是班级学科团队和德育团队的组织者。就特色班级的建设而言,良好的班风班纪和课堂常规的形成,有赖于班级中所有学科教师的共同努力。同时,可尝试推进建设以班主任为主导的德育团队制度,即由班主任之间互相协调,根据班情组建由2～3名科任教师组成的德育团队。学期初,班主任向德育团队说明班级建设的目标、相应的制度和要求,听取科任教师的意见。科任教师为班级建设出谋划策,在承担课堂管理时理念、方式与班主任保持一致,并及时与班主任沟通课堂情况。学期中,班级德育团队对班级建设中的经验和问题以及解决问题的有效途径与方法进行总结。每学期德育团队提前确定研究课题,大家根据课题共同创造,共同发展。

2. 全员参与的班级民主管理机制

班主任在班级管理中要坚持以人为本的教育理念,并建立与之相适应的自我管理规范和全员参与机制,这是实施现代班级管理的基础。从现代班级管理的理念来讲,班级管理的主体是学生,是在这样的理论指导之下,各班建立全员参与的民主管理机制。一是值日班长轮值制度。班级一日常规管理岗位及工作制度(包括课堂秩序、卫生、安全、执勤等)的执行由全班同学轮流担任,有可能的话去职位留职责,人人有事做,事事有人管。班主任根据上级德育部门的相关要求,应结合本班实际,建立全员参与的班级一日常规管理工作制度,落实好班级常规管理全员参与工作,在实施过程中及时听取学生意见,对每个岗位制定并优化岗位职责执行标准,有效推进特色班级的建设。二是班级环境建设。班级环境包括班级物质环境和精神环境,即前面所说的"显性文化"和"隐性文化"。在营造物质环境时,要引导学生们看到同学、家长和教师的付出,加倍珍惜现有的环境,合力创造更好的氛围。在营造精神环境时,班主任要借助学生的舆论及时修正不良风气。例如,有位班主任受"丽江印象"的启发,在班级中设立"班级印象坊",利用学生间的舆论营造了良好的精神环境,不断规范学生的言行。三是班干部岗位设置及轮岗制度。班主任根据本班实际情况设置相应的班干部工作岗位,建立奖励制度、轮岗制度,坚持定期培训班干部,并指导班干部认真落实各项工作。如有位老师在"班级自主管理模式"的研究过程中,为充分调动每名学生主动参与班级管理的积极性,在班级中共设 8 个部门,分管班级事务。学生自主选择进入自己喜欢的部门,各部门间分工协助,每个部门设立一个负责人,在本部门内学生自由竞选产生。如此就使学生由被动接受管理到主动参与管理,并懂得了协作增效的重要性。

3. 家校合作的联动机制

家长和教师是影响学生健康成长的两个重要因素。严谨的班风、学风以及学生优异成绩的取得都与家庭教育有着直接的联系。因此,在班级管理中,班主任应充分利用家长的力量,使学校、家庭共同配合,发挥各自的特点和教育优势,形成育人的合力,共同推动班级管理工作。为了让家长更好地参与班级,可以建立如下制度。

一是建立班级家长委员会制度。家委会与班主任共同研究商讨在家校联动、班级建设中出现的重大问题,并提出合理化的意见和建议。例如,班主任F老师在家委会组建完毕后,及时向他们推介了在学校公众号发布的对班级家委会的要求,包括家委会的职责和对各成员的温馨寄语等。

二是鼓励家长参加家长学校等各级各类培训,提升家庭教育水平。班主任可以在班内成立"班级家长加油站"或"智慧家长训练营",对班级家长进行正确教育价值观和家庭教育方法的引导。

三是完善家长评班制度。即通过家长开放日、家长会、月末调查问卷,由家长委员会组织学生家长代表对班级建设进行评价并提出意见和建议。

四是健全常态化家校沟通制度。即通过班主任家访、互访、微信群讨论、预约致电等方式加强学校与家长经常性的联系和沟通。

案例 4-8　　　　　"实·爱"班家校联合志愿者联盟

"实·爱"班家校联合志愿者联盟,是个大气磅礴的名字,一诞生就带着无比谦和、无比虔诚的服务之心,服务于家长、服务于班级、服务于十二班的每一个孩子。

"实·爱"班取"十二"谐音,更是体现我们这一批家长是实实在在地爱着班里的每一个孩子!

家委会是家长、老师和学校之间沟通的重要桥梁,以促进孩子活泼、健康成长、集体(共同)进步为目的,起着协调、营造和谐而活跃的家校氛围的作用。

家委会作为家长代表,应充分发挥家长对学校及班级工作的参谋、监督作用;收集、整理家长的意见;参与学校开展的重大活动,关心、了解学校工作;组织、协调家长和孩子们一起开展有益的课外活动;发挥家长集体力量;等等。

(一)维护大家共同的交流平台:QQ群及班级微信公众平台。良好的交流氛围需要大家的细心维护。家委会需要发挥及时的、正面的引导作用,如积极收集教育心得并发布在我们的交流平台上让大家学习共享等。

(二)为孩子提供方便、舒适的学习生活环境,购置必要的生活用品。如统一格式的作业本和辅导书、卫生用具、小奖品等。家委会将每学期收取一定的费用作为孩子们的班费,于每学期开学报到时收取,班费的使用明细及时向家长们公布。

(三)丰富孩子的校园生活。课后开展有意义的亲子活动。

附：家委会分工分组情况

初二(12)班家委会分工分组情况

会长：1人

职责：总体负责组织协调家委会的各项工作。召集家委会委员，精心策划、筹备和组织富有教育意义的活动。

宣传副会长：2人

职责：轮流负责班级微信平台的信息发布，及时发布孩子们丰富的校园生活过程。例如，活动摄影、图片制作、班级布置，用图片或者视频记录全班的学习与生活。

组织副会长：2人

职责：负责班级活动策划，组织和协调家委会各项工作，策划活动方案。比如，学校举行各类活动，协助统计班级学生参加的人数、家长参加的人数等；又如，在家长会之前准备好签到表，家长会结束后把签到表交给班主任；等等。

财务副会长：2人

职责：负责班级的财务管理，严格财务管理制度，做到财务公开；协助会长、班级完成一些临时性事务。为有效掌控各项支出的管理，每次采购由财务组负责预算，采购组执行，留存单据和表格。

采购组：4人(片区或社区长)

职责：购置必要的生活用品。如，统一格式的作业本和辅导书、卫生用具、小奖品、班容布置用品，班级社团点心的采购，以及学校开展活动所需物品的购置等。

(《实·爱(十二)班家校合作委员会成立啦》选自冯锟班主任工作坊微信公众号)

4. 班级教育活动机制

一是建立晨会、主题班队会制度。班主任坚持每周一次的主题班队会，把学校德育工作与班级德育工作结合起来，在目标一致的前提下形成班级建设工作的有序化。二是开展情感德育活动。情感德育也叫悦心德育，是以情感教育为核心，以真实的故事感动学生，触动学生的心灵，产生真实的情绪体验,完成由认知到情感,到意志再到行动的德育过程,如把握可以开展爱国主义教育、集体主义教育、行为规范教育、安全教育、重大节日教育等主题教育活动的契机,积极探索情感德育的内容、途径与方法。

5. 激励机制

班主任可以根据学生的年龄特点和身心发展规律,通过激励机制的设立,激发所有学生积极参与、体验学校组织的活动。例如,在校园一年一度的读书节中,班级可以设置"班级朗读者""诗词小组""我为大家推荐书"等角色激励。通过激励,抓住教育契机助力特色班级的创建。在这种机制引领下,学生主动亲近书籍,开展各种形式的读书沙龙活动,有的家长也参与一起诵读经典文章。激励机制推动了班级特色创建,班级特色又让班集体成了校园主题活动中一道亮丽的风景线。

三、班级特色的重点:课程与活动

(一)班本课程的内涵

关于课程,目前我国学界对课程的定义大致是这样的:广义上,课程是一种教育性经验,是对主体产生积极影响的各种因素的总和;狭义上,课程专指学校场域中存在和生成的,有助于学生积极健康发展的教育性因素以及学生获得的教育性经验。[①]

对于共创班级特色而言,可以将课程理解为有计划、有目的、有利于学生获得有益经验的各种活动的总和。这种理念下的共创班级特色的课程既包括了课程内容,又包括了课程的实施方案及评价方式。

(二)班本课程的共创

基于国家课程、地方课程、校本课程的逻辑推理,班本课程有其存在的必然性和价值,它是三级课程的有益补充。从受众群体来看,班本课程更符合班情,更适合班级学生适性发展,更容易整合班级资源。因此,为更好实现班级发展及促进学生成长,班级教育参与者以班级生活为出发点,整合班级需

---

① 顾明远.教育大辞典[M].上海:上海教育出版社,1998.

求,利用班级资源,共同开发具有鲜明班级特色的教育内容总和,我们都可以称之为班本课程。

班本课程在兼顾学生兴趣的同时,还应着眼于班级存在的问题与班级未来的品牌走向。目标精准的开发实施才能有助于形成班级主流文化,形成班级统一精神。在班本课程实施过程中,班主任与学生、家长要进行高效沟通,形成教育合力,共同创建特色课程。

(1)以学生为主导的班本课程——从学生的爱好需求出发。

在课程开发中,坚持从学生视角设计课程,鼓励学生在民主集中制原则下自主设计课程内容,要让每一个学生都有项目可参与,有意见可发表,有舞台可展示,有快乐能体验。

(2)以家长为主导的班本课程——从家长的资源出发。

班本课程要产生持续的作用,需要融合各种有助于班级特色形成的资源。可以在家长资源中选择符合学生发展需求的教育资源,以人为本地创新课程内容,通过多样、有趣、实用的课程,使学生时时处处感受到家长们对班级建设的关心和帮助。

(3)以教师为主导的班本课程——从班级教育教学出发。

班本课程要与班级教育主题内容匹配,尽可能多地让学生感受到班本课程特有的成长体验和愉悦。就长远来说,班主任对班级总体发展的宏观架构是非常重要的,教师要主导班本课程的开发,要确保其能对学生今后的成长产生积极的正向的作用。

总体来说,学生主导、家长主导、教师主导不是绝对的割裂或替代,在开发班本课程的过程中,需要三者相互沟通、相互协调。应从学生班级生活的视角构建班本课程,关注每一位学生。秉持对学生终身发展负责的态度,精心构思课程内容、课程评价。在课程实施的过程中不断完善课程体系,打破"显性课程"和"隐性课程"的界限、打破学科界限,努力实现课程全员、全过程共创班级品牌。

(三) 创新活动

创新活动,重在通过活动彰显班级特色。在彰显班级特色中,最大限度地融合学生、家长及教师的智慧,整合教育资源,让学生在活动中绽放自己的最美瞬间,在设计活动中发挥自己的最大潜能。关于创新活动,应如何共创呢?

首先,尊重学生的个性,开展特色活动。在特色活动的开展中,班主任应充分尊重学生的个性,指导学生积极参与班级管理,不断增强学生的集体意识、团队意识、服务意识、责任意识和创新意识;还要激发班级的活力,充分发挥班集体在学生教育与管理方面的组织作用,将活动的主动权交给学生,引导学生积极思考、相互交流与探讨、自主设计活动方案,培养学生的良好品质与个性。例如,举行主题班队会,在"我的班级我做主""展示风采 快乐成长""秀一秀我们的班"等活动中,鼓励每个学生自主参与设计与主持。通过这些活动,学生既展示自己的特长,从中获得作为班级成员的价值,提高自己的能力与素质,又在精彩有趣的特色活动中体验、实践,获得审美的熏陶、塑造,培养正确的审美情趣,道德品质获得提升。

其次,激发家长的热情,设计特色活动。班主任应让家长满怀热情地参与特色班级活动。通过组建班级家委会工作小组,设置宣传组、活动组、后勤组,招募家长志愿者、校外志愿者等,引导家长协助班级开展形式多样的特色活动。例如,班主任可以发挥家长的资源优势,培育和提升学生的劳动素养,打造"爱劳动特色班",围绕"爱劳动"这个特色主题,帮助学生树立"劳动最光荣"的理念。同时,培养学生独立生活的能力,使其掌握一些最基本的生活知识和技能,引导学生在劳动中体会到劳动的价值,学会感恩。为引导学生懂得劳动能美化家园、锻炼自我,可以开展"我是劳动小能手""洁净家园我行动"等活动,引导学生感受劳动的快乐,提升学生的劳动素养。

最后,利用现代化手段,助推特色活动。班主任可运用互联网技术,在家委会的支持下创建班级微信公众号,定期推送学生的美文,展示班级开展的特色活动,如家长讲坛、读书沙龙活动等;也可以成立爱心家长联盟 QQ 群,组织开展亲子读书会、班级家长交流沙龙等;组建假日小队,带领学生参与垃圾分类工作,或到社区、敬老院、工厂等地开展公益实践活动。当家长成为班级工作的协同者时,就会与班主任一道汇集智慧、相互配合、协力共管,助推特色班级的创建工作,形成培养学生良好道德和行为习惯等的德育体系,展现班级的独特魅力。

第五节 提升带班育人的协同效应

班级元旦活动结束后,朱老师一个人静静地坐在教室里,忙碌的一年即将过去,她感到有些疲惫。教室里刚刚经历了热闹的联欢会,可朱老师总觉得心里有点不是滋味。

整个元旦活动筹备的过程中,朱老师都是一个人在忙。她在家长群发布征集帖,想邀请几位家长参与教室布置,采购相应装饰物品,准备游戏环节,可是基本没有家长回应,信息石沉大海。朱老师只好私聊了几位家长,得到的回复不是工作太忙来不了,就是以自己不擅长婉言拒绝。看到其他班级的家长在放学后前来布置教室,干得热火朝天,和班主任有说有笑,还自发给孩子们准备了活动惊喜,朱老师更加失落。

除了家长方面,朱老师心里还有一份来自任课老师的压力。因为自己任教非主学科,所以朱老师一直是以"服务"的心态面对任课老师。她觉得自己的学科负担没有主科老师重,所以应该多承担一些,就帮着语文、英语老师抓背诵和默写不过关的学生,也常盯着数学不订正的学生重做错题。朱老师总是小心翼翼地向任课老师打听学生在课堂、作业、测验等方面的情况,只要听到有老师反映学生问题,就觉得是自己没有把班级管理好,并提出替任课老师处理问题。久而久之,学生抱怨朱老师多事,什么都要管,任课老师也没有多感恩朱老师,常把问题学生直接"推"给她处理。

想到日常工作中的种种情况,朱老师只有叹气。她看着空荡荡的教室,不断地问自己:问题出在了哪里? 为什么任课老师和家长都对她如此冷淡?

班级似乎只有朱老师一个人在扛着,她身心都很累。她想找到一点可以改变的切入口,希望自己在新的一年也能得到大家的助力。因为她知道,随着学生年龄的增加,带班的难度只会越来越大,光靠她一个人,肯定是不行的。

┌─ 互动 4 ─┐

　　1. 您有过和朱老师类似的苦恼吗？您在与任课老师和家长的接触中，遇到过什么样的问题？

　　2. 您觉得朱老师的烦恼主要是由哪些原因造成的？

　　情境中，朱老师烦恼的对象并非学生，而是与她搭班的任课老师和学生家长。朱老师已能基本胜任基础性的带班工作，也想在特色化建班方面进行尝试，但她遇到了新的课题：如何做好协同育人的工作。协同育人，是班主任带班育人实践的延展。想要带好一个班，仅靠班主任的努力，是无法统筹全局的。这就需要班主任调动多方教育的资源与力量，共同开展教育实践。

　　2018 年 9 月，习近平总书记在全国教育大会上明确指出："办好教育事业，家庭、学校、政府、社会都有责任。"国家的"十四五"规划明确提出了"健全学校、家庭、社会协同育人机制"。家校社协同育人能够提高教育质量与效果，扩大教育规模，从而为全民教育和终身教育服务。①

　　《中小学班主任工作规定》第三章第十二条指出："经常与任课教师和其他教职员工沟通，主动与学生家长、学生所在社区联系，努力形成教育合力。"由此可见，班主任想在带班的过程中更好地实践带班目标、产生积极的育人效果，就必须主动、科学、智慧地与任课老师、家长和社会（社区）建立教育共同体。

一、协同育人的价值与内涵

　　无论是小切口的课堂教学、班级教育，还是大概念的教育教学，教育本身是一个整体，是一个孩子终身发展的完整体系。因此，家庭、学校、社会本身就无法被割裂开来对待。

　　家庭教育是基础，关注和培养儿童生活化的过程；学校教育是核心，是有目的、有计划地促进儿童社会化的关键，学校教育还承担着对家庭教育的指导和对社会教育的开发；社会教育是延伸，是实践教育的平台，它深刻影响家

---

① 李运林.协同教育研究引领教育发展进入新时代[J].电化教育研究,2018,39(3):5-11.

庭教育和学校教育的方向、内容及成效。家庭、学校、社会三者之间隐含着儿童成长的内在逻辑。

家庭教育、学校教育和社会教育共同承担着儿童的教育责任,但又各有边界、相互独立、分工不同。三者在育人功能上是有区别的,如果过度强调某一方力量,而忽视其他教育的实践意义,儿童就不可能发展成为和谐的人。人们常说的"高分低能""巨婴"都是因为过分强调了学校教育的作用而忽略了家庭教育和社会教育的结果,因此培养出的所谓人才并不能适应社会发展的要求。只有三者各施所长、协同合作,才能充分发挥出整体效应,产生巨大的教育合力,达到最佳的教育效果。

协同育人就是要协调家庭教育、学校教育和社会教育,在教育目标上保持一致,在时空上紧密衔接、积极互补,形成以学校教育为主体、以家庭教育为基础、以社会教育为依托的教育格局,实现最佳育人效果的教育活动。

家庭、学校和社会是不同范畴的概念,但三者之间以时间和空间的轴线聚焦于教育之中,便成为一个人成长的内在体系,即家庭教育、学校教育和社会教育三者的结合(如图4-3所示)。

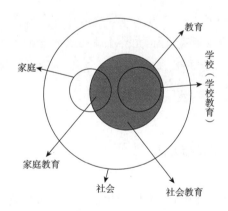

图4-3　家庭、学校、社会教育系统关系图

从协同理论来看,此时的家庭、学校和社会受到相同的教育原理的支配,成为一个协同系统,相互影响又相互合作,产生协同效应。①

---

① 唐汉卫. 交叠影响阈理论对我国中小学协同育人的启示[J]. 山东师范大学学报(人文社会科学版),2019,64(4):102.

在教育实践中,班主任是协调家庭、学校、社会三者关系的核心人物。通过班级建设,关注学生个体发展,从而落实学校教育的主阵地;通过家庭教育指导,发挥父母在孩子成长中的基础作用,形成良好的家庭氛围;通过开发社会资源,引进教育实践,从而带动社会教育对未成年人的成长产生积极影响。班主任调动多方积极性,共同参与教育,成为带班育人实践的重要延展。

相关链接

协同育人的理念强调以下几点。

第一,家庭教育、学校教育和社会教育在协同育人中的主体地位是平等的,不存在从属关系。

第二,要实现家校社的协同,就要把三者的行动都统一到"培养合格的社会主义建设者和接班人"这一育人目标上来,形成三维立体、全方位育人的格局。

第三,家校社的协同是通过加强交流、密切合作、形成教育合力来实现的。从三者合作的形式来看,家校社协同育人可以分为家—校协同育人(家校合作)、校—社协同育人、家—社协同育人和家—校—社协同育人四种形式。

第四,家校社协同育人的落脚点是实现最佳育人效果,高质量地达成全面育人、全方位育人的素质教育目标,培养个体的综合素养,实现个体的全面发展。

——选自齐学红,黄正平.班主任专业基本功[M].4版.南京:南京师范大学出版社,2021.

二、协同育人的路径与方法

学生在不断成长变化中,而这种变化常常以突发问题和常见错误的形式呈现在班主任面前。班主任在第一时间内成为"救火队员",往往会出现头痛医头、脚痛医脚的带班状态,将班主任角色锁定为"问题的解决者"。因此,学生在学校出了问题,任课老师就来找班主任解决;班主任解决不了的问题,就把家长请到学校希望一起解决。除了个别节日或实践活动,能够推动学生有机会参与社会体验,其余时段社会教育基本较少。

这样的工作方式造成了班主任与任课老师、班主任与家长之间不是合作关系,而是只因处理问题而形成的特定关系。因此,班主任想挖掘多方教育资源,基本是不现实的,因为既没有良好的关系基础,又没有意识到相互助力、合作育人的必要性。

这看似是工作方式的问题,其本质是带班的思维问题。班主任在学生出现问题时,最重要的不是急于想着怎么惩戒学生,而是要问一问自己:学生为什么会出现这些问题?深层次的原因是什么?有没有可供借力的资源来提前干预?有了这样的思考,班主任才会在班级没有出现问题的时候,主动建立起学校教育、家庭教育和社会教育的联系,引进来、走出去,成为学生成长的综合"引领者"。在大量积极的教育引导下,减少学生问题的发生量。

教育是"治未病"的育人实践,班主任有了这样的思维方式,才会让自己的角色从"消极问题的解决者"转变为"积极关系的建构者""学生成长的引领者"。班主任要提高自身协同育人的能力,可重点从以下三个方面着手。

(一)建立对任课教师的支持关系

在本节开始的情境中,朱老师认为班主任应该以服务的心态面对任课老师,这样的想法原本没有错。但是,朱老师曲解了服务的含义,服务并不意味着代劳或越位做事,服务也可以是履行职责,提供帮助。

班主任是班级教师队伍的核心,是班级的管理者,而管理的本质是提供服务。班主任应该正确定位自己和任课老师之间的关系,把支持班级教师的教育教学工作和专业发展作为自己服务的内容,让自己成为任课老师的主心骨。

1. 做好学科育人上的支持

师者,传道授业解惑。任课老师的责任并不仅仅是做好学科知识的传授,更应在教学中做好管理、渗透育人思想,使之成为拥有过硬的学科本领、丰富的知识结构、高尚的人格追求的典范。

班主任可从制度层面,与学生通过班规、班级公约的制定,设定关于课堂纪律、作业完成、知识学习的底线要求;再通过与任课老师了解学生的思想动态,通过班级活动和价值讨论,提升任课老师在学生心目中的专业形象,提升任课老师课堂的把控力度,提升育人效果。这样的支持,虽然看起来没有减轻任课老师的实质性工作任务,但比起监督背书、默写、订正,更有助于任课老师站稳学科课堂,赢得学生的信任和喜欢,这才是从根本上支持任课老师的做法。班主任支持任课老师的教学工作,从而形成教学共同体。

2. 做好教育科研上的支持

教育科研是教师专业化发展的必经之路。教育科研离不开真实的课堂,离不开鲜活的学生,而班主任对学生的了解较任课老师更全面、更深入,这就是非常好的科研视角。

班主任可以借助资源优势,向任课老师提供积极的研究信息。比如任课老师想做分层作业的研究,班主任就可以结合自己对学生全学科的分析,提供建议的分层名单,分析学生的优势与不足,供任课老师参考、讨论;再如任课老师在准备公开课、撰写案例等方面的工作时,班主任可以基于自己的观察,提供学生的差异化信息,这样的研究更能凸显因材施教的原则。

在任课老师追求专业发展的过程中提供支持,不仅能助推任课老师产生教育教学上的成就感,还能使他们真正感受到班主任对自己的帮助和关心。班主任支持任课老师的教研工作,从而形成教研共同体。

3. 做好日常生活上的支持

每一位老师都首先是一个普普通通的人,会有遇到难处的时候。教师工作节奏快,特别是需要教好几个班的老师,在课务安排、学生问题处理、个人事务等方面总会遇到需要人帮忙、需要人关心的时候。

班主任要做日常生活中的有心人,主动关心任课老师的生活。任课老师如果家里遇到特殊情况,班主任应主动宽慰,配合进行课务的协调,做好学生的安排。班主任真心实意地对待同事和搭班老师,也会同样受到别人的尊重和得到帮助。

当然,更多的时候,班主任可以用轻松、愉快的方式与任课老师建立联系。在办公室里,分享一些水果;过生日时,发动学生在黑板上写满祝福语,送给任课老师惊喜;把任课老师对班级的用心和付出说给学生听,搭建学生和任课老师之间的桥梁。这些美好的日常,都能加深师生感情,提升班级的凝聚力。班主任支持任课老师的日常生活,从而形成生活共同体。

综上可见,教学共同体,指向的是基本工作;教研共同体,促进的是专业发展;生活共同体,营造的是和谐人际。从教学共同体走向生活共同体,实现教师在群体中的生命成长。班主任若能建立这样的支持系统,便能最大限度地发挥任课老师的协同作用。

相关链接

1. 班主任成就自己的同事

科任教师同样有着自我实现的需要；精神性的满足，也往往是教师职业中最重要的激励手段。

作为科任教师的班级领导者，班主任也许不能更直接地帮助科任教师发展与学科知识、能力直接相关的素养，但是，却完全可以通过教育智慧的传递、引领，促成科任教师的专业发展，帮助科任教师实现该领域内的教学成功。

在改革实验中，我们也发现，班主任的学生立场、教育资源意识、动态生成能力、真实情境中的教育智慧等，乃至于组织主题活动这样的策划与践行能力，是非常值得科任教师学习的。因此，班主任可以进一步明确自己这方面的责任，更主动地影响科任教师，促成同事的发展。同时，通过班主任直接负责的班级建设工作，通过班主任对学生的培养，也能够促成学科教学的成功，从而间接地帮助科任教师。

2. 班主任积极参与学校变革与班主任群体的发展

班级工作的开展毕竟与学校乃至于社会的系统变革相联系。作为学校最基层的领导者，也同时是与外部世界保持直接联系与互动关系的领导者，班主任需要创造机会，主动促成学校的制度建设与群体教师发展。

这一方面要求班主任增强信心与勇气，不要轻贱自我。在一个更为民主的学校改革情境中，班主任是几十位学生及其家庭、诸多科任教师的代言人，可以通过各类正式与非正式的方式，表达自己的教育理解与教育期待，积极影响学校的制度建设与文化发展，参与到区域性教育发展的咨询、调研与反馈之中。

另一方面，个体的班主任也需要保持与校内其他班主任，乃至于跨学校、跨区域的班主任个体与群体的联系，形成正式与非正式的交流、合作，乃至于联盟关系。这将为班主任之间智慧的分享提供平台，为更多班主任的发展提供资源。

总之，对学生与科任教师紧张关系的处理，既需要有具体的方法与策略，更需要有深厚的"内功"。唯有如此，班主任工作的专业品质才可能不断被社会所认可与尊重，班主任自身的发展才可能有持续的内动力。

——选自李家成.论班主任领导力的实现——基于对班主任、学生与科任教师关系的思考[J].中小学学校管理,2015(8).

（二）建立对家长的指导关系

《中共中央 国务院关于进一步加强和改进未成年人思想道德建设的若干意见》中指出："家庭教育在未成年人思想道德建设中具有特殊重要的作用。要把家庭教育与社会教育、学校教育紧密结合起来。各级妇联组织、教育行政部门和中小学校要切实负担起指导和推进家庭教育的责任。"

《中华人民共和国家庭教育促进法》中指出："父母或者其他监护人应当树立家庭是第一个课堂、家长是第一任老师的责任意识，承担对未成年人实施家庭教育的主体责任，用正确思想、方法和行为教育未成年人养成良好思想、品行和习惯。……中小学校、幼儿园应当将家庭教育指导服务纳入工作计划，作为教师业务培训的内容。"

苏霍姆林斯基说："两个教育者——学校和家庭，不仅要一致行动，要向儿童提出同样的要求，而且要志同道合，抱着一致的信念，始终从同样的原则出发，无论在教育的目的上、过程上，还是手段上都不要发生分歧。"①

班主任是与家长接触最密切的教师，也往往是家长最信任、最依赖的，在开发家庭教育资源、指导家庭教育方面发挥着重要的作用。

1. 指导家长全面认识和评价孩子

随着孩子年级的增长，家长对孩子的关心重点逐渐从身心健康转移到学业进步，甚至过分追求分数上，造成"唯分数论"。而孩子的道德水平、品德提升、健全人格等综合素养的发展却常常被家长简单地理解为"长大了，自然就懂了"。

在班主任工作中，我们都知道家校协同的重要性，可是真当我们联系家长进行沟通时，却常常遇到一些"沟而不通"的感慨："老师，孩子交到学校，就拜托给你了，他只听你的话。""老师，我们家孩子在小学时候不是这样的啊！""老师，你尽管罚他，这孩子就是要好好管一管！""老师，我很忙，孩子的教育是妈妈在负责，你找她。"

上述几种情况都反映出家长在家庭教育的理念上存在观念偏差。家长普遍认为，教育主要是老师的事，是学校的事，自己只要给孩子提供物质保障就可以了。孩子最重要的就是学习，只要学习好了，其他就都会好起来。还

---

① 张万祥.苏霍姆林斯基教育名言[M].天津：天津教育出版社，2008：210.

有一些家庭,无条件满足孩子成长中的所有需求,对孩子没有底线要求,造成孩子问题百出。这些都反映出家长的育儿观、成才观出现了问题。

班主任应向家长明确家庭教育的重要性,引导家长关注孩子的德行发展,通过表扬、强化、树立榜样等多种方式向家长呈现孩子在各方面的成长变化,普及多元智力发展理论,让家长更科学、更全面、更合理地看待孩子的成长,作出积极的评价和改变。

2. 指导家长建构和谐亲子关系

亲子关系是儿童最早建立起来的人际关系。家长的素质,以及对子女的抚养、教育方式等,都在亲子关系中直接对孩子的身心发展产生影响,也将影响儿童今后的人际交往关系。亲子关系是个体在社会生活中重要的一部分,在幼儿期,它几乎是个体全部情感的依赖所在。

亲子关系是一种双向作用的人际关系。儿童在父母的抚养下成长,同时儿童身心发展又影响着父母的行为。子女年幼时,由于心理、生理发育不成熟,经济生活不独立,必须依赖父母,父母对儿童的影响更深。父母的道德修养、处世态度及教育子女的方法都影响儿童身心的发育,对儿童后来形成的人际关系也有重要影响。随着儿童年龄的增长,父母与子女的关系不断地发展。若父母了解儿童心理特点,进行严格要求和关心,儿童对父母就会尊敬和体贴,关系向好的一方面发展;若父母不了解儿童心理特点,教育态度粗暴,儿童对父母的态度就会是厌恶和充满敌意,关系紧张。[①]

亲子关系是当下教育的一个突出问题,特别是孩子进入青春期后,他们的成人感急剧增强。本身的叛逆阶段,加上受到网络、媒体等大量信息的影响,孩子缺少成熟的辨别能力,往往模仿其中非理性的做法,与父母发生严重的冲突。

在家庭生活中,亲子关系的不和谐是家长面临的最大难题。班主任若能针对此专题进行有效的指导,既能减轻家长的烦恼,又能更有效地带动家庭教育对学生成长的积极作用,必然会受到家长的支持。

家长资源的开发是班主任做好家校协同育人的另一个重要内容。人的主观能动性通常是在具体的任务和角色中得到强化的。家长对孩子的影响也是如此。家长来自各行各业,有自己的经历和特长,这种差异就是最好的

---

① 陈会昌,庞丽娟,申继亮,等.中国学前教育百科全书(心理发展卷)[M].沈阳:沈阳出版社,1994.

教育资源。

多渠道与家长积极沟通。班主任将自己的带班理念、班级发展目标、学生发展阶段特点等信息传递给家长,既让家长感受到被尊重、被需要,又让家长了解班级、了解孩子,从而产生帮一把、分担一点的主观想法。

邀请家长进课堂,参加班级活动。班主任可充分利用学校家长开放日、家长会等机会,邀请家长坐进课堂,观摩孩子的课堂情况;组织班级活动时,征求家长对于方案的想法和建议,邀请家长参与亲子活动,为家长创造亲近孩子、深入了解孩子的机会。

开设家长讲堂,组织职业体验。让家长成为孩子的老师,请家长结合自己的职业、兴趣、特长等,上好一节家长课。班主任可以帮助家长备课,指导其更好地成为"老师"。班主任还可以组织学生走出校园,走进父母的单位或参加其他职业的体验,让学生在职业体验中换位思考,更好地理解父母,初步形成职业认知,有助于生涯规划的启蒙。

开展家长评价,倾听家长心声。很多时候,并不是家长不愿意参加班级建设,而是家长对班主任工作的方式和内容有不同的意见,因而产生一些隔阂。班主任不妨定期召开家长座谈会,鼓励家长评价班级工作,倾听家长们的意见和建议,在面对面的沟通中,化解一些误会。家长得到了充分尊重,也会更愿意参加班级的活动与建设,从而进入班级系统,成为不可或缺的一员。

家长群体是一个资源宝藏,如果班主任由被动变为主动,指导家长参与班级建设,而不是任由家长随意干预班级发展,家长就会成为带班中强有力的伙伴。

相关链接

作为家校合作的核心构成,班主任与家长的沟通、协调有着不可替代的意义。它是一个复杂的过程,因此会出现沟通不畅的情况。而对此感到困惑、烦恼的,不仅仅有班主任,也有家长。对此,要跳出就事论事的思维习惯,在新的立场、视角下,重新审视和解决这一问题。

家校协同育人的价值取向是促进学生的健康发展。从这个角度出发,班主任和家长都有权,并真实地启动沟通过程,形成共同体。基于教育的立场,对家长的指导是班主任教育工作的具体构成,因此需要有专业性的视角、立场和素养。

家校协同育人的内容一定要超越"成绩中心",回归到学生综合、整体的发展,回归到班主任应有的关注内容与关注方式上。班主任需要精心创设教育情境,促成家校沟通的情理相融,让家长在被尊重、被接纳的心理状态下,与班主任合作,从而最大限度地开发家长资源,成就更多生命的美好和精彩。

——选自刘济良.学校德育[M].北京:北京师范大学出版社,2015.

(三)发掘与社会之间的合作关系

社会性是人的主要特征,社会实践是改造人的主要手段。社会的存在一方面为人的生存和发展提供了良好的条件,另一方面也对人的发展提出了必要的要求和规范。社会作为学校德育的重要场域,其政治环境、经济环境、文化环境、法制环境对学校德育起着重要的作用。[①]

陶行知先生曾说:"不运用社会的力量,便是无能的教育;不了解社会的需求,便是盲目的教育。倘使我们认定社会就是一个伟大无比的学校,就会自然而然地去运用社会的力量,以应济社会的需求。"因此,班主任应充分发掘社会力量,将社会资源引进学校,引入班级建设,积极合作,使之成为学生实践的第二课堂。

1. 走进社会场馆,促成学以致用

每个城市都有文博场馆、科技中心、红色遗迹、实践基地等社会场所,这些场馆蕴含着丰富的文化内涵,都是中小学生参观、考察、调研的好去处,是促进学生拓宽眼界、全面发展的实践课堂。

近年来,随着社会资源参与教育的开发,很多场馆还专门针对不同年龄段的学生,设计了与教材配套、知识相关度高的特展和实践体验活动。班主任若能积极开发这些资源,并引入课堂,利用班会课形成班本课程,可以有机融合不同的学科内容,让学生在教室里学、去场馆中学,真正促成学以致用。

2. 依托社区教育,搞好社会实践

学校联合社区办学,提供丰富的体验活动,办好家门口的学校,是目前家庭、学校、社会协同育人的又一典型特征。社区委员会有很多与教育相关的

---

① 刘济良.学校德育[M].北京:北京师范大学出版社,2015:205.

宣传活动,例如,普法教育、消防教育、文明城市创建等,加上他们有对口的行政单位,可以保障教育形式的丰富性、体验性和真实性,因此将社区教育引入课堂,能够更好地发挥不同专业、不同职业的优势。比如,有不少地区聘请了心理志愿者或法制班主任,帮助引导学生身心健康成长,充分发挥专业价值。

社区还会定期组织社区活动,如楼道清理、"啄木鸟行动"、小区志愿者服务工作等,班主任应该鼓励学生积极参加,这有助于增强育人的整体功能,帮助学生多接触社会、了解社会、参与社会。

3. 引入社会资源,激励榜样作用

社会发展总会涌现出一批典范人物,比如"感动中国人物"、时代楷模、热点事件人物等。这些人物都具有极强的影响力,对青少年的思想、品格、行为具有正向激励作用。因此,班主任可以组织学生学习他们的事迹,通过讲故事、看视频、发表演讲、班级讨论等学生喜欢的形式联系生活实际,鼓励学生制定更高远的目标,形成正确的价值追求,让自己成为更优秀的人。

4. 利用网络媒介,发挥信息优势

网络的普及极大地带动了信息的流通,教师不再是唯一权威的知识传授者,学生想要了解的认知层面的信息一搜可得。但是,网络也是一把双刃剑,虚假信息、不良信息、网络成瘾,都有可能给学生带来消极的影响。班主任要善于利用网络媒介,建立班级群组,形成网上学习和交往链,引导学生正确使用网络,甄别网络信息,提升网络安全和网络文明意识。当班主任巧妙地发挥出网络的积极作用,使之成为服务学生成长的新途径时,就可以丰富班级德育的内容、扩展班级教育的空间,从而也提高了带班的效率。

班主任应善于用合作共赢的思维,将社会资源引入学校,引入班级,在更真实的教育情境中让学生学有所得、学有所用,协同发展。

> **相关链接**
>
> 学校要加强与社会相关部门和机构的合作,定期组织召开相关会议,借助开学典礼、入队入团、重要节庆日等活动契机,邀请相关部门走进校园,感受校园生活,了解学校育人理念,共同商讨建构促进学生成长的学校、社会一体的育人机制。

建立多方联动机制。学校要主动联系宣传、民政、文化、综合治理、公安等部门,加强社会资源共享共建,进行正面宣传和舆论引导;要主动联系共青团、妇联、关工委等部门,通过组织丰富多彩的社会实践活动,净化学生成长环境,助力学生健康成长。

学校要加强与社区机构的交流与合作,充分发挥社区教育资源的特殊作用;学校要与周边的图书馆、博物馆、科技馆、体育馆(场)、文化馆等社会公共文化体育场所以及历史文化古迹、革命纪念馆等场所建立密切联系,共同做好学生社会实践活动的规划和建设工作。

班主任在其中要发挥积极的机制推动作用,创造性地配合学校利用社会资源做好学生的教育引导工作。

——选自教育部基础教育司.中小学德育工作指南实施手册[M].北京:教育科学出版社,2017.

总之,班主任想要更好地开展班级工作,就应该树立统筹资源、协同育人的教育理念,通过自身的桥梁作用,调动一切可以调动的力量,充分发挥任课老师的力量、家长的力量、社会的力量,让所有资源服务于学生的健康、全面成长。

明确了家庭、学校、社会协同育人的价值、内涵和路径,班主任就能积极转变工作角色,从学生问题的处理者、解决者转为学生成长的引领者、帮助者,从而进一步延展班主任工作的宽度。

┌─[互动5]────────────────────────────┐
 1. 您在协同育人的实践方面,有哪些比较好的经验?

 2. 在接下来的工作中,您最想在哪些方面进行突破?
└──────────────────────────────────┘

案例4-9　　　　　　合力创造班级幸福
——高中幸福班集体建设实践行动

根据哈佛大学教授泰勒·本·沙哈尔的人生模式理论,只有不但能够享受当下所做的事情,而且通过目前的行为,也可拥有更加满意的未来的人生模式才是幸福型的。由此,我从两个维度、三个层面构建我的幸福班交汇点。两个维度指的是当下的幸福和未来的幸福,三个层面指的是学生、家长和教师,见表4-4。

表4-4 两个维度、三个层面内容

		两个维度			
		感受当下的幸福		建设未来的幸福	
三个层面	成就幸福的学生	1. 记录表达,感受成长过程的幸福	"三个一"计划	3.文化共建,树立理想目标的幸福	一面理想墙壁
		2. 体验活动,感受个性发展的幸福	"三加一"模式	4. 共学互助,追求积极学习的幸福	两种学习小组
	成就幸福的家长	1. 收集美好,感悟成长瞬间的幸福	一张家庭合照	3.展示成果,树立培养信心的幸福	一件作品
		2. 促进沟通,感悟亲子交流的幸福	一封亲子书信		
	成就幸福的教师	1. 共带社团,享受日常陪伴的幸福	一个社团	3. 创意成果,期待未来成就的幸福	一份礼物
		2.共读书籍,享受心灵交流的幸福	一本图书		

(一) 成就幸福的学生

1. 记录表达,感受成长过程的幸福

提出"三个一"计划(如图4-4所示),即有效利用一本幸福能量记录本、

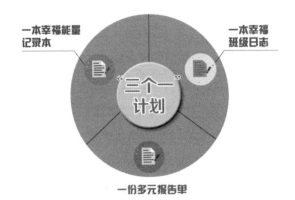

图4-4 "三个一"计划

一本幸福班级日志、一份多元报告单来记录学生的成长过程,让学生用无限丰富的眼光来审视面前的一切,保持生活的活力。

(1)一本幸福能量记录本。

幸福的孩子每天都要给自己一些积极的心理暗示,我希望我班学生都能记住每天的微笑瞬间,长此以往,便积累了幸福能量。开学时,我给每位同学准备了一本幸福能量记录本:左边写今日作业,右边用符号表示完成情况,下方记今日小确幸。完成的作业是学业收获的幸福,小事的记录是心情收获的幸福。记录本身也是看到自己力量的一种方式,原本普通的日程本因为名字和内容的独特却变得意义非凡起来。

(2)一本幸福班级日志。

我们每个人都有书写的自由,如何讲过去的故事也就是如何面对未来。我利用多样化的"班级日志"让学生们的内心由书写而发生改变,感受每日点滴幸福。我组织过"记录一节课""任课老师小传""小说连载"等各种形式的主题班级日志写作,很多同学在书写中创造美好,在阅读中感受美好。我也曾加入过他们的写作中,我在其中写道,"感谢那个把本子交给我的同学,让我的故事也成为你们的一部分",这句话还被印在了毕业纪念册上。幸福是生活小事的感受积累,积累得越多,体验得越多,也就越幸福。

(3)一份多元报告单。

教育不是为了评价人,而是通过评价去改变人。多元化的评价模式能让孩子们都感受到被关注的幸福,多主体的评价也能让孩子全方位了解自己。我班每学期会多次给学生发放报告单,报告单分成两个部分:"班主任对你说"和"神秘人对你说"。在"班主任对你说"中,我会细致描述这个同学让我印象深刻的几件事,并将其写成属于这个同学的学期人物小传。"神秘人对你说"是请同学互评。我会根据班级活动设想一个主题,如"践行十大培养目标""学会学习"……大家提名"主题之星",给出获奖理由。老师和同伴的认可能激发强大的内驱力,引导学生向善向上。

2. 体验活动,感受个性发展的幸福

我利用活动构建"三加一"模式(如图 4-5 所示),"三"是指三类社团,"一"是指班务层级管理,让学生在活动中感受个性发展的需求和服务他人的美好。

（1）三类社团。

丰富的社团活动让每一个学生都能找到自己的位置，发现自己的优势，体会自我实现的幸福。我班每位同学都参与了学校的校本课程"创造、运动、服务"三类社团活动，每位同学每学期必须在三类活动中各选一个社团创造类社团有戏剧、手工、模拟联合国、演讲辩论、心理等，运动类社团有篮球、足球、乒乓球、羽毛球、瑜伽等，服务类社团有图书馆义工、垃圾分类志愿者等。在参加社团活动之后，学生们必须提交活动记录和反思，由带队老师认证后可获得相应学时。

图 4-5 "三加一"模式

（2）班务层级管理。

责任感带来归属感，归属感带来幸福感。我利用班务网格行动，营造"实在做事，做实在事"的班级氛围。因为班级人数不多，我坚持以"人人有事可做，人人有责可担"的原则来构建班级文化。班委成员一年一换，是较为稳定的班级管理团队。每位班委都要招募服务团队成员，比如，学习委需要招募课代表团队成员，宣传委需要招募年级展板制作、运动会宣传、班级板报制作等团队成员，组织委需要招募班会设计团队成员、社团……用层级管理制，让每个同学都成为班级责任网格中的一员，在为班级做事所带来的控制感和归属感中获得幸福。

3. 文化共建，树立理想目标的幸福

目标是幸福的方向，我用一面班级理想墙进行班级文化建设，将个人目标融入集体建设中（如图 4-6 所示）。我班以"每一个奔跑者都是美丽的"为口号，用"丰盈自己的梦想，尊重别人的梦想"为指南，打造互相尊重、彼此助力的班级文化。我注重将个人的规划融入全班的共同行动中，利用归属感和集体力量激发"1+1＞2"的达成效果。高一时，我组织了"未来的方向，理想的大学"系列班会，请学生介绍自己理想的大学，将大学的校徽和学生的名字按照地理位置贴在"理想墙"中，最终拼成一张完整的世界地图。我告诉大家，每一个人的努力都是在为实现"走遍全世界，处处有同学"这个目标添砖

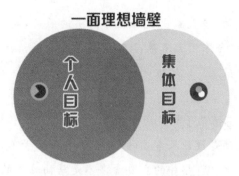

图4-6 班级文化:一面理想墙壁

加瓦,大家体会到了"成就自己也就是成就彼此"的幸福。这张地图最终在毕业时演变成了全球"蹭饭"地图,贴在了毕业纪念册的最后一页。教育就是在起点展望终点,在终点回望起点,将个性融于共性,用集体助力个体。

4. 共学互助,追求积极学习的幸福

学业的进步是学生幸福的高峰时刻,学习的交流是幸福能量传递的过程。我班构建了两种学习小组——同质学习小组与异质学习小组,在追求学习成就的道路上发挥力量(如图4-7所示)。

图4-7 共学互助:
两种学习小组

同质学习小组由选同一门课的学生组成,因为不同教师的教学模式,不同难度的学习内容,不同风格的课堂学习正好造就了可以利用的信息差。学习小组利用中午或放学后的时间讨论习题,整理笔记,查漏补缺。

异质学习小组是由选科不同的学生组成的。每年,我校都会举行跨学科探究活动,我班以异质学习小组为单位参加。每个小组选择一个真实情境的课题进行研究,如不同材料的防护服效果差异、病毒传播的模式探究、不同防晒霜的防晒效果等。在课题研究中,学化学的学生负责提供化学知识,学物理的学生负责提供物理知识,学艺术的学生负责制作宣传海报……在异质学习小组中,每一个人都是知识的贡献者,是幸福的自主学习者。

(二)成就幸福的家长

1. 收集美好,感悟成长瞬间的幸福

孩子长大了常常会回避家长的镜头,也不太爱和父母拍照。我开展了

"我的家庭合照"活动,请大家上交和父母同框的照片,要求是真实场景的抓拍。然后,我利用班会课请大家展示和介绍拍照的场景和自己的感受,然后将照片粘贴到黑板报上。这不仅是一张家庭合照的展示,也是一个幸福共同体的象征。

2. 促进沟通,感悟亲子交流的幸福

亲子温馨的互动是最让人幸福的,亲子矛盾常源于不知道交流什么和如何交流。班主任家庭教育指导的主要责任不是居高临下的指导,而是俯下身来为家长和孩子创造交流的机会,搭建交流的平台。我在班上经常组织家长与孩子"共写一篇作文""互写一封书信""讨论一件时事"等活动,或是请孩子"采访一位家长""教家长一个新技能",请家长"回忆孩子的一件趣事"。幸福就是想办法提供一个话题,制造一些有意义的交流机会(如图4-8所示)。

看完了女儿的文字,妈妈由衷地感受到女儿的成长和转变。

妈妈说道:"女儿作文写作方面更加注重思考和理性,记忆深刻的是在初中的一篇作文《樱花》中大量的描写语句,感觉就是华丽词藻通篇堆砌,华而不实,对待批评不能够心悦诚服,那时候的她是喜欢花团锦簇,绚烂多姿,时隔不到一年,她的写作是'精心搭配,抹去痕迹',文中自有深意,这时候的她已是笔下生辉,惜墨如金。"

读了女儿的《画与声的余味》就如同在这残雪消融的季节里意外地收到一束玫瑰,抑制不住的怦然心动,感受到扑面而来的生机、灵动和想象,不得不由衷感叹:后生可畏。

她的文笔清新淡雅,暗送幽香,没有浓妆重抹,没有刻意雕琢,文字中透着青春少女幽默活泼。正如她点评唐寅不遇的《隐者不遇》中看到的是"行尽处,双鹤穿云过"的闲适悠然,对诗歌中"味"的理解为不限于唇齿之间,余味还可以通过画面与声音传递",运用通感的手法可以将"余味"比作"声音"余音绕梁,袅袅不绝。

图4-8 活动示例

3. 展示成果,树立培养信心的幸福

家长会也是传递幸福、传递守护的平台。家长会前,我专门布置教室,让班级的每一面墙会说话。后面的黑板报上,我安排班委贴上学生的"大作",有认真优秀的作业,有条理清晰的笔记,有独具匠心的艺术作品,有班级活动的照片……每一个学生都有作品在墙上熠熠生辉,这样的方式传递了我对每一个孩子个性的重视,传达了班级内部的多元评价模式,给家长以孩子为荣的理由。

（三）成就幸福的教师

1. 共带社团，享受日常陪伴的幸福

我班实行"任课老师社团指导制"，每位老师都会参与一个社团的管理和评价工作。每周开展一次社团活动，每位老师带约 20 名学生，活动期间老师全程陪伴。"任课老师社团指导制"保证了师生高质量的交流，很多老师也能常在社团中展示自己课外的特长，赢得学生更多的尊重和信赖，享受和学生亲近的幸福。

2. 共读书籍，享受心灵交流的幸福

心与心之间的交流、思想与思想之间的碰撞常常让人获得满足感，我班开展"师生共读一本书"活动，鼓励大家既读老师推荐的书，也为老师推荐书。学生们在我的书柜里借走过《月亮与六便士》《张爱玲小说集》《哈佛幸福课》等很多书，我也读过他们推荐的东野圭吾系列、紫金陈系列等。一起读书之后，师生交流的话题变多了，我们常常在课间有说不完的话，学生更懂老师的想法，老师也更懂孩子的心思。共读让师生获得更深刻持续的幸福感。

3. 创意成果，期待未来成就的幸福

所有的任课教师都是班级幸福共同体的一员，老师的幸福来源于学生的成长和进步，真正的感恩不是感谢付出，而是因为学生所获得的成长。每年教师节，我班任课老师都会收到一张特殊的"幸福教师心愿卡"，可以兑换一份与学科知识相关的创意礼物，比如用物理公式写的诗、在化学实验室做的心愿瓶、写在扇面上的藏头诗……任课老师们总会夸我班的孩子们有才，很喜欢给他们上课，孩子们在准备礼物的过程中也看到了知识的妙处，课堂表现更加积极了。

（案例作者：昌晶，南京师范大学附属中学）

[互动 6]

1. 您觉得上述案例在协同育人方面有哪些可取之处？

2. 在协同育人方面，您还有哪些建议？

从案例 4-9 中可以看出，昌老师是一位非常善于整合资源、协同育人的班主任。她从成就幸福的学生、成就幸福的家长、成就幸福的教师三个层面，聚焦当下的幸福和未来的幸福两个维度，很好地诠释了她创造幸福班级的实

施路径。内容翔实,操作具体,具有极强的借鉴性。

昌老师带班的成效不仅表现在她充分发动了学生、家长、任课老师的力量来共同育人,更关键的是昌老师让每一个群体都在育人的过程中得到了积极的成长,收获了幸福的感受,这是引导学生、家长和任课老师持续发力的核心原因。

每一个人都在共同育人的过程中得到了发展。学生发挥自我能动性,通过记录、体验和挑战,见证了自己的成长,从而引发持久的自我教育;家长在良好的亲子关系中,记录并欣喜于孩子的成长,从而明确自身角色的重要性,承担起家庭教育的责任;任课老师发挥自身学科特长,在社团中影响学生,在创意实践中感受到学生对自己的认同和喜爱,从而增强了专业发展能力和职业幸福感。正是这样的共同体价值让每一个与教育有关的个体和群体都更愿意投身教育,成为教育中的重要力量。

昌老师在协同育人的过程中,充分遵循了学生发展的规律,突出了体验式、过程性、可视化、多元发展的特点。昌老师鼓励每一个学生都有不一样的追求,她也将这样的教育理念融合在对家长的指导和对任课老师的配合中。这样的教育生态对高中阶段的学生尤其重要,这也是学生健康成长、全面发展的根本保障。

班主任做好协同育人工作,与任课老师、与家长、与社会同频共振,建立起全员育人的机制。协同育人的效果也会反作用于班主任,成为班主任工作的支持体系,让班级建设不再是班主任一个人的事。这是班主任育人实践的重要延展。

第六节　挖掘带班育人的辐射功能

刘老师是区域内名班主任工作室的核心成员,因为智慧带班、擅长实践,刘老师一直备受好评。近期,刘老师接到工作室的邀请,希望她通过网络直播的形式给大家做一个"我的带班方略"的讲座,刘老师欣然接受。

在准备讲座的过程中,刘老师不断追问自己:没有经过班主任专业知识的学习,很多时候自己都是凭着经验在带班,那自己的带班方略是否真正符合学生发展的客观规律？多年来，带班的出发点都是班级里的学生，有些曾经好的办法在另一个班级就不太适用，那自己的带班方略又是否对其他班主任的带班思路有参考价值呢？

想到这里，刘老师不禁对自己有了更高的要求。作为一名成熟的班主任，作为一名稍有影响力的班主任，刘老师必须深入思考带班育人的辐射价值。

班主任专业化发展的程度是班主任是否能保持教育热情、坚守教育初心、智慧地开展班主任工作的核心问题。在班主任日复一日、庞杂又具体的工作中，每一位班主任都有可能遇到瓶颈，这时更需要班主任理性地梳理工作思路，结合自身特点和学生成长规律形成一定的带班风格。而且，当这一风格能很好地遵循学生身心发展规律、满足时代发展需求时，班主任带班育人实践就具备了一定的借鉴与推广意义，可以让更多的同行在优秀班主任的带班实践经验中获得一些可学习、可复制的有效策略和方法。这就需要我们不断挖掘班主任带班育人方略的辐射功能。具有辐射和借鉴意义的带班育人实践一般有以下特征。

一、始终以学生终身发展为理念遵循

班主任工作是一项面向学生全面发展和终身发展的工作，是以人为本的教育，必须把培养人的可持续发展作为核心价值追求。班主任要关注学生良好行为习惯和道德品质的养成，先成人再成才，这是教育的本真追求。

受到现实评价的约束，不少班主任，特别是毕业班的班主任总会将育人眼光聚焦到分数上，只要学生成绩好，其他都不是问题；只要分数上不去，学生就没有了其他优点。这些想法只会让我们自己卷入对分数的追求中，丧失了育人的根本价值。

教育具有滞后性。有时候，班主任工作劳心劳力却收效甚微，但我们要相信，教育对于学生的影响可能在几年甚至几十年后才逐渐显现，这并不会否认班主任的付出，而恰恰体现出我们工作的意义。在促进学生社会化的过程中，班主任要拥有长远眼光。班主任应在教学生做人、教学生学习、教学生创新实践、教学生承担责任等方面多下功夫，并坚持不懈。

班主任要培养自己用发展的眼光看待学生问题的心态,多元评价学生的成长,总结规律,顺应教育的特点,提高自己的专业化水平,丰富自己的教育经验,从而探索出一条适合学生终身发展的带班之道。

二、坚持以研究反思为实践驱动

带班实践往往因人而异、因班而异,追求的结果是各美其美、美美与共。班主任在带班中的个性化做法非常多,执行的力度和效果也相差很大。有些教师照搬优秀班主任的经验,但因为和想象中的带班效果不一样而产生很大的失落感。因此,在学习他人经验的时候,我们首先要追问其做法背后的原因,是什么让这些做法积极地作用于学生和班级。

从上述角度看,班主任要有反思习惯与研究意识,不能还抱着"蜡炬成灰泪始干"的牺牲思想,而是要不断提炼自己的带班智慧,总结有效做法背后的学理知识,成果化地展示自己的带班实效。班主任还可以通过做德育课题、撰写论文和案例的方式来提升自己分析学生成长性问题的能力,找到解决问题的合理策略,适应新时代学生的特点,让自己朝着带班目标去实践带班行为。

此外,班主任还应努力从经验型走向研究型、科研型,让自己的带班智慧在更大层面被推广、被借鉴,形成班主任专业成长共同体。

┌─[互动 7]─────────────────────────────────┐

1. 如果您有机会向大家分享您的带班方略,您会选择什么内容进行分享?

2. 您觉得提升班主任研究意识,对带班实践有哪些好处?
└──┘

接下来让我们来阅读一篇案例,看看是否对您的带班实践有借鉴作用。

案例 4 - 10　　班级特色文化:五彩班本课程建设

[带班育人实践做法]

根据"行—知—行"的模式,结合我们班的班情,我为班级设置了一系列

"五彩班本课程"(如图4-9所示),力争让学生的成长之路清晰可见。

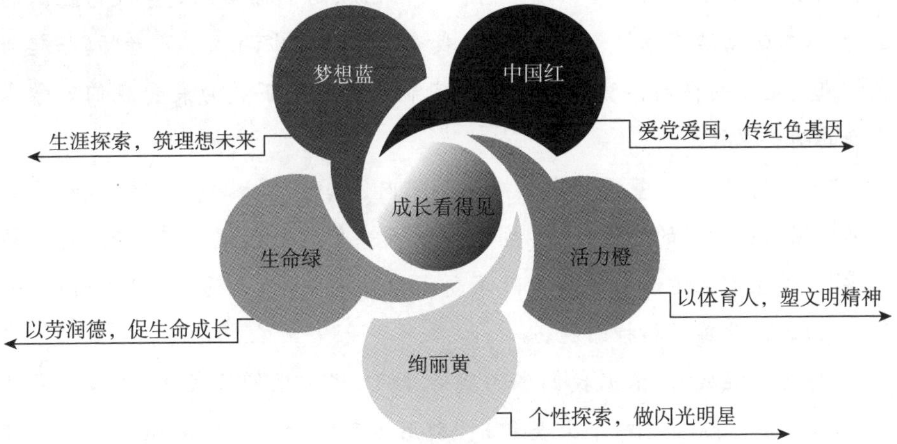

梦想蓝

中国红

生涯探索,筑理想未来

爱党爱国,传红色基因

成长看得见

生命绿

活力橙

以劳润德,促生命成长

以体育人,塑文明精神

绚丽黄

个性探索,做闪光明星

图4-9 个性探索,做闪光明星

(一)中国红——爱党爱国,传红色基因

根据《中小学生守则》第一条"爱党爱国爱人民"以及《新时代爱国主义教育实施纲要》的要求,将"红色"课程作为班级课程的中心,传承优秀的传统文化和革命文化,厚植学生的家国情怀,培养学生的理想信念。"中国红"为我们班增添了浓墨重彩的一页。

"五老微党课"。由班级学生自发组织分组,利用假期走访获得"光荣在党五十年"勋章的退休老教师,进行"人物微访谈",并拍摄视频。整理好资料后,利用班会课进行交流分享。

"校史第一课"。开学第一天参观校史馆,向学生们介绍我校发展的历史;带学生游览学校的标志性建筑,介绍它背后深刻隽永的意蕴。除了物质校史外,还有精神校史,如介绍校风、校训、校徽的由来,教学生们唱校歌等。

"特色乡土课"。依托学校具有乡土特色的课程基地和校本课程,研发有班级特色的班本课程。如利用家长资源,邀请学生的爷爷奶奶开展"方言大讲堂"等活动;利用社会资源,邀请民间手工艺者进班为学生们上一堂别具特色的"劳技课"等。

(二)活力橙——以体育人,塑文明精神

毛主席曾在《新青年》上发表了《体育之研究》,其精神内核就是——文明其精神，野蛮其体魄。我们班的"橙色"活力有很大的潜力，喜爱球类运动的学生很多，只是缺乏组织和活动平台。我自己在高中时候也是学校田径队的运动员，对运动情有独钟、信心满满。我咨询了我们班两位体育老师，一起为我们班制定了别样的体育课程。量身定制的课程一下成为最受我们班学生欢迎的明星课程。

"自由搏击操"。基于室内早操课和室内体育课都增加的情况，我和体育老师根据搏击运动的特点，为学生们创制了一套适合在室内锻炼的"自由搏击操"。学生们在运动的过程中既享受了运动的快乐，也通过"搏击精神"一扫心理压力，改善了精神面貌。

"球类大混战"。根据我们班的实际情况，将学生们按兴趣、特长分成足球、篮球、羽毛球、排球四个大类组别，利用体育活动课的时间组织班级内部进行球类比赛。最终的决战是"大混战"，即比各自不擅长的项目，比如，羽毛球组打篮球比赛，由篮球组的同学做裁判和教练；足球组打排球比赛，由排球组的同学做裁判和教练，以此类推。通过这样的方式既增强了学生间的互助协作，又锻炼了学生的抗挫能力。

（三）绚丽黄——个性探索，做闪光明星

我希望我们班每一个孩子都可以成为"夜空中最亮的星"，且独一无二。

"搭建张扬个性的平台"。利用教室门口的"电子班牌"这一动态文化阵地，展现学生风采。比如"微笑五班"笑脸征集活动，征集每个学生参与班级活动时笑容最灿烂的一张照片，并附上具有个性色彩的座右铭，滚动播放，并随时更新，让每一个学生在班级中既能找到自己存在的意义和价值，又能体现自己与众不同的特点。

"民主自治的班干团队"。坚持班团委干部民主选举，做好选前竞选演讲、选后就职演讲、任期内述职工作，在评价体系上更加注重个人评价，辅之以学生和老师的评价，并实行班团委干部"弹劾"制度，让每一个学生真正参与到班级管理中，并通过类似"小社会"的职业体验，挖掘学生个性特点。

"创建霍兰德六大学院"。开学的时候根据"霍兰德职业兴趣理论"，将学生分组后组成"六大学院"，并在每一个学院中选出一个"院长"，负责本"学院"学生的活动，利用体育活动课、校本课、班会课、实践课、社团活动等开展不同类型的、适合本"学院"特点的活动。如"研究型学院"的学生会在"院长"

的带领下去理科课程基地参观学习或者做实验。一个学期后会给学生进行第二次测试，对"学院"的分布进行微调，以适应学生的个性发展。

（四）生命绿——以劳润德，促生命成长

"绿色"不仅让人联想到茁壮成长的树苗、生命力顽强的小草，还让人联想到青青的菜园、绿油油的麦田，所以"绿色"既是生命的象征，也是劳动的象征。以劳动教育入手对学生进行生命教育，更加形象具体。

"班级包干田"。依托学校的"生生农场"劳动基地，认领班级包干田，全班投票选择班级种植的农作物，并由劳动委员安排劳动耕作表，每天午饭后到农场进行劳动耕作，松土、播种、浇水、施肥、除草、丰收，每一个孩子都能在这个过程中感悟劳动的快乐，享受劳动的果实，见证生命的成长。

"志愿者活动"。除了班级内部的劳动服务外，定期参加学校的志愿者服务，如包干区清扫、图书馆分书等。另外，还定期和红十字会以及蓝天救援队形成联动，组织学生利用节假日走上社会进行"造血干细胞"和"紧急救援"宣传志愿者服务。

"卫生小分队"。由班团委干部负责，全班同学轮流执勤，组建"卫生小分队"，负责班级日常打扫、通风等工作，通过注重清洁、卫生来强化学生的生命意识。

（五）梦想蓝——生涯探索，筑理想未来

未来是宽阔的海洋，是广阔的天空，"蔚蓝"即"未来"，所以梦想的颜色一定是"蓝色"。而高中阶段的学生正经历生涯探索期，这时候对他们来说，正确方向的引领、专业的指导方法尤为重要。

"生涯之美宣讲台"。一是在不同学段开展不同主题的"生涯班会"，如高三的时候，开展以"志愿填报"为主题的班会活动，就大学与专业信息探索、志愿选择等方面对学生进行专门辅导。二是以优秀校友资源为纽带，开展"校友讲堂活动"，邀请优秀的在校大学生校友回母校进行宣讲，帮助学生了解高校专业，作出正确的升学路径选择。三是充分挖掘班级中不同行业家长身上的生涯资源，开展家长"职业讲坛活动"，邀请不同行业家长走上讲台，分享各自从业经历，向学生展示多彩职业世界，帮助学生获得直观的职业体验。

"生涯探索实践课"。一是利用寒暑假，以研究性学习的形式，指导学生进行生涯探索与学习，如"生涯人物访谈活动"，我事先提供生涯人物访谈提纲，指导学生根据自己感兴趣的理想职业，寻找相应的生涯人物进行访谈，深入了解职业的特点及要求等。二是让学生根据之前"六大学院"的方向选择适合自己的暑期社会实践项目进行体验。多样化的生涯实践体验,不仅为学生科学认识专业、认识职业提供有利条件,而且为学生生涯的个性化发展提供更多可能。

(案例作者:丁一可,江苏省常熟市中学)

[互动 8]

1. 对您而言,上述案例中有哪些可借鉴之处?

2. 您还有哪些建议?

案例 4-10 给我们最直观的感受是丁老师始终在遵循教育规律,一切策略的背后都有理论依据,并且用符合学生年龄特点的方式转化为具体的项目活动,将多元化培养注入学生成长的全过程。

在丁老师的实践中,她有意识地遵循学生品德发展的结构,从"行—知—行"的模式出发,充分分析班情,有创意地设置了一系列"五彩班本课程",带班目标和带班途径清晰。

中学生正值青春年华,又处在价值观形成的关键期,需要通过大量体验式活动引导其分析和选择,形成自己的认知和行为方式。"五彩"很形象地反映出中学生生活的多姿多彩,让学生在灵动、鲜活的班级生活中成长,而不是陷入对分数的盲目追求中。

丁老师带班实践的内容关注了学生全面发展和终身发展的需求,从思想道德建设、爱国主义情怀、劳动教育、运动与健康、个性发展、理想信念教育和生涯规划等内容出发,明确培养什么样的中学生,为什么要培养这样的中学生,这就是合理地制定带班目标,并通过系列化的实践活动,落实在班级发展过程中。丁老师赋予每一种素养以色彩和内涵,有助于学生更好地理解其重要性,从而主动参与其中。

丁老师做法的可借鉴性还体现在她创建的班本课程中。从目标的维度,综合了长期和近期的目标设置;从内容的维度,有校内学习和校外实践的结合;从主体的维度,有学生个体和群体的相互作用;从时间的维度,兼顾了校内学期和假期。因此,丁老师的带班经验可以在一定程度上"移植"到同类型的班级群体中。

需要强调的是,带班实践永远是一个动态变化的过程。班主任既要紧紧围绕目标,具体执行,把握方向,也要在实践中,根据学生和班级整体的情况进行灵活调整,不断评价带班的有效性,强化协同育人,提高带班的科学性,让带班育人实践不断延展。

挖掘带班育人的辐射价值,就是在做班主任工作的教育科研,推广的是德育教研成果。这是当前教育教学改革的需要,也是落实立德树人根本任务的强大动力。通过实践推广运用,有利于促进班主任专业发展、推动班集体建设、提高育人效果,形成运用成果、评价成果的教研氛围,在班主任交往圈里形成积极的工作样态,达成育人育己的教育追求。

带班育人实践的延展意味着教育是在变化中发展的,是理想与现实的实践统一。班主任整合教育资源,争取协同育人的力量,让教育不仅发生在班级里,而且在更多的时间和更广的空间里真正做到在真实情境中促成学生全面、全程、终身的发展。班主任总结带班成功的经验,找到背后的原因和支撑,让班级德育工作在科学性、专业性上有进一步的提升,从而促进带班实践的迁移和普及。

典型案例

案例 4-11　　　　促生班级成长型内生动能的实践做法

班级育人共同体、家校社共育生态群在儿童成长的过程中都有着至关重要的作用。要涵育儿童个体的成长型内生动能,就必须为班级共同体、家校社共育生态群输入促进持续成长的生命力。因此,我通过"共育一粒种""共栽一片林""共耕一亩田"三维场域的多维能效通道共同涵育儿童个体、班级共同体、家校社共育生态群的成长型内生动能。

(一)共育一粒种,唤醒心能量

成长内生动能的觉醒是学生开始成长的重要因素。缺乏内生动能的孩子就像一辆没了发动机的汽车,只能任由老师、家长推着走,推一推,动一动;不推就原地不动;遇到上坡路更是不进反退。基于班情分析,我们班的孩子自我发展意识不足,常规班级管理措施很难唤醒其成长内生动能。因此,我在班级内开始实施"种子计划",借用看得见的生命变化,启发学生思考:种子的成长不仅要依靠外在环境,更要依靠自身的内在力量,人也是如此。

1. 共育一颗"心"种,催动自我拔节

(1)选一位"种子伙伴",见不同风光。

结合我校"二十四节气"课程,在科学老师的专业指导下,学生经前期调查研究,自主选择适宜的种子,并为种子赋码,让每颗种子拥有自己的"身份证",作为自己的种子成长小伙伴。

通过选择"成长伙伴"、设计"种子身份证"两个活动,启发学生:首先,不同的种子破土于不同的季节,展现出不同的风采,正如不同学生的优秀,展露于不同学段;其次,无论哪一粒种子,首先需要自己积蓄力量,努力向上破土,才有机会见识广阔天地,人也是如此。

(2)护一段成长历程,明责任担当。

学生播下种子后,我引导学生制定"种子伙伴"成长的呵护方案。学生通过查阅"种子伙伴"的生长特点和养护方法,制定了包括"每天日照的时间、强度""每次浇水的量、间隔时间""松土、施肥的注意点"等在内的详细的"种子呵护方案"。

在精心呵护"种子伙伴"成长的过程中,学生充分感受到生命的成长需要遵循一定的规律,不仅需要外在适宜的环境条件,更需要自身蓬勃向上的生长力。学生在与种子共同成长的每一天中,见证了每个生命个体的独特性,明白了"一分耕耘、一分收获"的真谛,懂得了责任与担当,也感受着"种子伙伴"不断成长的喜悦!

2. 共筑"种子精神",驱动文化育人力量

(1)扮靓"种子乐园",以无声力量浸润生命

一粒种子的成长需要适宜的环境,人的成长更是如此。一间美好的教室就是"种子班"49颗小种子们成长的乐园。因此,我根据"生命育人"理念,结合节气课程,让学生每月自主设计、装修"种子乐园"。学生在自主扮靓"种子乐园"的过程中,不仅锻炼了团队合作能力,培养美感,也增强了班级归属感,更在日复一日的环境熏陶中不断唤醒学生对生活、对生命的热情,以无声力量浸润生命成长。

在我们的"种子乐园"(美好教室)中,还有许多丰富多彩的"种子小阵

地",既是教育的小场域,又是童真世界的小乐园。"种子小阵地"由学生根据群体需求自主研发、设计,从小阵地的名称到小阵地的功能、使用方法都由学生自主策划。每个月我们还会评比班级"最受欢迎种子小阵地",给设计小队颁奖。像"点亮光盘""情绪特工队""今天你运动了吗"等都是长期占据人气榜榜首的热门小阵地。

我着力营造班级环境的内生氛围,将教室打造为真正属于孩子们自己的成长乐园,使学生在"种子乐园"中感受到尊重,得到发展,获得成就。

(2)建设"种子文化",以无形力量鼓舞成长。

制定班级名片、班级公约,是一次重要的学生自我教育,也是增强班集体核心凝聚力的重要活动。在我的引导下,学生结合自身发展目标和班级理念,交流讨论、投票选举,最终确定了我们班的班级名片和班级公约,作为外显于形的班级文化象征,源源不断地为班级内49个"小种子"打造适宜的班级生长软环境。

(3)创建"种子联盟",共建自治生长场域。

学生对成长的"麻木感",很多时候来源于他们在集体生活中缺少"成就感"。因此,我们创建了全条线的"小种子联盟"(如图4-10所示)。"小种子联盟"主要由每天的轮值小盟主及各服务部门组成。49名学生,49个岗位,事事有人管,时时有人管。人人有岗位,人人有担当。每天的夕会课,当天的值日盟主、学习委员、劳动委员、生活委员等都会汇报班级一天的情况,并为爱岗敬业的学生点赞。同时,我们的"小种子联盟"岗位也不是一成不变的,每个月都有轮岗、竞聘、创设新岗位的机会。孩子们可以根据自己的特长爱好,选择适合自己的岗位。"小种子联盟"培养面涵盖全体学生,引导学生看到自身的成长优势,提升了学生参与班级管理的热情,唤醒了学生的班级主人翁意识,使得学生在岗位上有责任、有担当、有奉献、有成长,共建自治生长场域。

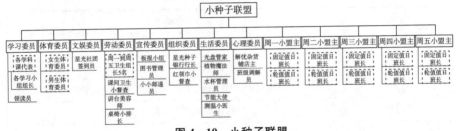

图4-10 小种子联盟

（二）共栽一片林，赋能星成长

心理学家认为，自我提高内生力是一种通过自身努力，胜任一定的工作，取得一定的成就，从而赢得一定社会地位的需要。不同于认知内生力，自我提高内生力的指向更偏向在伙伴群体中获得。因此，通过"认养一片林""独木不成林"等活动，为每一个"种子儿童"的适性扬才搭建平台，唤醒自我提高内生力。同时，通过集体活动获得的自我提高内生力又能让"种子儿童"认识到"独木不成林"的道理，从而涵育班级共同体的成长型内生动能。

1. 认养一片林，同培共育担责任

依托我校"认养一片林"特色活动，将其作为班级长线活动，班级内以小队为单位，8 个小队自主竞标签约，通过富有仪式感的取名挂牌、成长签约仪式分别认养了 8 棵树。经过一个学期的精心养林，学期末，学生们会投票评选出"明星树"，评选最佳风采奖。

在认养小树的过程中，学生不仅学会了和小伙伴一起在集体活动中增强责任担当，涵育班级共同体的成长型内生动能；还能在满满的仪式感中，收获被认可的满足感，从而提高自我和提高内生力。

2. 独木不成林，同心同行展风采

自我提高内生力源自群体，它要求教育者不仅要重视学生在群体实践活动中的参与，同时也要重视学生在群体话语权中的展示，教师要为学生搭建在同伴中赢得认可的舞台。除了"认养一片林"这一特色长线活动，我还设计了"独木不成林"班本化系列活动，为"种子儿童"的适性扬才搭建平台，涵育其自我提高内生力的同时，亦涵育班级共同体的成长型内生动能。

以下以五年级下学期为例（见表 4 - 5），呈现"独木不成林"班本化系列活动计划。

表 4 - 5　"独木不成林"班本化系列活动计划（五年级下学期）

时间	活动
2 月	小种子进社区，小种子"慧"劳动
3 月	"护林宣讲坛"，种子小健将
4 月	"小种子读经典"课本剧展演，种子小创客
5 月	护林小课题汇报，种子艺术家

续表

时间	活动
6 月	护林爱心义卖，"明星树"评选，"种子儿童"评选
7 月	寻访种子榜样，小种子"慧"播报
8 月	跟着课本去旅行，小种子"慧"实践

如"护林宣讲坛"活动，我们班在认养林中搭建了"护林宣讲坛"，让孩子们自信地登上讲坛为全校师生讲述育种、养树、护林知识及研究性学习中的经历、感悟，坚持把"小讲坛"作出"大文化"，让学生在分享中进一步感悟"一花独放不是春，百花齐放春满园"的内涵，增强班级凝聚力的同时，亦增强学生的自信心，以持续性的正向输出、反馈不断提高学生的内生力。

在"小种子读经典"课本剧展演活动中，我们班创新性地排演了一场每个人都是主角的《大闹天宫》舞台剧。49 名学生，49 名主角，各美其美又能形成一个共荣的整体。

结合学校"六一"跳蚤市场活动，我将其班本化为"护林爱心义卖"活动。活动中 49 位"小种子"化身为义卖合伙人，成立了 6 个义卖小摊位，每个小摊位分别由摊主、财务、销售、企划等岗位组成。学生根据自己的兴趣特长自主申报、合作经营。学生在活动中明白每一个岗位都具有其独特性、都很重要，需要大家团结共荣，才能各美其美，又美美与共。我们班级的摊位也成为当天活动中最亮眼的一道风景。

（三）共耕一亩田，互联馨家园

附属内生力是指个人为了保持长者或权威者的赞许或认可，而表现出来的一种把学习或工作做好的需要。学生为了赢得家长或教师的认可或赞许而努力向上的需要，就是学生的附属内生力。因此，我以"共耕一亩田"为桥梁，让家长在共知共认中看到每个儿童都有属于他自己的独特的成长路径。在群体发现的过程中形成家校社合力，帮助每个儿童成为独特而更好的自己，共建成长型的家校社共育生态群。

1. 认领一亩田，亲子共耕乐融融

依托我校"360 农耕基地"，我班开展了"认领一亩田，亲子共耕乐融融"特色活动，打破课堂界限，贯通学校内外，串联理论实践，践行家校社共育。在我们的"360 农耕基地"，每个家庭认领一亩责任田，家庭与家庭也可组合成为合伙人,共耕共育,以合作、竞赛的形式为孩子的附属内生力赋能。

2. 感悟田园乐,沉浸体验趣多多

我们班众多家长面对孩子升入高年级后的变化束手无策,有心教育却又不得其法,不知道如何与孩子沟通。为此,我们班在田间地头开展了沉浸式"种子共育家长课堂",用"班级团建"的方式,以农耕活动为引子,共筑家校社共育场。通过共育沙龙、烹享智慧、职业体验等形式,与家长形成共知共认:孩子成长犹如万物生长,有其独特性,亦有其自己的成长节律。家长要做的,就是与学校形成教育合力,让每一个生命实现最优发展。

3. 分享幸福果,收获成长喜盈盈

在"360农耕基地",以家庭为单位,亲子共耕,体验春耕秋收,分享种植成果。成熟后的蔬果,一部分成为美味佳肴,一部分制成植物香包出售,售卖金额则作为"种子基金"用于公益捐款。孩子们在收获种植成果时,也收获了成长;在分享种植成果时,也分享了成长的快乐。分享幸福果的过程中,学生得到了来自家长、老师的认可,大大增强了他们的附属内生力。同时,我们的家长也在亲子共耕、"种子共育"家长课堂、"种子"爱心义卖等活动中收获了成长,共建了成长型的家校社共育生态群。

(案例作者:于洁,常州市武进区星辰实验学校)

第五章

带班育人的特色与成效

内容概要

带班育人是班主任融合时代需求、学段特点、学情特征、个人风格等因素,在班集体建设过程中开展的富有创造力、极具个性化的工作。带班育人的情境是复杂的,实践过程是开放的。班主任根据具体情境进行合理选择、科学决策,在为学生提供适当、适宜、适切的发展空间的进程中,努力探索,积极思考,逐渐形成满足时代育人需求、符合学生发展规律的带班育人特色,这不仅是对班主任带班育人实践的总结提升,更是为每一位学生成长奠基,而且有利于形成具有时代感与生命力的带班育人特色。本章将重点剖析带班育人特色的形成与成效的评价这两个带班育人方略中必不可少的要素。

核心问题

◇ 班主任的带班育人特色一般有哪些特征?

◇ 带班育人特色对班主任工作有什么意义和价值?

◇ 班主任如何形成科学而鲜明的带班育人特色?

◇ 班主任的带班育人成效应如何评价?

情境再现

小李老师入职不久，服从学校工作安排，走上了班主任工作岗位。为了帮助新班主任更好、更快地适应工作，学校开展了"青蓝工程"师徒结对活动，王老师成了小李老师的德育师父。王老师是学校班主任队伍的骨干，带班育人很有特色，所带班级无论是学生个体还是集体风貌都是学校的标杆，受到各方面好评。

小李老师很钦佩王老师的带班能力，经常向王老师请教，王老师也毫无保留地将自己的经验和做法分享给小李。小李老师按照王老师的进班节奏进行班级管理：只要王老师进班管理，小李老师也进班管理；看到王老师找个别学生交流，小李老师也会找个别学生交流；王老师在班级开展活动，小李老师也会在班级同步进行……半学期下来，王老师班级收获颇丰且特色显著；但是小李老师的班级却出现了好几个"捣蛋王"，其他任课教师对班级纪律很头疼，家长中也出现了质疑的声音，甚至有家长在小群纷纷吐槽：班级活动乱七八糟，孩子学习成绩越来越差……

小李老师陷入困惑：为什么我按照师父的方法却不能管理好自己的班级呢？明明班级活动很有特色，家长却不能认同？到底该怎么办？

┌─[互动1]─
1. 您认为小李老师在班级开展的"特色活动"有特色吗？为什么？
2. 您认为王老师的带班经验适用于小李老师的班级吗？
3. 阅读完本节之后，请您给迷茫的小李老师提供一些建议。

情境中的小李老师态度勤奋端正、积极肯学，具有一名新手班主任的必备素养。但小李老师和王老师做事风格迥异，性格特点、个性专长也各不相同，两人所带班级的学生更是千差万别，小李老师没有从自身和班情出发，而是单纯模仿、简单照搬师父的做法，不仅无法因地制宜地适应本班发展，更难应对本班学生的具体问题，自然无法得到家长的认同。小李老师应在学习王老师的基础上，立足自身特点，结合本班学情，研究学生，探索新路，及时反思带班育人过程中的得失，在不断的反思与沉淀中逐渐清晰育人主线，从而形成适合本班学生的带班育人特色。

第一节　有效打造带班育人特色

一、带班育人特色的共性特征

带班育人特色是班主任在其所在的班集体建设实践中,通过摸索与积累,渐趋形成的一种特有的带班育人风格,尽管不同班级、不同班主任呈现出的带班育人特色不尽相同,但从班级育人的实践功能看,带班育人特色一般都具备以下几个共性特征。

(一)符合我国国情需要

党的十八大以来,习近平总书记围绕"培养社会主义建设者和接班人"作出了一系列重要论述,深刻回答了"培养什么人、怎样培养人、为谁培养人"这一根本性问题。2019 年 3 月,习近平总书记在学校思想政治理论课教师座谈会上进一步强调,我们党立志于中华民族千秋伟业,必须培养一代又一代拥护中国共产党领导和我国社会主义制度、立志为中国特色社会主义事业奋斗终生的人才。班主任工作制度是我国教育的一种成功模式,中小学班主任的带班育人工作也是基于这样的国情底色,无论最终形成何种个性特色,始终都应紧紧围绕这样的底色开展,为中国特色社会主义事业培养合格建设者和可靠接班人。

(二)符合学生成长规律

学校是培养人的地方,我们培养的每一个学生无论将来做什么,成就大小,他首先必须是个身心健康的人。中小学阶段在儿童成长的过程中占据着重要比重,需要精心引导和培养。教育中的一切都以教育者的人格为基础,班主任作为学生在校期间的长时间相处者,其一言一行都对学生起着相应的影响,用自己的人格影响着学生的人格。班主任要引导学生树立正确的世界观、人生观、价值观,具有健康的状态和面貌,会学习有智慧,会生存能独立,激发学生更好地实践自我教育。

（三）基于长期实践检验

《中小学班主任工作规定》中指出，班主任"聘期由学校确定，担任一个班级的班主任时间一般应连续一学年以上"。可见，班主任带班育人是一个持续的过程，班集体的建立、班级凝聚力的形成需要一定的时间积累。一个班级在建立初期，也许就会呈现集体的个性特点，但只有经过检验的特点才能最终成为集体的特色。有些班主任带班也许特点显著，但是长效来看并不能很好地作用于班级的发展，那么，这样的特点并不能简单定义其为带班育人有特色。

（四）经历不断调整完善

每个班级在建立初期，都面临班级成员之间的磨合。只有班级成员之间经过磨合和理解，达成了价值认同，班集体才能逐渐形成。同时，一个班集体在不同阶段都会面临新的挑战与考验，学生个体在不同的年龄阶段身心特点也会有不同体现，因此，班主任带班育人是一个不断迎接挑战的过程。有鉴于此，班级管理、育人工作的相关策略方法都需要根据新状况而作出相应的调整，一成不变的工作方式将很难满足班集体的长远发展。

二、带班育人特色的重要意义

学生的道德发展不是被教会的，而是在各种鲜活生动的实践体验中，通过环境的暗示、示范和引导自主建构的。美国心理学家芮伯（Arthur Reber）首次提出了"内隐学习"的概念，他认为人们学习复杂任务时有两种模式：一种是人们所熟悉的外显学习模式，另一种是内隐学习模式。学生道德发展的环境，很大程度上就是由班主任的带班育人工作提供的。特色化的带班更容易为学生提供丰富的学习模式，包括重要的内因学习模式，特色班级文化带给学生的影响是非常大的。我们可以从以下几方面了解班主任带班育人特色的重要意义。

（一）有利于满足学生个性化发展的需求

法国社会学家杜尔凯姆（Durkheim）认为，"教育就是系统地将年轻一代社会化"。他指出,教育最基本的功能是把人从个体人转化为社会人,通过这个过程把儿童与社会联系起来。而班级的存在,就为学生的社会化提供了一个场域,它是学生社会化的重要场所。不可否认,班级授课制发挥着重要的育人功能,但也存在弊端,例如,不利于最大限度地发挥"因材施教",不利于将学生个性发展最大化……如果各地各校各学段班主任带班育人千篇一律,学校无异于"工厂",培育出的学生也无异于流水线上生产的"产品",这是违背教育规律的,也有悖于人的发展规律。每个人的智力都有独特的表现方式,每一种智力又有多种表现方式,根据以上不同种类智能的特性化组成模式,它们构成一个个不同而又丰富生动的个体,所以我们很难找到一个适用于任何人的统一的教育方法或者评价模式。因此,只有班主任积极思考,创生出自己的带班特色,尽己所能关照到班级每个学生的擅长领域,从而让每个学生都能拥有属于自己的一片天地。

(二)有利于创生更为丰富的班级文化

我国历来重视"以文化人"。当今时代我们更应重视和提倡文化,努力用中华民族创造的一切精神财富来以文化人、以文育人,真正让民族文化落地生根,让每一位中华儿女自觉肩负起延续中华民族文化血脉的使命。教育者的使命是为中国特色社会主义事业培养合格建设者和可靠接班人。而班主任带班育人方式的实践,必然要通过班级这个重要德育场域来实现。《中小学德育工作指南》中明确指出文化育人的重要意义。文化育人落实在班级层面,则需要"建设班级文化,鼓励学生自主设计班名、班训、班歌、班徽、班级口号等,增强班级凝聚力",班主任带班育人特色的一个重要体现便是班级文化的呈现。将带班育人特色贯穿在班级文化建设的过程中,形成集体的标识,让班级的存在更富有文化的底蕴,进而濡染人心。现实生活中,我们已经接触到"书香班级""活力班级""博爱班级"等丰富多彩的特色班级文化,不但以物质的外在呈现方式影响和感染个体的成长,更在观念、精神等内在层面带给学生深远影响,逐步引导学生实现自我教育。

(三)有利于激发班级成员的集体认同感

班主任的带班特色不是只属于其自身的"一言堂",而是在集体成员融合的过程中沉淀形成的。形成特色的过程有助于拓展学生展示自我的平台，助力学生的价值观形成。学生在班级中的品德成长，本质上是一种价值学习的过程。区别于一般的学科学习，其学习的方式是不一样的。对于知识性的学习，教育实践已经总结出很多行之有效的成功做法。但是对于价值学习的过程，还需要更多的探索与研究。特色带班会在更大程度上考量班级学生的学情特征，事实上，当下的中小学生群体中青少年文化丰富繁多，价值多元化非常明显。班主任直面班级中多元化、复杂化的这一文化现象，通过不断完善自己的带班特色，能够更好地增强班级学生的价值认同。班主任作为重要他人，需要对青少年进行引导，促使他们在多元价值中作出恰当的选择。加拿大教育学家克里夫·贝克(Clive Beck)认为，价值根植于人性本身。在终极价值方面，例如自由、幸福等，人们是具有共同性的。但是价值教育的过程不是灌输，而是要创造符合学生实际情况的条件，使得学生主动养成好的品德。班主任特色带班能够更好地发挥出这一特性，以更多的途径和方式去实现集体成员的价值认同，这样的过程会高度激发班级成员的集体认同感。

（四）有利于提高班主任专业化发展水平

班主任岗位是一个对各方面素养都要求较高的专业性岗位，这就意味着在教育实践中，并不是所有的教师都能胜任这个岗位。近年来，各地非常重视班主任专业化发展，各级培训、学习等平台不断完善，为班主任群体的专业提升提供了很多有利条件。除此之外，班主任自主发展内驱力也尤为重要，而提炼带班育人特色，恰恰是每一个班主任个体自主成长的表现。提炼带班育人特色的过程，一方面，势必会促发班主任对教育学理论等专业知识进行自主学习，为自身带班育人实践找到切实可用的理论支持，在把握教育规律的过程中完善自己，进一步提升带班育人能力；另一方面，"实践是检验真理的唯一标准"，通过带班实践和与班级学生共同学习成长，也将进一步提高班主任带班育人的实践水平。更为重要的是，在反思中汲取发展的动力，总结经验教训，提炼成功的智慧，亦将大大提升班主任的专业化发展水平。

　　所需的信仰不能硬灌进去;所需的态度不能粘贴上去。但是个人生存的特定的生活条件,引导他看到和感觉到一件东西,而不是另一件东西;它引导他制订一定的计划以便和别人成功地共同行动;它强化某些信仰而弱化另一些信仰作为赢得他人赞同的一个条件。所以,生活条件在他身上逐渐产生某种行为系统,某种行动的倾向。

　　——选自[美]约翰·杜威.民主主义与教育[M].陶志琼,译.北京:中国轻工业出版社,2015.

三、带班育人特色形成的两大路径

　　据调查,中小学学校里能够主动思考并提炼自身带班育人特色的班主任并不多,很多情况下,班主任只是被动完成学校德育部门布置的相关工作。班主任带班育人缺乏特色是较为普遍的现实,原因主要如下:客观层面,班主任的工作节奏快、工作内容多,缺乏思考的空间和时间;主观层面,班主任因职业倦怠导致的主观意愿偏低、因缺乏学习动力导致的专业能力不强等,都成为班主任形成带班育人特色的掣肘。班主任若想突破瓶颈、改变现状,应将形成带班育人特色作为自己的应然使命,其关键还是要从自身做起,不妨从以下两大路径着手。

(一)坚定信念,增强研究"惯性力"

　　"班主任专业发展是班主任对本职工作的热爱与追求。从本质意义上讲,班主任的专业化成长是一种自主建构和自我发展。班主任对自己所从事的工作有了理性的认识,对工作充满了自信与热情,把工作当作事业来做,才会主动利用外在条件,激发内在动力,自觉自愿地去学习、实践、反思、提高,努力优化班主任工作的实践品质,提升班主任的专业水准。"[①]这种自主发展的内在动力离不开班主任自身的教育信念,班主任应坚定将自己的班级带出

---

① 齐学红,黄正平.班主任的专业基本功[M].4版.南京:南京师范大学出版社,2021.

特色的信念,努力为学生的成长创造更为丰富生动的环境。一旦坚定"特色带班"的信念,班主任便会投入积极主动的学习和思考中。班主任不妨从以下四个方面增强研究行动力。

1. 永葆终身学习的热情

知识是学习的产物。班主任的带班特色不是班主任带班经验的机械积累,它需要班主任在经验的基础上进行选择和甄别。随着现代社会的高速发展,我们的教育环境、教育对象都发生着日新月异的变化,这就需要班主任自身提高适应变化的能力,不断补充和积累更为新鲜和专业的理论知识,用以保持我们的带班节奏。保持学习的态度,是完善知识体系更新的保障,也是坚定自身带班特色信念的认知条件。

2. 满怀不断探索的激情

人类的文明发展有赖于对于未知的不断探索。教育工作者正是向着未来培养人。相较于我们已知的领域而言,教育工作还有很多有待开发的领域,如曾经无法想象的线上教学、线上沟通现在已经成为教育生活中不可或缺的 方面,甚至涌现了很多出色的线上教育管理方法,成为班主任带班育人的一种显著特色。这便是一个探索的过程。未知领域的不确定性,时代发展的快速变化都提醒我们每一位班主任在思考带班育人特色的过程中要勇于保持积极探索的精神品质。

3. 养成主动反思的习惯

带班育人特色的形成能力不是班主任与生俱来的,也不是集体天然生成的,而是班主任在日积月累的带班实践中逐步形成和发展起来的。除了学习理论知识之外,不断的实践也是筑牢信念的基础,而班主任的反思成果将直接作用于带班实践。从知识与实践中的双重作用下提取特色,再作用于实践,在反思中验证,在验证中反思,才能捕捉到特色的精髓。伴随着这种密切的联系,享受到反思带给自己的正向作用力,逐步加强对带班工作的热爱,会进一步强化特色带班的信念力。这样的信念力充满了理性的魅力,同时也充满了情意要素,能够为班主任不断增强自己的带班育人能力提供强大动力。

4. 保持及时记录的恒心

表达能力是班主任基本功中非常重要的一个素养。流利的口头表达能力能够提高班主任的人际沟通魅力,同时较强的书面表达能力也是班主任带班育人策略提升的硬实力。很多一线班主任在提炼带班特色的过程中遇到了层层困难,很多时候并不是因为无"料"可谈,而是书面表达能力欠佳。善于记录,包括对于带班育人过程中的故事撰写、案例分析、感悟反思等都是策略方法的来源。保持记录的习惯,一方面能够及时积累素材,另一方面也能促使班主任及时反思,助推班主任的带班育人特色提炼。

(二)拓宽思路,挖掘多维"特色源"

1. 从带班理念中挖掘特色

每位班主任在带班育人的过程中都会发挥教育规律的引导功能。所谓"和而不同",也适用于丰富多彩的带班特色。特色是五彩斑斓的,然而背后的教育规律需要大家共同遵守。每位班主任都应该坚持育人为本的目标导向,关注人的发展,培养学生健全独立的人格。经过历史与实践检验的专业理论是我们日常带班实践中必不可少的理念基础。因此,在专业理念基础之上,结合班情特色,形成自己的特色带班理念,是特色带班的前提与基础。

案例 5-1   特色带班理念的形成

1. 习惯入手,助力养成教育

我国著名教育家叶圣陶先生说过:"什么是教育?简单一句话,就是要养成习惯。""养成教育"也正是培养学生良好的行为习惯、语言习惯和思维习惯的教育。因此,在指导孩子进行"伙伴团"学习的过程中,我有意识地从习惯培养开始。

2. 情感联结,渗透关怀教育

关怀,强调人与人之间的关系和情感的联系。诺丁斯曾提出关怀教育的四个方法,即榜样、对话、实践和认可。于是,我在实施"伙伴团"课程时,会用我的赞美让学生感到被"关怀";会给予充分的空间让伙伴之间进行对话;我会主动认可他们的言行,让他们在被肯定之后更加坚定力量,促进学生公民社会道德感的发展。

3. 实践体验,扎根劳动教育

幸福来源于劳动,学校教育的重要使命之一就是要使学生理解和领悟到一个人获得的生活和文化的财富是与他参加的劳动有直接关系的。在种植相关课程中,我因势利导地开展校园劳动,让学生在亲身实践和体验中提高劳动素养,让劳动教育成为激发孩子学习动机、巩固学习成果的重要渠道。

(案例作者:秦君妍,常州市武进区湖塘桥第三实验小学)

在案例5-1中,作者借助经典的教育理念,结合班情从实践可行性出发,思考并提炼出自己的带班特色:以习惯培养落实养成教育,以情感联结探索关怀教育的途径,以实践体验丰富劳动教育的内涵。有了科学的教育规律的引导,加上自身的探索与实践,自然容易生发鲜明的带班特色。

2. 从自身风格中挖掘特色

李镇西老师在《怎样当好班主任》一文中这样说道:"你简单地套用方法是不对的。教育智慧,就是不要重复别人,而要体现自己的教育个性,甚至我们自己过去的方法,也不宜简单地重复使用。对这个学生有用的,用在第二个学生身上却不一定管用,必须针对不同学生的个性因材施教。"事实证明,在纷繁的带班特色中,有一抹独特的亮色就是班主任根据班情"定制"的。有的班主任具有学科任教的影响优势,有的班主任有自己的特长优势,有的班主任有自己的人格优势……这些都可以成为我们挖掘自己带班特色的一个渠道。每一位班主任都可以拥有与他人不同的带班特色。

案例5-2　　　　　　　　　　**价值观引领**

"历史等课要利用课程中传统文化、历史地理常识等丰富的思想道德教育因素,潜移默化地对学生进行世界观、人生观和价值观的引导",这是《中小学德育工作指南》中对高中德育价值观引领的明确要求。作为一名执教历史学科的班主任,以"自觉觉人"精神开展"学科育人"和"文化润心"活动,形成班级师生共同的价值追求,可更深沉、更持久地引领学生健康全面成长。

(案例作者:张彪,江阴市华士高级中学)

案例5-2中,作者在带班育人工作中融入自身的教学学科特色。历史学科中的传统文化知识、历史地理常识等丰富的思想道德教育因素都可以成为特色带班的出发点,进而形成"自觉觉人"的价值观引领特色。

3. 从带班策略中挖掘总结

班主任的班级管理工作是多维度的,有班级常规管理的各项细节,有学生行为规范养成的各项内容,有班级文化建设的具体实施,有面向全体学生的发展性评价,等等。任何一个环节都可以形成带班特色。有的班主任悉心探究学生自主管理的模式,形成自己带班的特色;有的班主任创建具备文化熏陶力的班级文化,形成自己带班的特色;有的班主任在学生的评价维度上作出探索,建立了各种多元化评价模式。这些管理方法的个性化施展,都是班主任带班特色中不可或缺的一部分。

案例 5 - 3   **立体化的德育评价体系**

遵循系统的、发展的、合作的教育逻辑,形成三年育人过程中各要素的平衡,构建立体化的德育评价体系。在班集体建设中,依托学校德育整体工作,家校共育,全员参与,将社会实践纳入多重评价指标;通过自评、师评、互评、校评等各种形式进行综合评估。

(案例作者:赵思曦,南京外国语学校)

案例 5 - 4   **"书信"建班特色**

在网络高度发达导致手写书信逐渐淡出人们视野的今天,手写书信反而显得更加弥足珍贵,也更有利于加强人与人之间的情感交流。

开学初,我就在班级里安装了一个小小信箱,我会给每位学生发一沓信纸,并告诉每位学生,不管是在生活上还是学习中,当他们遇到困惑或是难题,又无法及时与我面对面沟通,或是不想与我面聊时,都可以用写信的方式与我交流。五年过去了,我和我的学生们,在一封封信中徜徉。通过书信的方式,学生与我在和谐平等的对话中抒发着情感,表达着心声。也让学生们真正懂得要去和他人交流,真正懂得老师的期望、自己的责任。我也真正做到了"润物细无声"。

(案例作者:吉文婷,盐城市射阳外国语学校)

以上两个案例均是班主任从带班策略中挖掘总结出的特色做法。案例5-3关注评价机制,让多元化评价成为带班育人的显著特色;案例5-4则重点关注班级管理中的具体方式,通过书信进行师生沟通,让书信沟通成为建立良好师生关系的一座重要桥梁,这也成为班主任进行班级管理的一个显著特色。

4. 从教育资源中挖掘特色

教育活动离不开实践,实践性是人的本质特性。马克思认为,人是"从事实际活动的人"。《中小学德育工作指南》在德育内容部分中指出实践育人的重要意义,要"利用爱国主义教育基地、公益性文化设施、公共机构、企事业单位、各类校外活动场所、专题教育社会实践基地等资源,开展不同主题的实践活动"。这些公共资源帮助班主任的带班实践从校内走向社会,为班主任的带班开拓了新的思路和路径,有利于班主任结合社情挖掘自身的带班特色,有利于促进学生的社会性发展。尤其是相当一部分资源具备显著的地域特色,有助于学生更了解自己成长的环境;有些资源具有深厚的历史文化价值,有助于学生在接近的过程中接受历史的熏陶,深刻体会文化自信的价值认同;有些资源具有红色教育的典型性,有助于学生通过实地了解厚植爱国情怀。这些教育资源的整合运用,也有利于打破传统的班级德育载体模式,通过形式多样的社会性活动,帮助学生在社会交往中实现自我教育,让班主任的带班走向现实生活、走向社会场域,发挥出特色带班的社会意义。

案例5-5   **"周恩来班"创建**

我校班级创建工作是利用各种途径宣传周总理的生平事迹,开展一系列丰富多彩、富有意义的活动。"周恩来班"创建过程中,学生们阅读了大量有关周恩来的书籍,学习了红色精神;一同观看了讲述周恩来的电影、电视节目,参观了周恩来纪念馆、周恩来故居等红色教育基地;班级还开展了"为中华之崛起而读书"主题升旗仪式,举办了周恩来知识竞赛等活动。对孩子们的学习生活而言,孩子们的心灵得到净化,学风、班风明显提升。相信"周恩来班"的创建,对每个孩子而言都是人生中重要的一课。

(案例作者:何道平,淮安市淮阴中学教育集团清河开明中学)

案例 5-5 中,班主任利用社会场域资源,在"周恩来班"创建的过程中,让学生既走近了伟人,又厚植了红色基因,这对于学生来说,更是一种爱国情感、价值观的沉浸式教育。挖掘资源,用好资源,在班主任带班彰显特色的过程中正发挥着越来越重要的作用。

班主任的带班育人特色是其专业发展过程中自主发展的重要标志。特色带班的过程,是增强理论积淀、提高实践能力的高品质表现。每一位班主任应当坚定特色带班的教育信念,在多维度的实践路径中将班级打造成一个生动多彩的特色场域,引导学生的全面发展,进而描述出一种主动生长、多维共生的价值生长的德育样态。

第二节　多元评价带班育人成效

刘老师带班多年,是一位经验丰富的老班主任。基于多年来带班育人的心得,刘老师建立起一套非常严谨的班级管理制度来伴随学生的成长历程。班上的每个孩子都有属于自己的成长档案,班级的各项活动、事务都有相应的打卡记录和评分标准。每当进行相关评优评先等评选的时候,刘老师都会根据各项表格和数据进行对照评比,给出相应的结果。在数次评优评先过程中,其实都出现过大家意见不一的情况,但是只要刘老师提供出相应的分数表格,所有的评定都变得简单易行。这套带班模式也被刘老师自己定义为"科学化"带班、"精细化"管理,它解决了很多带班过程中的困难。因为每个学生都有自己的成长档案,每天都记录着自己的各项表现和各项得分,学生们在"档案"面前谁也不敢马虎,不愿让自己轻易被多扣一分。因此,刘老师的班级常规非常出色,几乎包揽了年级每个月的流动红旗,成为学校优秀班集体的不二之选。

然而,刘老师班上的学生却并不都认同这样的管理,他们中的很多人觉得刘老师管得太多太严,什么都要拿来打分,让人失去了很多自由,也丧失了很多快乐,似乎每天都在为不扣分而努力着。同时,班级家长对此也褒贬不一。有的家长认为这样很好,班级能够包揽流动红旗就证明了刘老师的带班方法很有成效;有的家长则不认同,觉得这样的管理太不人性化,成效不能用分数来衡量……

———[互动 2]———

1. 您在自己的日常工作中也会像刘老师那样"科学化""精细化"带班吗? 请具体说说您的做法。

2. 您认为刘老师的带班方法很有成效吗?

3. 阅读完本节之后,请您给刘老师提供一些更好的建议。

以上情境中,班主任刘老师的带班育人工作无疑是有一定成效的。根据该情境提供的相关素材,他所带的班级成功包揽每个月的"流动红旗",当选"优秀班级",这些都是评价刘老师带班育人成效的重要指标。但是,我们也不难发现,刘老师班级的学生以及家长对刘老师的带班方式其实褒贬不一。因此,班主任带班育人的成效,既要考虑班级呈现的具体状态,又要考虑班级成员的个体因素,当然,还有更多因素要考虑。值得我们思考和探索的是,我们究竟应当如何相对客观地来评价一位班主任带班育人的成效? 能够正确合理地评价带班成效,也是帮助我们明晰提升带班育人成效路径的重要方式。

一、评价带班成效的现状分析

放眼当下,我们提及"班主任带班成效评价"时,随之而来的有班主任考核、优秀班主任评选、优秀班集体评选等,考核与评价两者之间的关系自然密不可分,但武断的考核方式只会将班主任带班工作带向另一个功利化的极端,不利于育人工作的开展。我们必须先以冷静而理性的视角来思考当下我们的相关评价现状。

1. 学业评价占据主要位置

在很长的一段时期内,甚至是在当前社会背景之下,"升学"水平依然是社会热衷的评价指标。一旦学生毕业,就意味着"升学"的发生。因此,在很多中小学,无论是学校内部,还是家长心目中,对于一个班主任带班是否有成效的界定很多时候直接取决于这个班级的学业表现:学期过程中的统测情况、每个学生的进退步情况、升学的终端显示,等等。学业评价指标作为班主任带班成效评价内容之一,必然是合理且应该去考虑的,然而如果过于看重其在评价中的地位,那么就应该值得我们深思。优秀的学业水平是学生成长过程中努力完善自己的一个表现,但并不是唯一的评价指标。带班的最终目的还是育人,人的成长与否不能只依靠或者说过度依赖于对于个体学业能力的评价。我们见过太多高分低能、精致的利己主义者等类似个体的产生。评价带班育人效果的手段如果直接让位于学业评价和学校升学率,那么学校德育工作的考核评估往往就会浮于表面、流于形式,也就失去了育人的实效性。随着"双减"政策的落地,我们看到了让教育回归本真的可能,也看到了国家矫正功利化教育、缓解全民焦虑的决心,相信此类片面武断的评价方式会得到有效的改善。

2. 结果性评价较为突出

班主任往往有这样的经历:学年结束会有优秀班集体的评选,到了毕业季还会有更高一级的优秀班集体的评选,每个学段的终点都是一次重要的评价班主任带班成效的机会,很多一线班主任也很重视这样的评价。重视结果评价固然重要,但针对班主任带班成效的评价,并不仅仅是对班级当下或者当前学生的道德素质形成既定的结论,还要着眼于学生道德水准的不断提高。从某种程度上来说,任何一个评价都不是德育活动的结束,而是一个连续的、动态的、发展的过程。学期的结束,或者说班级学生的毕业,只能认为是学生在以班级形式存在的这个集体中结束了一个阶段的学习与生活,但在这个集体中习得的伴随学生个体成长的某些良好的习惯、品质等则会陪伴他们终生。这更说明,评价一个班主任的带班成效只关注其所谓的带班"结果"是远远不够的。我们更需要用发展的眼光对班主任带班进行评价,把促进学生品德的发展提到重要的地位,而把鉴定所谓的班级等级放在次要的地位。

3. 评价形式倾向量化考核

理论上来说,量化考核是一种非常简洁易行的考核方式,它以定量的形式为定性考核提供量化的依据,使定性更为准确,尽可能纠正主观评价的偏颇。在我们的一线教育实践中,涉及对班主任带班成效的评价或者考核,大多还是会采用量化考核的形式进行。这样一方面有利于绩效的核定,另一方面这种方式也比较清晰明了。但在实施方面,班主任的带班成效,并不是所有的状态都能非常具象地呈现出来,其中有一些无法用具体的数据进行说明和考量。例如,通过对班主任所带班级进行人际关系和谐度的考量,我们可以区分出:和谐、基本和谐、矛盾频出等常见的状态,但是落实到具体的量化层次时,我们无法用一次或者几次的偶发事件来一票否决班主任的带班育人成效,也无法用表面平和而内里暗潮涌动的紧张人际关系来肯定班主任的带班育人成效。因此,仅仅依赖于或者过度依赖于量化考核的带班成效评价方式并不妥当。

4. 评价标准体系较为笼统

在一线带班工作中,如果要去询问一位班主任:你是如何进行班级学生的综合评定的? 多数班主任一般会很有条理地梳理出相应的评定手段和方法,以确保自己的评价体系较为完备科学;如果询问班主任是否了解自己的带班成效是如何被评定的,结果多半不甚明了,很多时候,我们自己也会用类似"不错""还可以""不太清楚"这样模棱两可的话语来给自己一个评价。其实,在现实生活中,随着德育评价的逐渐被重视与落实,各级各地对班主任带班成效的评价已经作出了很多努力,如定量与定性的综合考虑、过程与结果的综合考虑等。这些要求的出现与不断强化都是德育专业化的具体体现。然而,我们也不难发现,其中的标准还比较笼统与粗浅。在很多评价项目中,我们能够依靠自己的工作经验判断出某位老师的带班效果很好、不错或者说一般,但是缺少具体的内容设置,特别是在指标体系分解、权重确定、等级设计、体系测试和实践验证等方面的研究还有很长的路要走。对此,我们每一位班主任都应该秉持专业探索研究的态度进行积极的思考。

二、多维评价带班育人的成效

带班育人成效大小,影响着班集体的核心凝聚力和整个学段的发展走向。在个体层面上,班主任的带班成效直接决定着是否能够为学生提供一个健康适切的成长环境,进而影响个体的未来发展;在学校层面上,班主任的带班成效则直接影响学校的稳定性,班级是学校的基本单位,只有完善一个个基本单位,才能有效推进学校的发展。因此,我们在评价班主任带班育人成效时,需要遵循一定的原则,运用科学得当的方法进行多维评价。

（一）评价带班育人成效的原则

1. 评价主体的多元性

学校德育部门是组织班主任进行带班育人工作的学校行政部门，客观上决定其成为对班主任带班育人成效评价的主体。例如，在评定各类优秀班集体的过程中，德育部门给出的相关评定建议都十分重要，有时甚至能够影响评定的最终结果。但是，其结果完全由德育部门进行评价也存在一定的局限性。即便是关注了全校所有班级，也很难关注到每一个班级成员的各种感受和各个方面。因此，在评价班主任带班育人成效时，学校应该充分运用与班级关系密切的相关资源，整合多方面的力量，形成评价的多主体机制，使得学校的各个部门、班级的任课教师、学生、家长都能参与其中，将班级在各个层面呈现出的样态进行较为全面的总结和分析，从而提供给班主任一个准确合理、恰如其分的评价，尽量使评价做到相对客观全面、多元立体。通过这样的多元评价，激发班主任的工作热情，让班主任意识到：其实并不是他（她）一个人在进行班级工作，班级是一个集结多方力量的"微型社会"，资源丰厚且能量巨大。

2. 评价指标的动态性

李永生在其博士学位论文《班级中交往互动的研究》中认为，班级的成长是一个动态的过程，大致要经历初建、发育和成熟三个阶段，每个阶段对应一种班级形态。也就是说，班级的社会属性具有某种动态特征，我们将这种班级属性理论称为班级属性动态论。该理论认为，班级在发展成熟的过程中共经历三种不同的形态，不同形态的班级其社会属性也各不相同。[1] 根据该理论，我们在评价班主任带班育人成效的时候，只用一个指标衡量是不够科学严谨的。例如，在一个班级建班之初，班主任的带班工作主要集中于班级的常规管理，努力促使班级成员较快熟悉融合，使得班级生活有序；而随着班级的逐渐成长，班级常规秩序已经能够有序维持，尽管也许会出现一定的矛盾冲突，但班级成员的交往互动已变得较为稳定，这时就可以从班级文化、班级活动、自我管理等多方面进行评价……由此可见，在以上不同的阶段，班级呈

---

[1] 李永生. 班级中交往互动的研究[D]. 北京：北京师范大学，2004.

现出了不同的动态属性,在评价班主任带班成效的时候,如果只用班级常规是否稳定来衡量,那么显然是不全面的。因此,我们应使我们的评价标准能够符合班级动态发展的规律,体现班主任带班工作在不同阶段的主要成效。

3. 评价内容的时代性

2020 年,国务院印发了《深化新时代教育评价改革总体方案》,该方案中明确指出:完善德育评价。根据学生不同阶段的身心特点,应科学设计各级各类教育德育目标要求,引导学生养成良好的思想道德、心理素质和行为习惯,传承红色基因,增强"四个自信",立志听党话、跟党走,立志扎根人民、奉献国家。班主任的带班育人工作,是在为未来培养人,为中国特色社会主义事业培养合格建设者和可靠接班人。因此,在评价班主任带班育人成效的时候,不仅要评价班主任带班育人的已然成果和当下业绩,还要注重把握班主任带班育人对于未来的适应力和进一步的发展空间;不仅要评价出班级等第的优、良、中、差,还要帮助班主任对带班过程中出现的一些问题进行改进和完善。引导班主任在带班育人实践的基础上,进行理性总结和归纳,对自己的带班方式进行正确的认知,进而让所带班级符合学校发展的特质,顺应社会和未来的发展需求。

4. 评价手段的激励性

和每一位学生一样,每一位班主任也都是一个成长中的个体。尤其是当一位新手班主任开启自己带班之路的初期,更需要来自各方的积极评价和中肯建议。皮格马利翁效应告诉我们:人的情感和观念会不同程度地受到别人下意识的影响。人们会不自觉地接受自己喜欢、钦佩、信任和崇拜的人的影响和暗示。而当评价主体低估被评价者能力,认定被评价者是不求上进的、行为差劲的,往往会促使被评价者表现出不良行为。可见,积极的评价引导和客观的建议,能更好地提高班主任带班工作的积极性,更好地发挥班主任的工作内驱力。因此,必须坚持一个共识:我们对班主任带班成效作出的任何评价,其出发点都不是把班主任分为三六九等,贴上各种标签,而是帮助班主任群体在繁忙的日常工作中及时反思总结,取长补短,进一步提高自己的专业发展水平。只有这样,才能更好地保持班主任的工作热情,进而将自己的专业所得更好地用于实践,带好自己的班集体,为每一个学生的发展创设更好的环境,促进每一个个体的自觉成长。

（二）评价带班育人成效的维度

带班育人工作需要班主任树立正确的班级观念。班级是学习活动的行动单位，与某种固定的结构或者秩序相比，我们更应该考虑如何为班级成员建立彼此支持的群体关系，进而使每个成员能够得到较好的发展。这就需要班主任在带班育人的过程中，主动思考整体的需求，关注班级个体长远的发展，并给予每个人表现和贡献集体的机会，从多个维度、多种途径给予每个成员发展的可能性，由此才能较为全面地体现出带班育人的积极成效。

1. 是否具有群体的价值认同

班级中学生个体之间存在一些冲突、竞争、防范等现象很常见，尤其在建班初期，这些现象更为明显。那么，班主任的作用在此刻就应凸显出来。在此阶段，班主任不应过分强调竞争的作用，而是更应侧重于营造"互助"的氛围。通过组织多种活动，创设有利于学生之间合作互助的机会，从而达成"互助"共识。当班级成员之间默认了这种互助的相处模式，学会理解他人，能够接受他人和自己相左的意见或者看法，并及时给予他人帮助的时候，那么这时的集体已经具备了价值认同的基础。合作与互助，是集体走向优秀、个人走向优秀的重要素养。一个集体是否具备这样的群体价值认同，是日后成功应对挑战和挫折的必备前提。因此，是否具有群体价值认同就成为衡量一个班主任带班育人是否有成效的重要维度。

2. 是否保障学业的稳步推进

学业评价是学生综合评价中的一项重要内容。在现实中，容易将学业评价解读成单一的分数评价，造成理解误区。适切的学业评价应包含对学生学习态度、学习能力、思维习惯等多维度的综合评价。而班主任的带班育人成效直接决定着班级的学习氛围、学习风气，影响着学生个体的学习态度等各因素，甚至最终造成学生个体之间的学习能力差异。良好的德育与优秀的学习成绩之间不是对立的，而是相辅相成、彼此成就。班主任的带班工作最终还是指向提高学生的思想道德水平，学生思想道德水平的提高，对其学习发展亦将产生很好的促进作用。有成效的带班举措，实施过程中将会激发学生学习动机、培养学生的良好学习习惯、增强学生学习的意志力，这些最终都将提高班级的教学效率，进而提高班级的学业成绩。因此，我们在判断一个班

主任带班育人成效的时候,不能将学生的学业水平与其思想道德水平相割裂,而应该将其作为其中的内容并以科学合理的方式去考量。

3. 是否完善个体的操行成长

育人是班主任的主业。带班育人的成效直接影响着学生道德成长的环境和氛围。班主任每个学期、每个学年都会对班级学生进行综合素质评价,其实学生个体的成长也从侧面反映出班主任带班的直接成效。每个人都不是一个完美的个体,对班级中的学生我们难免也会带着既定的眼光去看待。魏书生老师曾这样强调:因为学生找不到自己的长处,老师狠狠批评他,批评得再严厉,学生也不一定会反感,相反还会增进师生之间的感情。事实上,每个学生都有长处,问题就在于老师和学生是否具有发现学生自身长处的能力。协助学生发现自己的长处,就是班级个体操行不断完善的过程,也是班级成员道德成长的过程。学生在班集体中,通过班主任为其搭建的平台不断完善自己,完成社会化的过程,逐渐告别身上的幼稚,纠正由来已久的不良习惯,增强内心的品格韧性⋯⋯毫无疑问,班主任在这其中起到了重要的作用。

4. 是否形成成员间的良好关系

在社会体系视角中,班级是一个社会行动单位。班主任在这个行动单位中起着非常重要的引领作用。如果教师过多地强调自己的控制权力、教学的秩序,以及个人对集体和学校要求的无条件服从,必然会带来教师和学生之间的关系紧张,并会将其扩大到学生之间,形成学生之间的关系紧张。[1] 反之,班主任带班时树立科学的理念,注重班级成员之间的人际关系,就会使这样一个小型的社会行动单位更为健康。班级成员之间应该是互相协作、互相依赖、互相影响的互动关系。所有的学生都是平等的,带班育人更应关注成员个体的特征和活动的多重方式,确保班级成员之间关系的稳定性以及和谐性。因此,良好的人际关系,是衡量一个班主任带班育人成效的有效标准,只有在和谐的人际关系中才能促进学生的德性增长,才能让每一个学生得到平等的尊重,从而有利于个体的长远发展以及集体的和谐稳定。

5. 是否促进团队的向好发展

当前,我们国家实行学前教育、初等教育、中等教育、高等教育的学校教

---

① 徐瑞,刘慧珍.教育社会学[M].北京:北京师范大学出版社,2010:260.

育制度,中小学阶段都有固定的年限。根据《中小学班主任工作规定》,在所属的学段内,班主任的聘期由学校确定,担任一个班级的班主任时间如无特殊情况一般应该在一年以上。现实中,有不少班主任甚至会陪伴学生完成整个学段的学校生活,但是无论多长时间,班主任的带班育人时限都是有限的。教育是一门慢的艺术,叶圣陶先生曾经这样表达过:教育应该是农业,而不是工业。这句话其中一层含义应该指向:班主任带班育人也是一种慢的艺术,任何一届带班都无法像工业生产那样快速整齐。我们都有这样的共同感受:有的班主任带班节奏快,短期内就有成效;而有的班主任带班节奏慢,成效的显现需要一段时间的验证;有的班主任带给学生的影响短时间内就能显现,毕业后逐渐消失;有的班主任带给学生的影响会持续很久,甚至影响一生。我们不能够将带班成效显现慢的现象简单归结于班主任的工作能力欠缺。因此,我们应当关注班级学生个体在脱离班级这个群体,甚至是走向社会后的持续性发展能力。我们在很多的优秀人物传记中都能读到他们或多或少都有对于自己学生时代"重要他人"的回顾,其中班主任这类角色对于他们人生不同阶段的影响占据着不小的比重。"经师易得,人师难求",将班级成员的持续性发展情况纳入对班主任带班成效的评价,是对"人师"的一种莫大的尊重。

6. 是否促成班级的积极影响

班主任是连接家庭和学校的重要桥梁,班级其实是多方资源合力关注的重要单位。衡量一个班主任带班的成效究竟如何,还要科学地听取和采纳多方的评价。《深化新时代教育评价改革总体方案》中指出:要通过信息化等手段,探索学生、家长、教师以及社区等参与评价的有效方式。我们对学生个体的评价如此,对于班主任带班成效的评价也应如此。因此,班主任带班也要关注其所带班级的社会影响力。一方面,学生是班级的主要成员,学生个体的感受固然重要,但与此同时,出于不同的视角、不同的角色考量,班级的其他任课老师、学生家长等,都应该被赋予评价班主任带班成效的权利,从而综合评价班主任带班成效的影响力;另一方面,随着当今网络信息技术的飞速发展,很多班主任都为自己的班级开设了微信公众号等个性化的网络空间,通过网络的传播,瞬间获得的关注度是较高的,那么在舆论的作用力下,班级所产生的社会影响力就可想而知了。班主任在带班过程中如若能关注到这一点,且正向地发挥好这样的信息优势,不断辐射自己的带班工作范围,在家

长群体、在社会舆论中创造属于自己集体的积极的影响力,那么我们有理由认为这也是班主任工作成效的高质量体现。

相关链接

　　班级建设是一个不断探索、不断实践的过程,并无定法,但一定凝聚着教师全部的智慧和心力。班集体是以学习为主要活动特征的学生群体,学习是群体成员的主要任务,通过学习使群体中的成员向一定的价值方向发展。并不是每一个班级都称得上是班集体,只有那些有明确的奋斗目标、健全的组织机构、严格的制度规范和良好的纪律、舆论氛围的学生正式群体才是班集体。

　　——选自檀传宝.走向德育专业化——学校德育 100 问[M].上海:华东师范大学出版社,2011.

　　学会理性评估自己的带班成效,是针对自己的日常工作及时总结反思、修正完善的上佳途径。班主任只有学会自我评估,才能积极回应工作中的现实困惑,才能更好地唤醒自我主体,在不断的追求和超越中实现专业知识、实践能力的多重收获。能够客观评价他人的带班成效,也是对其他班主任劳动成果的尊重。在科学恰当的评价中,形成互学共进的积极局面,将极大地提高班主任群体的专业素养。我们可以尝试从以下案例中汲取经验。

案例 5‑6　　　　　　　带班成效(一)

　　从求知之心上看,三年来本班学生整体成绩稳居年级前列,中考成绩斐然;从个体上看,有部分学生推进效果明显。三年来,数十位学生在信息、数学、物理等五大理科学科竞赛中有所斩获。

　　从创新之心上看,本班学生的综合素质提高显著,在创造力和表达力上尤为突出。进入高中后,数位学生在辩论、模拟联合国、演讲、表演等各类舞台上大放异彩,更有两位同学永葆创新之心,取得丘成桐学科奖,入选"强基计划"等。

　　从责任之心上看,本班学生关心集体,关注社会。班级的"爱心义卖"活动组委会,一直到毕业之后还持续进行定期捐款。

　　在三年的德育工作中,不管是学生、老师、家长都收获了独一无二的美好体验和成长过程,让我们的班集体成了令人难忘的班级。学生常存求知之心,在今后的学习和社会生活中勇于探索;深怀创新之心,能吃苦,愿吃苦;永葆责任之心,明白作为青年一代的使命担当。

(案例作者:赵思曦,南京外国语学校)

案例 5-6 是一位班主任老师针对自己的带班成效作出的阶段性总结。其中的"求知之心"部分是班主任针对学生的学业能力的评价,既关注了阶段性的推进情况,又关注了个体的学习能力提升情况;"创新之心"部分侧重于学生的个体操行与持续性发展,个体操行推动了综合素质的整体提升,创新能力是一个人长久发展的前提条件;"责任之心"则关注了班级成员之间的人际关系情况和班级的社会影响力,尤其是"爱心义卖"组委会的持续作用力,维系着集体在毕业后依然稳定的情感基础和尽自己努力承担的社会责任意识。能够较为全面地认识和评价自己的带班成效是班主任带班水平提升的一个重要条件。

案例 5-7　　　　　　　带班成效(二)

班级学生的自主学习意识得到增强。通过班级文化建设和对榜样的解读,班级学生逐渐养成了自主学习的良好习惯,并取得了很好的效果,在多次阶段学情检测中位居前列。

班级学生的自主管理能力得到提升。在小组合作、"最美小组"评比等活动中,学生表现出很强的自主管理能力,无论是学习方面,还是班级的卫生、纪律、集体活动等方面,学生都能够较好地进行自主管理,且自主管理水平较高(见表 5-1)。

表 5-1　班级自主管理成效

班级自主管理成效	市五四红旗团支部
	校常规管理文明班级
	校开学工作"五好"评比先进班级
	校"最美教室"称号

班级学生的个性展示水平得到提高。在故事讲解、课本剧表演、义务讲解等活动中,班级学生变得敢于展示自我、善于展现自我风采,表现能力和表演能力都得到充分发挥,并多次在学校班级文化展示活动、班级风采展示活动中取得优异的成绩(见表5-2)。

表5-2　班级学生个性展示成效

班级学生个性展示成效	校班级文化展评示范班级
	校班级文化展评优秀班级
	校第六届体育文化艺术节团体总分第一名
	校第六届体育文化艺术节武术操评比特等奖
	校第八届艺术节合唱比赛一等奖
	校广播操比赛三等奖
	校田径运动会团体总分第三名
	市中小学生朗诵比赛一等奖
	市中小学生乐器演奏比赛一等奖

班级学生的生涯规划概念逐渐形成。在学习榜样事迹、探究榜样职业等过程中,班级学生不断明晰自身个性特点,对各种职业有了更加深刻的理解,脑海中逐步形成生涯规划的概念,针对自己的生涯发展制定了多种形式的阶段目标,初步拟定了各自的行动方案。

(案例作者:闫娟,徐州市睢宁高级中学初中部)

案例5-7中,对班主任带班成效的评价也是多维度的评价。"自主学习意识得到增强"关注到学生个体的学习品质,自主性的提升才会推动学业水平的提升;"自主管理能力得到提升"关注到班级学生群体的价值认同和人际关系,相较于简单的被管理和被命令,自主管理能力的提升是学生自主发展、自我成长的健康途径;"个性展示水平得到提高"和"生涯规划概念逐渐形成"则关注到了学生的持续性发展,在中学阶段形成良好的生涯规划概念是学生社会化的重要一步。现实中很多鲜活的案例证明,中学阶段的生涯规划能够在学生的心中埋下较为理性的信念种子,为其日后人生的发展明确初步的方向。

案例 5-8　　　　　**带班成效**（三）

（1）"觉"在良好关系。建立于"自觉""自省"基础上的"自觉觉人"育人理念，注重教育内在的引导和感化，避免了简单粗暴的压服管理，减少了矛盾和内耗，形成了相互理解尊重、相互信任成全的和谐师生关系和生生关系，为优良班集体的形成奠定了基础。

（2）"觉"在风格培养。怀特海认为，教育是"风格之培养"。"风格"即一个人对自己的思想及行为有一定的要求。我带的每一个班级都具有鲜明的风格，文科班有文科班的特质，体艺班有体艺班的风格。"风格之培养"的过程，也是"自觉觉人"潜滋暗长的过程。

（3）"觉"在意义升华。金生鈜教授认为："教育即生活。本真的生活与人之为人的精神完整成长是统一的，本真的生活方式就是人的成长方式。"我所秉持的"自觉觉人"不是玄妙的空洞理论，而是根植于现实教育生活的"始自觉""次觉他""终他觉"的意义升华过程。

（案例作者：张彪，江阴市华士高级中学）

案例5-8中，该班主任围绕着其"自觉觉人"的带班方略进行学生教育工作。在评价带班成效时，围绕"觉"的三个维度进行陈述。其中，"良好关系"之"觉"指向所带班级的成员人际关系建设和班级群体价值认同，用内在引导取代简单压制的做法，有效缓和了成员之间的冲突，为建设和谐集体奠定了基础；"风格培养"之"觉"指向学生个体的品格发展，让学生发挥出自己的个性、实现健康成长是班主任带班有成效的重要表现；"意义升华"之"觉"指向学生的能力发展，既有学业能力的提升，又有综合素养的提升，同时还难能可贵地呈现出对学生持续性成长的关注。既有成绩与荣誉的取得是成效的一方面，而生活方式带给孩子未来的持续性影响，则是教育的更大意义。

带班育人不是简单的嫁接，人的多样个性决定了教育的复杂性。为了更好地发挥班级对每一个学生成长所起到的积极作用，我们鼓励班主任发挥创新力，积极思考自己的带班育人特色。古人云：三人行，必有我师焉。如果说个体的钻研和积极的实践是自主发展的基本前提，那么将自己融入班主任团队或者群体的大熔炉中去涤荡和共进，也是一种成长的良好模式。"教无定法",带班育人也同样如此。在借鉴他人的基础上,发挥自己的个性特长,守正创新、勤于思考、勇于实践,努力形成适合本班学生的带班育人特色,为班级的每一个孩子提供适合他们道德成长的丰沃土壤,是为师的使命,更是时代的呼唤。班主任作为学校育人的主力军,应当扎根于学生成长与班级发展的实践与研究,以鲜明的带班育人特色引领学生走向更宽广的未来。

典型案例

案例 5-9　　当好"小先生",做得大事情
——基于"自主教育"理念的班级生长记

(一)用花的念想培土

什么样的土壤适合生长,花儿最清楚。在班级建设活动中,我始终坚持"贴近实际、贴近生活、贴近未成年人"的原则,立足班情设立发展目标,着眼学生的需求开展实践活动,利用地缘优势拓展成长空间,构建基于儿童立场、适合学生发展的支持性环境。我坚信,只有适合植株生长的土壤,才能让花儿深深扎根、有力生长。

在微班会上,我班学生研讨生成了"教室里说错了,不要紧""我是时间设计师""奇妙先生有办法"等活动主题。岗位制创设、"百草园"种植、班本课题钻研、地图资料收集、爱国基地共建等活动都在促进学生探寻一种解决问题的实践能力,培养一种把思维打开、"从 0 到 1"的创造精神。

(二)以土的养分育花

班集体发展过程中,"小先生制"贯穿始终,学生的自知、自律、自强意识得以发展。我班各类活动开展得有声有色,各级竞赛都取得了不俗的成绩。学生获得信息大赛国家级奖项 1 人次,编程、英语演讲大赛省级奖项 7 人次,数学、写作等大赛市级奖项多人次,学生先后获得"市最美中学生""市三好学生""市优秀学生干部"等荣誉。

梯度性延长的实践活动有效促进了学生的身心发展。学生从"做中学"到"创中学",解决问题的能力不断增强,并逐步成长为有主见、肯主动、能主

导的人。三年来,我班每学期都被评为校先进班集体,两度被评为区特色班集体;因丰富的实践活动被评为市"大中小学社会实践先进班团队"。

班级发展的过程中,我始终坚持以"小先生制"自主教育为魂,以集体成长的实践为形,助力学生成长为"以天下为己任,具有健全人格和创新精神的现代公民"。班集体的建设应是基于生命的成长需求、个体的实践体验、集体的共同愿景而作出的埋下头、俯下身的努力。在这样的理念下创建班集体,学生才能穗穗渐满,粒粒闪光。

（案例作者:葛金莲,南京师范大学附属中学江宁分校）

附　录

优秀带班育人方略案例

小学篇

1. 筑"三明"之基 染生命亮色

——"生命自觉"班级生态文化建设实践

【育人理念】

"立德树人、为党育人、为国育才"这是习近平总书记对广大教师提出的殷切希望,更是深刻回答了"培养什么人、怎样培养人、为谁培养人"这一根本性问题。

江苏省《省教育厅关于转发加强新时代中小学思想政治理论课教师队伍建设意见的通知》(以下简称《意见》)指出:中小学阶段是人一生中的"拔节孕穗"期,不仅是长身体、长知识的重要时期,更是价值观形成的关键时期。根据《意见》及小学生身心发展特点,我将生命自觉视域下"明自我""明他人""明环境"的"三明"德育确立为本班的育人理念。

"生命自觉"是由华东师范大学叶澜教授最早提出来的。她说:"时代呼唤生命自觉,生命自觉是'新基础教育'追求的核心价值观。"华东师范大学李政涛教授也指出,有"生命自觉"之人,至少具有三大特征:一是拥有对自我生命的自觉,即"明自我";二是拥有对他人生命的自觉,即"明他人";三是拥有对外在环境的自觉,即"明环境"。自觉之"觉"兼有"觉知""觉悟""觉解"之意,指向对自我生命、对他人生命的领悟,以及对个体生命所处外在环境的觉知和觉解。

培养具有"三明"特征的未来公民是学校的文化使命,也是班级建设"立德树人"的核心目标。

【班情分析】

基本情况:五(11)班共有学生 45 人,其中男生 23 人,女生 22 人,学生的年龄大部分在 11 岁左右。随着国民素质的提高,学生待人有礼,友爱互助,但由于很多学生是家中独生子女,对自身要求不高,缺乏向上的动力;独生子女是父母和家庭围绕的核心,以自我为中心现象明显,对他人以及班级生活中发生的事不太关心,集体荣誉感不强;由于是被家庭重点关心的对象,生活自理能力不强且合作交流能力一般,群体参与感较低。

【班级发展目标】

总目标:激活学生的生命自觉,培养具有"三明"特征的未来公民(如图1所示)。

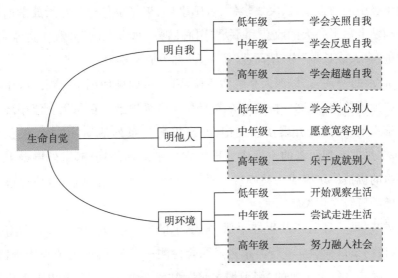

图1 "三明"内容与特征

本班德育目标:

(1)通过记成长手册、办班报、编班级史记等实践活动,启迪学生的自省,促进学生不断提升自我,超越自我。

(2)开设人文交往课程,助力解决学生在学校、家庭、社会环境中的交往困境,引领学生主动交往、关爱他人。

(3)基于项目化学习课程,不断开发生活德育资源,引领学生走向生活,融入社会,培养学生的责任感。

以上"三明"各有侧重,但不是彼此割裂、相互独立的,而是相互作用、和谐发展、螺旋式上升、共生交融的,在此过程中,让班级生活成为优质的滋养,成就学生的发展,帮助学生从"三明"走向真正的"生命自觉",成为优秀的未来公民。

【实践做法】

一、明自我：成长手册——启迪遇见更好的自己

班级生活充斥着大小事件，充满了情趣意韵。从班级生活入手，开启学生对自我的认知、了解、自省和提升，在聚焦、放大、定格每一天的过程中遇见更好的自己，这是明自我、爱自己的最好表达。

蓄力"每一天"。让每位学生拥有属于自己的"个人成长袋"，记录自己经历的班级中的热点事件、突发事件、敏感事件、美好事件……每天放学前在一张便利贴上写下一天的收获和不足，用心回答"每日三问"并真实记录，悉心收藏进"个人成长袋"内，从而让"每一天"都为成长蓄力。

沉淀"每一周"。以四人小组为单位，每人每周循环记录一篇班级生活周记，以"独特的印记"这一特别的方式留存在班级史上。在每天交流循环周记的基础之上，我们又开展了选周记、办班报的一系列活动，引导家长积极参与，每个星期一到两张的班报成为班级学生最幸福的期待，室外墙壁上一张张缤纷的班报使班级成为整幢教学楼最亮丽、最独特的风景，也成为孩子们最骄傲的班级文化长廊。

拔节"每一月"。"共生娃手册"是学生的成长档案，帮助每个学生体验"跨入校门—目标确立—行为跟进—综合检测—完美呈现"的成长历程，留下幸福的痕迹。每月一次的"好习惯之星"和"幸福共生娃"评选规则养成每个学生的良好习惯；"我的实践""我的美好""我的荣誉"等多个板块都给学生的小学生活留下最"幸福"的回忆。每月一次由班级老师们编写的"共生花开"通过生动的图片再现学生这一个月经历的种种"幸福"，详细地记述老师们教育的思考和行动，并用简练的文字记载学生的成长，诉说学生"明自我"的努力。

定格"这一年"。班级史记，这是一本独一无二的班级史实，不可复制的成长历程。根据德育实践项目，分组列出工作计划表：整理平时的班报电子稿、征集书名、设计封面封底、邀请校长写卷首语、拍班级合影、去向每一位任课老师要照片……在一系列学生自发、自为的实践和反思性书写中，孩子们对自我认识、人际关系，以及对今日之我与未来之我的关系形成了带有生命本体色彩的、辩证的哲学之思。

二、明他人：人文交往——鼓励关爱身边的人

生活是学生学习的初始课堂，要想学生"明他人"就不能脱离学生生活实际，否则就是纸上谈兵。怎样让"明他人"走进学生生活，就要做好"明他人"与生活的对接，真正把"明他人"做到学生的心坎上，使之成为学生的"生命自觉"。通过人文交往的课程实践，学生学会理解他人，尊重他人，宽容他人，体察他人的难处，关注他人优点，主动关爱他人。

1. 教师先行，引领礼仪之范

教育者率先垂范，为人师表，学生才能亲其师信其道。利用晨会、主题活动日，多渠道、多手段、多方位地开展礼仪交往教育活动，在古今中外的故事里，溯源"礼"的内涵。教师发起"日常交往礼仪"倡议，并率先垂范，在学校生活中成为学生"交往礼仪"的督导员和导师。

2. 班干践行，建立礼仪之制

心理学研究表明，一项行为习惯的养成应伴随相应的、合理的、有效的激励机制，才能得以巩固。通过班干部、队干部的自我管理监督，对学生形成榜样效应。对达到要求的学生授予"交往礼仪绿卡"，选出"礼仪之星"，利用队会课在班级内进行宣传。让学生自觉关注他人的优点。

3. 家校合作，创生亲子之礼

家长讲坛、家长义工的宣讲，使家校教育观念更统一，加强了对学生校外生活交往礼仪习惯的巩固。充分发挥班级家委会的作用，组织家长通过学习研讨，达成对学生日常交往礼仪必要性的共识。通过调查与统计、沟通与改进等形式进行了解与强化，促使学生"传而能习"，收到实效。

4. 校社携手，落实交往之行

有关研究表明，拓宽学生的视野，把交往礼仪的学习融入学生生活的环境中，可引发强大的蝴蝶效应。为此，我们组织学生开展走进社区的活动，与社区居民互动，让学生选出自己认为的人与人之间最温暖的五种交往方式并汇总，在班内评选并张贴，借此深化巩固学生主动交往的习惯，并拉近人与人之间的关系。

马斯洛提出了人类的五个层次需求理论。"明他人"实效性的推进也离不开学生需要的五个层次，从最初的"生理需要"走向"自我实现"，在"礼仪交往"的养成过程中，看到、感受到学生从"不敢、不习惯交往"到"自然交往"，再

到"乐于交往、主动交往",从而让"他人"真正走进学生的生活、融合于生活之中,激发孩子内心对别人的"明"。

三、明环境:项目学习——引领悦纳美好的世界

项目学习既是促进学生自觉与社会接触的窗口,也是培养合格公民的突破口,更是促进学生形成"生命自觉"的催化剂。努力将"珍视童年价值,培育生命自觉"的教育理念贯穿在项目学习的实践之中,坚持将"生命自觉"看作项目学习的出发点与归宿,通过人文、科学、艺术、健康四大项目学习课程的构建与实施,满足不同儿童的成长需求,使师生随着项目学习的推进共同达成"生命自觉"的目标。

1. 人文模块

该模块项目学习包括德育、语文、英语及相关的人文拓展和表演课程。如"走过十岁"项目学习,通过"回望幸福""感恩幸福""传递幸福""畅想幸福"四个维度开展学习活动。从设计成长仪式到制作成长手册,再到"一起走中国地图""给二十年的自己写信"等方式,学生在回望与畅想中获得了成长的仪式感、幸福感、责任感,让学生有了对自我生命的发现与觉醒。再如"问月"项目学习,"诗中之月""歌中之月""空中之月""画中之月"四个维度的活动让学生经历了从传统到人文、从韵律到悠扬、从历史到变迁、从现代到未来这四次转化,形成了"个体—团体—群体—全体"四段式立体化模式。引导学生在活动中感悟并发掘个体生命的价值,体会传统文化的魅力,感受群体生长的力量,满足自我发展需求,发现世界的美好。

2. 科学模块

该模块项目学习包括科学、数学、信息技术及实践探究类项目学习。通过此模块的实施,引导学生重视并乐于探究,提升信息收集、整理的能力,学会创新,以科学的态度解决问题。在支持和参与过程中,学会合作和交流。让学生的科学学习从课内自然地延伸到课外,延伸到家庭和社区。培养学生联系生活实际、自主探索和进行可持续学习的能力。

3. 艺术模块

该模块项目学习涉及音乐、美术、合唱、书法及相关校本艺术类课程,旨在增强学生审美体验、开阔学生审美视野和提升学生审美能力。通过举办主题为"七色童年,缤纷梦想"的缤纷节系列活动,让每个学生都有了上台展示

的机会,它是班级"珍视童年价值"的演绎,是学生张扬个性和展示才艺的舞台,让学生在活动过程中学习表达自己、欣赏别人、悦纳美好的世界。

4. 健康模块

该模块项目学习主要包括心理健康教育、体育社团课程、体育特色项目、阳光体育及综合实践类课程。健康模块项目学习的实施,促进学生身体健康、心理健康、生活健康,实现美丽"蝶变",培养阳光、自信、包容的个性。

在四大模块实施过程中,以小组为活动单位,活动形式丰富多样,项目学习所追求的差异性、个性化和多样化,使其在项目学习活动中始终立足学生自身,并以班级为基地、以文化为基础、以满足学生学习需求为宗旨,成为推动学生可持续发展的"生命自觉"。

【特色和成效】

以"共生娃手册"为载体,以人文交往为依托,以项目学习为抓手,紧紧围绕"三明",抓住"生命自觉"这一主线开展的一系列实践活动,使得班级逐步形成了独具特色的文化生态,班级生活成为一种集儿童创造性、体验性、发展性于一体的自由、舒适、适合生长的理想样态。

1. 建立了"主动生长"的德育生态

从"每一天"到"这一年"的班级史记,成为学生童年生活最特别的成长礼物,它引领学生把目光聚焦到自己的生活当下,在自觉或是被卷入式的过程中,内省自我,外观他人,发现和感悟生活中的酸甜苦辣,品味和获得成长中的波折和拔节,形成"主动生长、共生共长"的态势,逐渐去遇见更好的自己!一批优秀的孩子在茁壮成长着,近几年不少学生被评为省、市优秀少先队员;这样不断"明自我"的群体也在不断成长,班级连续多次被评为"市红旗中队"。

2. 建构了"积极卷入"的家校共育

礼仪交往活动区别于一般的德育课堂,基于儿童的真实生活,新颖、丰富且体验感十足。父母的积极参与不仅使儿童对学习、对生活、对父母有了更加积极的认知和期待,而且家长之间也逐渐形成了相互影响、互相学习的良性发展态势。当看到自己的父母站在讲台上被同学们簇拥着的时候,孩子的自豪感油然而生,父母在无形之中成为孩子的榜样和主动改变自我的动力。多样化参与公益活动,让学生的目光从自我转向他人,心胸变得更开阔,视野也更开阔。

3. 实现了"沉浸式做"的知行合一

影视德育班本课程的开发,不仅丰富了德育的资源和方式,也为学生情感、态度、价值观的健康发展提供了一片有温度、有营养、有方向的土壤。德性的浸润与滋养如种子般悄无声息,却又生机盎然。在项目化影视德育实施中,学生成为改变和创造生活的参与者和主导者,教师则退居幕后,助推学生的体验活动向更深处前行,而素养、生命的自觉恰恰就在他们自行选择行动方向、自行克服困难、尝试建构利于问题解决的学习共同体、寻求各种经验和信息支持的过程中悄然形成。

4. 形成了"三明"德育的辐射影响力

在激发学生"生命自觉"的同时,我也在不断地激发自己的"生命自觉"。基于"三明"德育主张的实践经验成了我的个人德育名片。我曾在《班主任》《班主任之友》等德育专业期刊上,先后发表了五十多篇省级文章,并在《人民教育》《教学与管理》等核心期刊上发表了相关德育成果,影响辐射了更多的班主任。我是《班主任》《班主任之友》的封面人物,刊物多次刊发我的带班理念与实践,我也曾受到多个媒体平台推荐与宣传,多次受邀赴四川、河南、青海、陕西等地进行专题培训,影响辐射了多省多地区的师生。个人也因此多次获得嘉奖及记功,如获得市级"优秀教育工作者""师德标兵""优秀班主任"等荣誉称号。

2. 国防教育:培养向上生长的"小小兵"

【育人理念】

国防是国家现代化建设的重要组成部分,国防教育是建设和巩固国防的基础,是增强民族凝聚力、提高全民素质的重要途径。习近平总书记十分重视国防教育,教育部也已出台《国防教育进中小学课程教材指南》,用以进一步加强中小学国防教育。《中华人民共和国国防教育法》中指出:国防教育是全民国防教育的基础,是实施素质教育的重要内容。国防教育是素质教育的重要环节,关系到国家存亡、民族兴衰。

我校是教育部"国防教育特色学校",实施国防教育已 20 余载,一直致力于多方位、多渠道开展国防教育,扎实开展军事训练,有效提升学生军事素质。我班的国防课程旨在培养"军队明星粉",让学生初步了解国防知识,主动参与国防活动。我努力通过国防课程的开发与实施培养学生对国防的热爱之情和对军营的向往之心,让班级的每一位学生都养成解放军战士那样的优良品质,激发学生对自由、和平生活的热爱,人人争当"小小兵"。

因此,我将育人理念确定为:培养学生家国情怀、忧患意识、英雄气概及国防参与的意识和能力。

【班情分析】

我班学生共 36 人,其中来自部队家庭的学生有 25 人。学生家长的综合素质较高,对于孩子的教育格外重视。

我班学生有着吃苦耐劳的突出优点。大多数学生来自部队家庭,深受部队精神的影响,因而热爱劳动、坚强奋进、耐挫能力强、兴趣广泛。绝大多数孩子多才多艺,书画、体育等项目基础良好;富有爱心,乐于公益,心地善良。

我班学生的不足之处是国防参与意识比较淡薄,缺乏忧患意识,部分学生缺乏英雄气概;面对挑战时,缺乏勇气和进取拼搏的精神,缺乏刚毅的个性;自我规划意识和目标意识较弱,自我发展的主动性不强。因此,对学生加强国防教育具有针对性和现实性。

【班级发展目标】

低年级(一、二年级)目标:

通过班级的国防环境布置、与部队联合开展活动,增强学生的忧患意识和国防参与意识,初步培养学生对军队、军人的崇敬之情。

中年级(三、四年级)目标:

在"豆腐块"文化熏陶下,在部队英雄走访中,在"迷彩令"活动中增强学生的英雄气概,培养学生刚毅勇敢、拼搏进取的精神。

高年级(五、六年级)目标:

通过自主编制国防班本课程、自创班级"军火库"以及跨域整合等方式,增强学生自主实践能力,进一步培养学生的家国情怀。

【实践做法】

一、国防课程的开发实施

根据《中华人民共和国国防教育法》相关内容,针对小学生年龄、身心发展特点,集合班级已有的资源,我们进行了跨领域、跨学科的整合,围绕"我是小小兵"的总体目标,初步制订了以下 12 个主题课程,每个年级每个学期一个主题(如图 1 所示)。

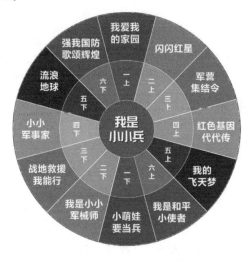

图 1 "我是小小兵"主题课程

"迷彩令"一词的提出是对"任务单""学习单"的一种活化,赋予其浓郁的国防色彩。在我班国防教育课程中,"迷彩令"有三层含义:第一,"迷彩"很容易让大家想到解放军、部队、国防等,具有国防色彩;第二,"迷彩"有"迷你、小"的意思,是一种儿童话,符合儿童特点;第三,"迷彩"的"彩"有"多彩"的意思,表明国防教育课程的建构非常丰富,具有教育意义。"令"也有三种意思:一是具有任务的意思,是基于真实情境的任务,有指令性;二是"有令必行",彰显课程设计中的实践性;三是"令"在"酒令"一词中具有"游戏"的意思,在"迷彩令"中表示国防课程的趣味性。"迷彩令"是基于真实情境任务驱动、符合儿童特点、有趣味性的一种活动载体,能让学生对国防教育产生兴趣。

我班以"迷彩令"为载体,建构了节点活动课程、主题活动课程、学科融合课程三个课程模块(如图2所示)。

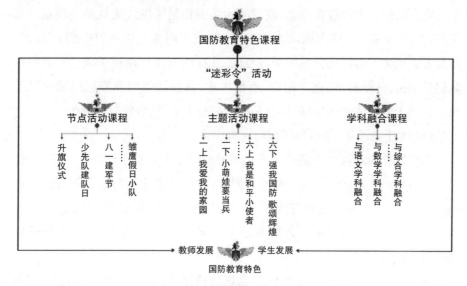

图2　国防教育特色课程

我班从课程目标、内容、评价三方面展开,形成了不同形式的"迷彩令"。例如,我们在五年级开始实施"我的飞天梦"主题课程,其中很多内容都受到学生的一致喜欢,如空中翱翔的梦想、航天飞机是一种飞行器、制作和检验模型、航天飞机展示会等。在我的统筹安排下,这项课程将语文、数学、美术、音乐等多学科进行融合。在语文课堂上,我们开展了《我的飞天梦》班级作文竞赛;在数学课堂上,老师带领着学生进行了飞行器模型的相关数据计算;在美术课堂上,开展"我最喜爱的航天器"绘画;在音乐课堂上,学习了歌曲《我爱祖国的蓝天》……经过一学期的努力,"我们的飞天梦"课程取得了显著成效。该主题课程中产生的经验也顺利迁移到其他主题课程的开发中,从而加快了其他主题课程的开发。

这项主题课程的实施充分调动了学生的积极性,让学生主动热情地投入学习中,对学生的爱国情感体验、国防知识了解、动手操作能力、小组合作意识等都起到了极大的促进作用。在实施过程中,学生们逐渐增强了对国家、对国防的高度认同感。

二、国防教育的实践探索

1. 国防参与:走进阳光活泼的国防绿

基于我校从成人本位走向儿童本位,贴近属于儿童自己的世界,寻找属于儿童自己的话语的教育理念,我班的国防课程紧紧围绕绽放每一颗童心而展开,一改"一脸严肃"的国防教育常态,做成了阳光活泼的"国防绿"样态。我努力尝试将军营的优秀品质带进校园,让国防素养伴孩子成长。人民军队热爱祖国、热爱和平、遵守纪律、不怕困难、意志顽强的品质已经成为班级每一位学子的特质,"国防绿"早已是孩子们心中最美、最神圣的颜色。

(1) 大手拉小手,请进班级国防课程中来。

苏霍姆林斯基说:"不能总是牵着他的手走,而是要让他独立行走,使他对自己负责,形成自己的生活态度。"同样,在班级实施国防教育课程的过程中,教师应当努力成为儿童的伙伴,将以"教师、教材、课堂"为中心转变为以"学生、活动、实践"为中心。教师和学生共同实施课程、参与活动,共同体验感受,促进课程生长。

为了让学生们更深入地感悟、体会国防精神,我在学校每年10月的"国防月"中积极组织班级学生开展"童心国防节"系列活动,这也是孩子们最喜欢的节日之一(见表1)。

表1 "童心国防节"系列活动

年级	一年级	二年级	三年级	四年级	五年级	六年级
活动	行走——触摸最美的"国防绿"	大金山中的那抹"绿"	小小军事收藏家	DIY武器模型	我在军营的一天	战地救护演练

我们每一年的主题活动都经过非常详细的方案策划,学生乐在其中。我班每个学生至少学会一项军事小技能:军体拳、战地救护、搭帐篷、叠豆腐块被子、穿防护衣等。在此基础上,我对已经升入高年级的孩子们提出了关注国际军事发展的新要求。这样的评估与激励机制,有力地保障并促使学生融入相对活泼的"国防绿"课程文化建设中。

我班邀请解放军战士走进课堂,与学生互动,用他们亲身的经历,他们的军旅生涯给学生带来一节节生动的课。我们还邀请部队专业研究人员进入课堂,向学生介绍我国的军事武器及发展历史等。

（2）小手牵大手，共营班级盎然"绿意"。

陶行知说："要解放孩子的头脑、双手、脚、空间、时间，使他们充分得到自由的生活，从自由的生活中得到真正的教育。"为了让学生们感受到班级环境布置中的"国防元素"，在"三全育人"理念的指导下，我协同各科教师、家长以及学生一起行动起来，为我们班教室营造了盎然的"绿意"。学生们在各自家长的带领下，先设计了"绿意"设计图，而后在我和各学科教师的带领下一起布置班级。

班级"国防绿"从"廊、区、角"三个地方展开。"廊"是指教室内的"左右侧走廊"，通过墙壁文化进行一些国防基础知识的普及，比如军事武器、著名战役、著名军事人物等的介绍。"区"是指"我是小小兵"读书区域，放置了大量军事、国防方面的书籍，后面将进一步进行丰富和完善。"角"是指"班级一角"，借助板报一角进行国防主题内容宣传，借助墙面软板一角进行国防主题小队分享。

"国防绿"环境引导学生们传承国防文化，"国防绿"活动激发学生们弘扬爱国主义精神，"国防绿"课程促进学生们铭记国防精神。

2. 英雄气概：激发爱国情

一个健康向上的班集体，更需要多一些阳刚之气，特别是国防教育特色班级的学生，更需要献身精神和忠诚刚毅的品格。

（1）走进军营，感受"豆腐块"文化。

每年暑期，我都会带着学生走进军营亲身体验军旅生活。走进宿舍，很多学生常常不由自主地发出感叹——"太整齐了！"被子全都叠成了"豆腐块"，帽子、腰带、枕头等都摆放在一条直线上。解放军战士们纪律严明的作风、严谨细致的追求，可见一斑。"豆腐块"是方正的，它的方正是因为叠它的人一丝不苟，训练有素，遵规守纪；而叠它的人正是纪律如铁的士兵，一支好的军队是严谨、智慧的军队，叠被子是军人的一项基本功，也是体现军人严谨作风的一个方面。学生走进军营参观了解放军的生活环境之后，在"娃娃写话"中纷纷写下自己的感受，表示要像解放军一样严格要求自己。

古人云："不以规矩，不能成方圆。"我着力引导学生在班级中行事必须讲纪律。小小的"豆腐块"蕴含着大道理，告诉我们生活要方正，学习要方正，不逾矩，这样，一个人的学习才能进步，一支军队才能打胜仗，一个国家才能更强大。我和学生共同商议后，在班级中设定了"事事有规矩，人人守规则"的班训。从每个人每一天的抽屉整理，到班级中卫生角的整理；从班级卫生的打扫，到班级包干区的整洁整理……每个人都在努力整理好自己的"豆腐块"，班级学生的规则意识也在潜移默化中增强。

（2）深度走访，礼赞部队英雄。

每年的"八一"建军节，我都会带领学生走进军营，和解放军战士共庆节日。崇尚英雄、学习英雄是对英雄最好的礼赞。我们先后采访了十余名老红军，参观了数十个抗战纪念场馆，进行了历史街区游学行。学生通过慰问抗战老兵、参观抗战遗址、聆听抗战故事、了解抗战历史，开展了一段不寻常的寻访路，将那段刻骨铭心的历史留在自己的记忆中。近年来，我班紧紧抓住"全民国防教育日"这一重要节点，充分利用好学校附近的国防教育地铁站，每年组织学生前往地铁站参观，学习了解城市发展过程中的恢宏历史，感受人民解放军为达成使命奋勇拼搏的精神。

3. 家国情怀：践行爱国志

"家国情怀"是一个人对自己的国家和人民所表现出来的深情大爱，是对国家富强、人民幸福所展现出来的理想追求，是对自己国家的高度认同。在国防教育主题下，我努力引导学生以一种历史责任感和使命感敢于担当、勇于奉献，以主人翁姿态为祖国添砖加瓦。

（1）自主编制，"我"心目中的《三十六计》。

为激发学生的学习兴奋点，在编制班本课程的过程中，从主题选定到内容编排，从图片介绍到文字描述，都由学生们自己规划。"'我'心目中的《三十六计》"就是一本由我班学生自行设计的课程"教材"，正是出于学生对历史兵书《三十六计》的兴趣而编创。班上36名学生每人研究自己感兴趣的"一计"，研究古人智慧，研究施计要诀，研究三十六计的延伸运用，并用图文并茂的方式表达出来。这样的方式让学生走进课程开发的现场，主动开发自己喜欢的课程，让每一名学生都能真正融入课程建设开发中。我们还以孩子为个体，由学生自主选择自己感兴趣的国防主题，编写能体现个人兴趣、个人探究愿望的个别化主题课程。通过国防班本课程的自主编制，学生们的国防主人翁意识大大增强，他们正在以自己的方式身体力行地涵育家国情怀。

（2）创意制作，班级的专属"军火库"。

为培养孩子们的爱国情怀和国防意识，每个秋季学期，我们都会开展一场轰轰烈烈的武器模型制作活动。我班常常形成"大人小娃"齐上阵的局面，大手小手齐开动，为班级的专属"军火库"添砖加瓦。放眼望去，海军、陆军、空军各式装备分列眼前：威严挺立的长征火箭、整装待发的歼-10战机、气势逼人的狙击步枪、霸气无比的"辽宁号"航母、鳞次栉比的各型舰船……——等待检阅！学生开动小脑筋、发挥想象力，充分利用各种材料拼接搭建、巧妙组合。每个尖端武器模型的背后，都是一位中国少年对武器装备的深深热爱，是对强国强军的热切回应。

【特色和成效】

我班国防教育的连续化实施与开展对学生品格的形成起到了至关重要的作用，从我班走出来的学生都成长为"军队明星粉"，他们身上初步具备了军人团结一心、吃苦耐劳、责任担当的优良品格，俨然是一个个优秀的"小小兵"。我班有很多学生的理想就是走进军营，成为一名光荣的人民解放军。爱国应是一切美好品德的基础，在我班学生的成长过程中，国防教育写下了浓墨重彩的一笔。如今，我班学生已经五年级了，他们努力又踏实，积极又奋进，团结不排他，明责不退却。整个班级班风正，氛围好，屡次被评为学校的"积分第一"班级，2018年我班荣获"区先进班集体"的光荣称号。

孩子们的积极进取也影响着我对自己的目标设定和努力方向，在班级教育教学工作中，我努力学习并提高自我，被评为"区百名好青年""区青年岗位之星"，荣获市区班主任基本功比赛一等奖；主持的区级科研课题——"小班化教育班级经营中家校沟通实效性研究"顺利结题。

3. 着眼未来　成就更好的"每一个"

17年的教育生涯，一颗永远火热的心，涵育学生敦品励学，促进学生自律成长。作为一名普通的班主任，我在辛勤耕耘中默默守望着含苞待放的"花儿"，让孩子们在温暖的阳光里灿烂绽放。

【育人理念】

坚持"育人为本、德育为先"的教育思想,在"每个生命都灿烂"的育人目标引领和激励下,我大胆实践、创新思考,不断探索班主任工作新途径、新方法,以活动育人,形成"发现每一个,尊重每一个,成就每一个"的育人理念,鼓励学生做一个温暖明亮的人。

【班情分析】

2017 年 9 月,我又迎来了一个新的班级,通过日常观察与调查,对班级有了细致的了解。

班级共有学生 45 人,其中男生 22 人,女生 23 人,男女生比例较为均衡。学生整体素质不错,活泼开朗,品德良好。45 名学生中,有 21 名独生子女、2 名来自单亲家庭、1 名留守儿童、1 名外来务工人员随迁子女。家长文化程度整体较高。在平时的家校沟通中,父母亲参与度高,愿意积极配合学校的教育。

学生学习习惯良好,大部分学生能做到上课认真听讲,书写端正,认真完成家庭作业。在丰富多彩的活动中,学生能够积极、文明参与,表现出自己较高的素养。但是学生年龄较小,心智不够成熟,存在着一部分学生对自己的评价偏高或过低的现象,在学习、活动中常常表现出自负或自卑的行为。这些现象与家庭教育、习惯养成、班集体建设等息息相关,所以还需要通过各种形式进一步提升学生的综合素养。

【班级发展目标】

一个班级交给我们,一年或多年后,我们该还家长、社会一群什么样的孩子? 我想,正如爱因斯坦所说:"在一个崇高的目标支持下,不停地工作,即使慢,也一定会获得成功。"

我着眼于小学六年完整周期的养成教育,贯彻"发现每一个,尊重每一个,成就每一个"的育人理念,确立了这样的班级育人目标:以儿童自我生长为主线,涵育高尚品格,提升班级凝聚力,培养既有温度又有色彩的阳光少年!

1. 立规践行

师生共同制定、完善和执行学习、纪律、卫生、安全等方面的班规。常态化开展爱国主义教育、集体主义教育,推进遵纪守法、文明行为等方面的教育,有效提高学生的思想道德素质。

2. 自律向上

完善班级岗位,让所有学生在集体岗位上得以历练,把个人融入集体,充分发挥学生的自主自动、创新实践、自我管理等多种能力,并通过细致的思想教育和有益的主题教育活动,形成团结向上的良好班风。

3. 素养提升

养成刻苦勤奋、自主合作、科学探究等良好学习习惯;掌握锻炼身体的正确方法,拥有健康的体魄;具有一定的审美能力,培养健康的爱好;掌握一定的生产劳动基本技能,具有正确的劳动观点、劳动态度和良好的劳动习惯。

【实践做法】

孩子们围绕"灿烂"分享自己的认知:采撷阳光,向阳花开,写意童年,绘就一个阳光的未来。向阳花,永远追随着灿烂的阳光,与温暖的心灵同行,与向上的精神共生。于是,向阳花成为班级的标识。

明确了目标,有了形象的标识,我和孩子们共同构建班级育人体系,用向阳花的精神内涵激发学生内在成长动力,实现学生完整人格的自觉发展。

一、建一方平台:班级建设我做主

为了每一朵向阳花都能迎着太阳绽放灿烂的七彩光芒,让个人融入集体,实现个人和集体的共荣共生,向阳花班实行"我的地盘我做主——自我管理机制",依托少先队组织机制,以参与班级管理体验活动为途径,在参与班级管理中对学生行为与习惯进行培养,不断增强学生的综合素养,努力提高他们的实践能力。

学期初,面向全体学生实行新一届班队委换届选举。除班委外,还实行助理班长制度,并设立红领巾督查员、卫生监督员、安全督查员、节能员等30个岗位,人人都是主人翁,职责明确,在实践中激发学生热爱集体、建设集体的动力,真正做到"自己的事情自己管",体验为集体服务的快乐。班级中优秀的少先队员还参加学校"自主管理委员会"竞选,参与到学校的管理中去,真正凸显学生小主人的地位,增强学生服务意识、责任感、角色认同感等。

二、依两个项目:探索育人新路径

1. 教育戏剧融合育人项目

发挥教育戏剧的立德树人功能。依托江苏省中小学生品格提升工程"戏悦童心:教育戏剧融合下的育人平台建设"精品项目,班级每周开设一节教育戏剧地方课,每年举行一届班级魔镜戏剧节,所有学生全身心参与创造演绎。2021年建党百年,我们班级围绕"童心向党"展开红色教育戏剧展示活动,学生自编、自导、自演了《突围》《祖国在我心中》等节目,致敬抗战时期涌现出的英雄人物,深情演绎对党和祖国的深深依恋之情。品德教育与戏剧相融合,孩子们团结协作、创新创造,理解规则意识,感悟先辈人格魅力,涵养爱国品格,在角色人性的光芒下思考与成长。

2. "泗水阳光"劳动教育项目

用劳动教育筑牢立德树人基石。依托学校劳动教育场馆和校外劳动实践基地,"小能人"实践室培养生活能力,"小主人"家务劳动实践室培养责任感,"小公民"社会服务实践室培养道德品质和公民素养。一学年中,与语文、科学学科紧密结合,重点开展谷雨、芒种、霜降、冬至等二十四节气劳动教育。在校内外种植基地给白菜、茄子、萝卜、苤蓝等蔬菜浇水、施肥、锄草;在家中洗菜、切菜、点火、掌勺,以及拍、炖、煮、炒之后,将糖醋萝卜、凉拌苤蓝、青椒土豆片、花菜肉片端上餐桌,孩子们感受着劳动带来的乐趣。劳动教育系列活动形成了以班级主导劳动教育、家庭主动协助居家实践的模式,家校在劳动教育实践、劳动教育评价等过程中协同进行,发挥立德树人最大优势。

三、筑三块阵地:保障育人效果

1. 班级阵地:构建品德发展主题月

针对学生的道德和价值观的培养,我们班级开展了每月道德关键词的系列教育活动,如九月——规则,十月——爱国,十一月——诚实,十二月——敬业。每月的升旗仪式、主题班会、实践活动都以道德关键词为核心,强化学生品德教育。此外,日常开设心理健康课程,针对学生成长发展中的共性问题和个性案例,定期开展主题个体辅导、团体辅导等干预和指导。

2. 家庭阵地:整合共建优质资源

任小艾老师说过:如果在你的班主任工作中忽略家长这一力量,你永远是一条腿走路。所以在平时教育中,我注重家校结合,利用校信通、微信平台,及时加强和家长的沟通,通过家校 e 学堂、家长委员会、爱心家长护学岗共同开展教育,提高家庭品德教育的水平,让孩子的成长浸润最幸福的阳光教育。

3. 社会阵地:实践活动融入社会

将立德树人落实在综合实践活动中。向阳花班每学期和寒暑假各开展一个主题活动,我们精心整合学校和社会资源,以活动为载体,带领学生走出校园,走进工厂、田间、公园、高铁站等地方开展主题实践活动,在丰富的活动参与和体验中,引导学生充分关注家乡的自然环境、人文环境以及现实的生产、生活,关注赖以生存与发展的乡土和生活环境,在促进集体共建的同时培养学生良好的道德素质,锻造学生的高尚品格,从而让他们把握未来,适应社会。

四、构四面评价:自主自能成长

教育家叶圣陶先生主张,教是为了不教;苏霍姆林斯基说,只有能够激发学生去进行自我教育的教育,才是真正的教育……可见,自我教育在人的成长中有着极为重要的意义。所以学生在集体内生的系统中成长,需要及时评价反馈,帮助他们实现自我教育,从而实现"人"的成长。

1. 阳光少年成长护照

设计订制绿皮书《阳光少年成长护照》德育评价手册,学生人手一本,利用班会课每周进行一次自评、组内互评、教师评价、家长评价。对于优秀者给予星级奖励,学期结束累计参加各类优秀学生的评比。一系列的自评、生评、师评、他评,旨在引导学生在家做好孩子,在校做好学生,在社会做好公民。

2. "21 天美丽行动"

以坚持培养自我良好的习惯、品性、素养,以行动唤醒自我的自律、自觉、自省。班级阶段性主题化的"21 天美丽行动",鼓励所有学生汇集点滴成长,迎来滴水穿石的美丽。一个个不同层次的美丽目标的达成,成就了孩子的美丽行为。学生在不同时间、不同场合的文明问候,有序就餐,文明过马路,主动捡拾纸屑,集体活动时的互助,与陌生人的沟通交流,每天静静地阅读……第 22 天,一次主题班会、一次集体的展评、互相的点赞,一次美丽行动的汇总展示,孩子们获得了成功的喜悦,树立起坚持美丽行动的信心。

3. 文明积分卡

班级开展"灿烂童年积分卡"活动。"阳光文明好少年""文明积分卡""好

少年积分卡"……对学生乐于助人的文明行为、活动中取得的优异成绩、课堂认真完成学习任务等进行评价,驱动学生成长的内在动力,浸润着学生习惯、人格、品格的养成。通过该活动,调动学生践行"勿以恶小而为之,勿以善小而不为",从小事做起,积小成大,立德成人,做合格的"小公民"。

4. 儿童梦想剧场

每个月由学生投票选择并播放一场具有教育意义的电影,内容可以是可爱的卡通人物动画,可以是跨越千年的历史,也可以是不可预知的未来……曲折的情节、经典的台词、唯美的画面,感恩、悲伤、开心、愤怒、激动、惊讶……把电影带进学校,为学生们提供优秀的各类教育影片,让栩栩如生的光影故事展现在学生眼前,对儿童进行品德、礼仪教育。如孩子们观看的电影《少年毛泽东》,影片中毛泽东对梦想的追求,开阔了孩子们的视野,激发起孩子们的爱国情感,让真、善、美的价值观潜移默化地浸润学生的心灵。

【特色和成效】

基于学校、家长、社会的共同努力,向阳花班的孩子们沐浴教育的阳光,涵育成长的内生力。四年来,向阳花班已经成了一个充满美好、滋润生命、创造幸福的地方。

1. 黄金第一周立规

开学黄金第一周我们班开展主题教育班会,进行全天候立规教育,主要进行"自理小能手""健康小达人""自护小卫士""文明小标兵""学习小主人"的教育,通过儿歌传唱、游戏竞答、实景模拟等方式进行教育引导。立规早早入人心,指导细细践于行,开启和谐美丽校园生活第一篇。

2. 成长档案记录点滴童年

开学初,每位学生从班主任老师手中郑重接过《阳光少年成长护照》、"21天美丽行动"记录单等,组成了自己初步的个人成长档案袋。随后学生将自己在学习、生活、活动中所获得的各项过程性资料收入其中,学期末对个人成长档案袋进行评价。成长档案袋既记录学生成长,增加学生努力奋斗的兴趣,同时也珍藏童年幸福生活时光,成为孩子们小学时代的珍贵礼物。

3. 溢彩童心每日秀

在班级开设溢彩童心小舞台展示活动,每天由两到四位学生为大家带来才艺展示,或唱或跳或弹奏。给学生一个小舞台,通过学生个人展示、团队展示,培养充满自信、自强、阳光、魅力的少年。小小的舞台成为孩子们追求美、展示美、创造美的天地,同时也为其他孩子提供极好的艺术教育和美的熏陶。

4. 缤纷体艺乐享童年

课堂在教室,但不拘于教室,也不拘于是否有教师,而在于学生在一定的环境中是否能够实现自我、自主的成长。基于此,我们通过相互的分享和帮助,实现同伴互育,并加强集体的凝聚力,进一步涵育集体精神的内生力。

班级中常态举行趣味运动会。抱球接力、花样跳绳、快乐毛毛虫、袋鼠跳……同趣、同乐,孩子们在充满趣味的活动中收获快乐;同力、同心,孩子们在充满挑战的比赛中收获成长。阳光趣味体育,组成了充满童趣活力、团结合作的孩童世界。

5. "七爱"主题提升素养

在班会中融入德育校本"七爱"德育课程:"好好爱自己""温暖的家""可爱的校园""美丽的家乡""苏派,我的爱""我爱你,中国""同一个地球",逐步渗透"礼、义、信、仁、智、勇、敏、美"等中华传统美德和品质教育,培养具有传统美德和国际素养的世界公民。

在"美丽的家乡"课程结束后,我带领向阳花班的红领巾们去寻访荣获江苏省"最美乡村"的八堡人家。孩子们用明亮的眼睛去观察,用手中的相机去记录。走访八堡人家,向阳花班的红领巾们感受着家乡的新变化,体会着"强富美高新江苏"的日新月异,成就感、自豪感、使命感已然植根于心中。

雨露滋润,向阳花开。我们班级先后获得校"爱心班级""星级中队""文明班级"等称号,参加市经典诵读活动并获得第一名,2020 年荣获县"优秀班集体"称号等。本人也多次被学校评为校"先进工作者",2019 年获县"先进工作者"称号,2020 年获"新长征突击手"称号,两次荣获市班主任基本功比赛一等奖。

"带班育人无浅处,春风化雨润无痕",是班主任工作的最佳境界。在班集体建设工作中扎实、创造性地开展各项活动,学生的精神面貌得到较好的体现。在今后的工作中,我将着眼未来,以培养"温暖明亮的人"为己任,发现每一个学生,尊重每一个学生,成就每一个学生,努力营造一个和谐灿烂的育人环境,在每个学生的心灵中种下一颗向上、向善、向美的种子,争取让自己的班主任工作迈上新的台阶。

◉ 初中篇

4. 成就最好的自己　预约幸福的人生

【育人理念】

英国思想家罗伯特·欧文说:"人类的一切努力的目的在于获得幸福。"让每一个从自己手里培养出来的人都能幸福地度过一生,这是教育者应该追求的恒久性、终极性价值。我一直努力践行我的育人理念:"养成习惯成就幸福人生,树立理想奠基幸福未来,学会共处走向幸福远方。"

【班情分析】

我校是一所新建学校,目前还没有划分施教区,生源多为拆迁范围内户证一致住户的子女。家长整体文化水平不高,拥有本科学历的家长仅有 5 人,缺乏良好的家庭教育氛围,多数家长不注重孩子的自我教育,孩子缺少高质量的陪伴。

班级内有 3 名学生成长于单亲家庭,其中两名男生的父母在孩子很小的时候就离异了。两名男生缺乏上进心,人际交往能力不够,对手机比较依赖,其中一名学生的家长对孩子比较放纵,孩子周末生活交往的人群比较复杂,习惯比较差。一名女生家庭遭遇变故,母亲成为植物人,一直住院,但不愿申请贫困生补助,平时不爱说话,上进心很强。另外,班内有一名女生身体情况特殊,患有糖尿病,不过非常坚强勇敢。少数几名学生有明确的人生理想,三分之一的学生有考进理想高中的愿望。

班级孩子整体比较开朗乐观、积极向上,但好动调皮,自制力不够。不少孩子班级主人翁意识淡薄,没有班级自主管理能力,缺乏良好的习惯,日常行为规范养成教育需常抓不懈。

【班级发展目标】

理念是行动的先导,目标是努力的方向。针对班情,我组织召开了第一次班会,主题为"新起点,新目标",发挥学生的积极性,采纳科任老师的意见,确立了我们班级的发展目标。

七年级目标:抓好"一日常规",做班级小主人。

八年级目标:争创"文明班级",做学校表率。

九年级目标:做最好的自己,创幸福的班级。

【实践做法】

围绕教育的终极价值,在班级管理实践中,我着力打造以"我们在一起""我们不一样""我们一定行"为主题的育人活动,将习惯养成教育、理想信念教育、人际交往教育融合在班集体的创建中。

一、我们在一起——和羹之美,在于合异

汤羹的美味在于味道间的调和,古人引用这个例子旨在说明"和"的意义与价值。新组建班级的孩子来自不同的学校,个性各异,发展水平不同,能不能快速形成凝聚力,最重要的在于能否趋同"合异",攥指成拳。多年尝试后,我逐渐积累了自己的"三力"。

1. 同心协力,打造班级文化 logo

班级文化是班级的灵魂,是师生共同营造的软环境,而文化 logo 又是文化内涵的外化,能潜移默化地影响学生的精神世界。幸福的班级之家需要师生共同营造,所以班主任要激发学生的主体性,给学生展示自我创意的机会,在冲突、讨论、协商中形成班级成员认可的班级文化,这样的文化更容易被学生自发接受,发挥其积极作用。我班 47 名学生通过小组创意解说、集体投票选举、全员优化完善生成了班级文化 logo(如图 1 所示),并形成有创意的诠释,具体如下。

"格物致知　止于至善"是我们的班训,均出自《礼记·大学》。"格物致知"是中国古代儒家思想中的一个重要概念,意思是推究事物的原理,从而获得知识,生出智慧。"止于至善"就是达到最完美的境界,当然这个最完美是无极的,所以我们要不断追求。

中心主体图案地球仪代表与时俱进的全球观念,用放大镜细看地球仪,镜片中显示出我们熟悉的江苏地图,表示我们要将宏观认识与微观认识结合起来看世界。地球仪周围是原子核与 DNA 结构,表示我们认识事物不光要看表面,还要探究根本。我们是 2020 级 2 班,将 0 与 2 这两个数字元素融入

图1 班级 logo

其间:地球仪的底座是一个阿拉伯数字2,被抽去了中间那根倾斜的轴,采用磁悬浮式;放大镜的圆形镜片边框正好是个0。班徽的外侧圆环字体皆采用隶书,给人平和方正的感觉。两侧的麦穗象征着收获,祝愿同学们都学有所成,青春无悔。

这枚班徽色系简洁,蓝色代表广袤的天空和无垠的大海,正如我们宽广的胸襟,也正如我们要不断追求的至善。数字使用醒目的黑色,体现质朴与稳重。我们的家园是一片充满希望和活力的绿色土地。放大镜的手柄则涂上了神秘的银色,象征着未来。

整个班徽寓意初一(2)班将努力探索真知、培养德行,实现人品与学问同步升华。

2. 群策群力,拟定常规管理制度

在初步选出班干部之后,我组织大家按以下流程制定常规管理公约:小组就各自负责的板块拟写公约—向集体成员解读—班集体讨论完善、举手表决—明确考核要求—班干部各司其职。之所以公约要先集体讨论再定稿发布,在于强化人人是班级管理的主人翁意识,其意义在于经由学生集体讨论拟定的公约有助于个体行为态度的转变。公约确立后就是进行常规要求细化和责任分工落实。经过一学年的实施,初二(2)班的"一日常规"管理形成了具体分工(如图2所示),实现了时时有人管、事事有人管,人人有事做、事事有人做的工作局面。当然,班级管理班主任可以"放手",但不能完全"放心",班主任还应做好每日点评小结,经常召开座谈会,阅读班级日志,留心班干部日常管理,以便及时发现问题、解决问题。

3. 凝心聚力,点亮理想之灯

学校教育的本质功能在于优化和完善人的素质,既育才又铸魂。而理想教育是对青少年进行世界观、价值观、人生观的教育。习近平总书记在全国教育大会上的讲话中强调:要在坚定理想信念上下功夫。主题班会作为开展德育工作的重要形式,具有导向作用,具有情感感染的功能,能促进学生的自我教育。

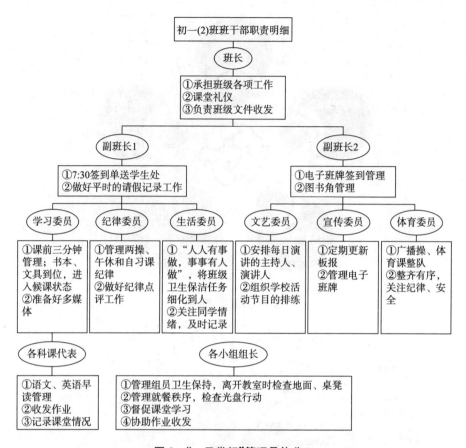

图 2 "一日常规"管理具体分工

主题班会既要有计划性,又要有针对性、创新性。多年来,我不断学习探索,根据学生成长中遇到的问题着力设计主题班会系列,使主题班会入脑入心。这一学年,我根据学生成长中遇到的问题,围绕一个"好"字设计了这样的系列主题班会(如图3所示)。后期,我打算立足我校"诚恒"校训,构想两个系列的主题班会(如图4所示)。

二、我们不一样——各美其美,美人之美

教育成功的艺术在于善于察觉"学生的天赋",发现学生的个体差异,以便确定使其施展智力和创造力的领域。实践中,我认为要用好德育的三个"阵地",即环境阵地、活动阵地、课程阵地。

1. 小小屏幕,等你来圈粉

马克思说:人创造环境,同时环境也创造人。用心经营,班级育人环境无

图3　系列主题班会

图4　校训主题班会

处不在。板报、橱窗、走廊、墙壁、植物角、图书角均是学生展示的舞台。

　　既然孩子感兴趣,何不充分发挥电子班牌的功能? 2021年2月23日,我发布了第一条励志语:"做自律的事情,做利他的事情,做美好的事情。新的一天,加油!"那一天,我发现来电子班牌前的孩子更多了,孩子如同发现了"新大陆"。晚上,大部分孩子在家联本上写下了这句话和自己的感悟。接下来,我每天早上第一件事就是发布"每日一语",内容涉及习惯养成、理想教育等方面,有时根据特殊主题日或节日进行调整,比如元宵节发灯谜,学雷锋纪念日发雷锋语录等。

后期我会组织班委统筹规划,调动全体学生积极参与,充分发挥这个宣传阵地的作用,通过各具匠心的文字推送、精彩的班级相册,让孩子们各美其美,他们也圈粉无数。由此,我还想到了教室内的电子屏幕,桌面图片是否也可以成为学生展示的舞台呢?捕捉孩子的亮点瞬间,鼓励先进;抓拍师生共处的幸福画面,营造氛围;定格小组同学合作奋进、互帮互助的镜头,表扬激励……这样让孩子成为幸福的"主角",调动学生自我教育的自觉性和主动性。

2. 活动展示,打造你的高光时刻

丰富多彩的活动能培养学生良好的道德品质,锻炼学生坚强的意志。带班过程中,我重视利用活动阵地,鼓励学生在活动中打造自己的高光时刻,由点到面,树立自信,让孩子拥有幸福的成就感。遇到重大节庆日、主题教育日的学校活动,以及研学活动、科技活动等,我鼓励学生把握机会积极参加。

还记得今年的主题研学活动"邂逅春天,乘风追梦",徒步 5 千米,欣赏花谷美景,体验帆船运动,学生的精神成长远远超过平常的说教,丰富的研学心得是最好的证明。他们在远足中感受了自然之美,领略了生活中的"诗和远方";他们在帆船上体验了风浪的洗礼,明白要做好自己人生的"掌舵人";他们在疲惫中咬紧牙关磨炼意志,相信路的尽头鲜花盛开;他们看到了男生肩上多起来的书包,明白了担当和团结;他们看到了王老师用一辆小电动车循环载着几个实在走不动的孩子跟上队伍,感受到体贴的温情……一路上,我们心与心相连,手与手相牵,一起走。团结、友爱、温馨、美好,成为开在春天里的最美的花。那次的国旗下讲话,大家觉得不过瘾,班级交流氛围更是如火如荼。

开展丰富的活动,满足青少年的心理需求,为他们提供施展才华的机会,为他们开辟思想对话、与人共处的场所,在活动中学生学会做人、学会做事、学会学习、学会共处。一年来,我班学生参加各类活动获省级奖五人次,市级获奖十多项。

3. 开发课程,实现协同育人

德育不是班主任的独角戏,每个学科都有其独特的育人价值。在学科德育的基础上,班主任还要整合学科资源和家长资源,开发班本课程,实现协同育人。

这学年，我主要利用学校的"诚恒时光"，设计了"演讲小达人"课程，关注时事，立足班情，发挥学生的个性特长，培养学生的兴趣爱好。

我班小叶同学性格内向，任课老师普遍反映课上喊她答题，她总是低着头不说话。为此，我召开了班干部会议，建议通过"演讲小达人"课程帮助她树立自信。宣传委员主动沟通，动员小叶积极参加，并告诉她所有班委都是她的后援团。小叶接受挑战后，同学们有帮她构思文稿的，有指导她制作PPT 的，有利用课后时间陪她练习的，最后一次模拟我给她竖起了大拇指。一个星期后，小叶自信地站上了讲台，勇敢地迈出了第一步。小叶的家长看到我发的演讲视频时，由衷地感叹"孩子变了"。后来，小叶不仅课堂上开始发言，而且也积极关心班级事务。她在作文中多次写到那段经历，同学互助的温暖、共同成长的幸福，成为一道光照亮了她的世界。

作为班主任，还要关注学生全方位能力的培养，为学生成长加油赋能。通过阅读学习，我开始构思"三维联动"的劳动教育课程，"我的精神颜值树"礼仪课程，"美丽·美力"体育活动课程，"诚恒品格"校训课程……我相信植根于生活的课程，定能为学生的幸福成长蓄力充能。

三、我们一定行——成人之美，美美与共

"成人之美"的"成"字，宋代朱熹集注"成者，诱掖奖劝，以成其事也"；钱穆先生在《论语新解》一书中沿用了这种解释，谓之"诱掖奖劝以助成之"。作为精神关怀者的班主任要有"成人之美"的情怀，立己达人，关心学生的内心世界，关心他们的发展需求，关心他们的精神成长，师生一起追求"止于至善"的道德生活，实现美美与共的境界。实践中，我倡导陶行知先生的理念——教会学生"学做主人"，做班级管理的主人，做美德涵养的主人，努力使教育成为学生的幸福之旅。

1. 做班级管理的主人

要让学生做主人，班主任就要敢于放手，让学生自己解决能够解决的问题，这就是老子所说的"无为而无不为"。一年来，在自主管理中，学生的能量一次次刷新了我的认知。比如，用新鲜的晨读创意激活校园清晨。晨读的重要性不言而喻，但学生只是坐在教室里背课文难免热情消退。晨读管理提上班级议事日程后，学生出点子，小组来检查，大家来评价。户外晨读成了亮丽的风景，朗读亭成了展示的舞台，大家争当领读明星，早读的自主管理让学生

觉得早读充满愉悦和幸福。类似这样的班级自我管理创意还有自习课状态栏、家长护学岗。

当然，放手的前提是班主任要始终"在线"。设置班级信箱是我了解班情的秘密钥匙。利用小信箱，让学生吐槽提建议，表扬班级正能量，跟老师说悄悄话……班主任及时了解班情，使工作更有主动性、针对性。

2. 做涵养美德的主人

叶澜教授指出："教育是一个使教育者和受教育者都变得完美的职业，而且，只有当教育者自觉地完善自己时，才能更有利于学生的完善与发展。"班主任应该成为学生健康成长的"引路人"，成为塑造学生品格的"大先生"，做学生为学、为事、为人的示范，"大鱼前导，小鱼尾随"，让学生自觉涵养美德。教师不越界，学生就会懂得尊重；教师付出爱，学生就会懂得珍惜和感恩；教师善欣赏，学生就会懂得悦纳。每一次为学生点赞后总能看到他们自信的微笑，每一次给学生送上鼓励的卡片后总会在"家联本"里读到他们的回应，每一次给学生节日的惊喜后总能收到他们送来的小零食。

还记得 6 月份的一天，我提前了几分钟去食堂。刚下了一阵大雨，我就顺手拿上了雨伞，到食堂时太阳又出来了。等我吃完了准备离开时，暴雨倾盆，吃完饭的孩子有的冲进雨中，有的站在食堂走廊里等着，正好看到我班几个调皮的男生准备往雨里冲，我喊住了小杰和小轩，送他们回到教室。小杰说："老师，我们拿伞去接其他同学吧。""好主意，小暖男！"教室里还有几个淋湿了的孩子，也一起拿着伞奔向食堂。后来刘老师跟我说："王老师，你们班孩子简直就是太阳，你不知道，那么大的雨，一群孩子举着伞将好多学生和老师从食堂门口送到连廊。"我会心一笑，刘老师又说了一句："我表扬他们时，他们说，我们王老师是最美的太阳。"

我希望我的学生成绩好、品质好，更希望他们成为心中有爱、真正幸福的学生。班主任要在孩子面前展示我们的热爱、善良、责任心等优秀品质，无须大水漫灌，只要无痕滴灌，必能使学生汲取精神的养料，绽放最美的生命之花。

幸福的人生是可以预约的，教育是引领学生幸福成长的艺术，陪伴孩子成长，我期待把时间流成幸福的河，这幸福不仅是享受此刻的感受，还是持续发展的过程，不仅要让学生享受幸福的教育，还要引导学生追求幸福、传递幸福、创造幸福，走出自己的幸福之路，成就自己的幸福人生。

5. 培养有求知心、创新心、责任心的时代新人

——"三心"班级建设实践

【育人理念】

人的全面发展包括两大方面:需要的充分满足和能力的全面提高。从育人的角度出发,我认为,能力的全面提高应该包括求知的能力、创新的能力,以及对他人和社会负责的能力。我所在的学校是一所语言特色学校,学生普遍思维开阔、知识面广、学习能力强,但也存在眼高手低、缺乏学习动力和目标的问题,习惯于被安排,热衷于创新,但热情有余,实干不足,方法欠缺,而且过于自我,责任意识不强。

基于班级学生的实际情况,从学生全面发展的角度出发,我通过构建以学业为抓手、活动为载体、心理为长线的德育工作路径,解决班级学生在学业发展、活动养成、心理疏导方面的现实问题,培养有求知之心、有创新之心、有责任之心的全面发展的学生。

【班情分析】

我校在多年办学中形成了成熟的德育体系和丰富多彩的德育特色,为班级具体德育工作提供了经验丰富的平台。学生外语见长,思维开阔,但在求知上眼高手低,存在惰性;在创新能力上热情有余,但方法欠缺;较为自我,对于责任的认知和行动力欠缺。

从班级具体情况看,存在以下具体问题。

(1) 从求知之心上看,个别学生知识面广,学习力强,课堂上的精彩发言常常给老师的教学和工作带来启发。但也因此导致过于自信,学习条理性欠佳,存在惰性,作业马虎,只写答案,不写过程;还存在父母敦促过多,学生个人缺乏学业长远目标等问题。

(2) 从创新之心上看,七年级时学生创新热情饱满,在校内外各种舞台中都有精彩表现。但进入高年级后,个别同学创新热情不足,在个别集体活动中存在吵闹无序、内耗严重等情况,例如在组织排练活动时,常出现意见

分歧,效率低下等现象。

(3) 从责任之心上看,学生大多来自城市,生活条件好,竞争压力大,个别学生娇生惯养,以自我为中心;存在眼高手低、光说不做等问题;遇到困难与挫折时心理较为脆弱,耐挫力不佳,承担责任的意识和能力亟待增强。

基于本班的实际情况,我针对性地帮助学生找到求知发展路径,构建创新创造活动场,建设心理发展长效机制,培养学生的求知之心、创新之心、责任之心,促进学生全面成长。

【班级发展目标】

从长远目标看,我希望通过初中三年的集体浸润,引导学生尽己所能成长为有终身学习意识的求知人、有工匠精神的创造者、有社会责任感的合格公民。我将班级发展目标具体细化为以下方面。

(1) 学会学习。帮助学生不断认识自己的长处和短处,根据自身需求和学习资源自主有效地开展学习。帮助学生建立起终身学习和主动学习的意识。帮助学生学会有效的时间管理和信息管理,培养求知意识和求知精神。

(2) 创造和创新。在组织和参与活动中,提高学生的创造能力及决策能力。以开放的态度,乐于接受和尝试有价值的理念,不怕失败,勇于坚持。在团队合作中,能够学会分享团队成功的喜悦,积极承担团队失败的后果,能够有方法地创造,并愿意为创造投入时间与精力。

(3) 沟通交流和社会责任。掌握沟通技巧,学会真诚、自信、开放地与他人沟通。适应不断变化的世界,灵活调整自己的生活和学习方向;关注自身发展,关心他人命运,愿意投身社会公益事业,承担社会责任,共同促进自我和社会的和谐发展。

以学业、活动、心理为育人重点,结合学生三年成长特点,我将阶段性发展目标设置如下。

(1) 从求知之心上看,七年级阶段重点关注学生对于班级课堂和作业等规则的适应,培养学生的求知习惯;八年级阶段重点关注学生学习的方法与效率;九年级阶段重点关注学生的学习品质养成,构建终身学习的学习共同体。

(2) 从创新之心上看,七年级阶段构建丰富多彩的活动平台,引导学生参与活动,享受活动,保护学生的好奇心;八年级阶段培养学生组织和驾驭活动的能力,发挥学生的创造力;九年级阶段在形式之外,增加活动的深度,培养学生在活动之余对身边事物的觉察力。

(3) 从责任之心上看,七年级阶段聚焦学生的自我成长,关注中学阶段自我的变化,对自己负责;八年级阶段引导学生关心热爱集体生活,对他人和集体负责;九年级阶段除了帮助学生调适应试心理之外,还要引导学生关心国家和社会发展,承担社会责任。

在不同的年段,学业抓手、活动载体、长线心理关注这三块工作有所侧重、有所调整,共同实现学生成长为有求知之心、创新之心、责任之心的目标(如图1所示)。

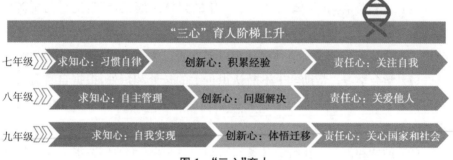

图1 "三心"育人

【实践做法】

一、找准学生学业发展的着力点,做有求知之心的有心人

七年级阶段的学业发展主要侧重于好习惯的养成和健康学习节奏的适应,力图在有序的学业发展中帮助学生发现求知点,保护好奇心,形成自律品质。例如,通过"找寻求知之美"系列活动(见表1),探索学习过程中作业和课堂的习惯之美,帮助学生养成稳定良好的学习习惯。

表1 "找寻求知之美"习惯养成

	作业自查	作业收发	作业质量
作业	通过《足迹》手册养成作业记录、自查好习惯。家长签字反馈,班主任批改《足迹》,形成有效家校监管机制	改造班级置物柜,划分好各科作业收发处,通过班规落实,养成收发好习惯,规避来校后抄袭、作业拖拉等情况发生	1. 班规落实当天作业当天订正 2."猜猜谁的作业"小活动,探讨优秀作业共性

续表

	课堂笔记	课堂纪律	课后反思
课堂	1. 定期抽查学生各科笔记 2. "好笔记展示周"活动,展示优秀笔记	"我们眼中的好课堂"主题活动,在老师、家长、学生眼中的好课堂中找到共性,努力达成	养成每月学习总结的好习惯
其他	1. 生物课"酿酒小实验""观察鼠妇"活动纳入班级学习主题活动 2. 劳技课"我的小木屋"课程,举办班级"小木屋"实物展		

八年级阶段的学业难度增大,广度拓宽;除了巩固学习习惯之外,尤其要关注学习效率的提高,引导学生学习要得法,形成稳定的自主管理状态。在黑板报上辟出专门的"方法角",邀请学长学姐整理出每门学科的学习"独门秘籍"张贴于此;在考试前,请任课老师赠送一句"考前提醒"。

提高学校效率,自主管理,才能有更多的时间和空间去发展我们的求知心。

九年级阶段面临升学,学业任务繁重。通过唤醒学习内驱力,帮助学生形成稳定的学习品质,满足学生学业品质迁移的自我实现需要。我们利用一个月时间开展了"我们的自习课"观察活动(如图2所示)。在一个月的时间内,我鼓励大家仔细观察和感受班级自习课的状态,通过观察、反思、提炼,去探索好的自习课需要哪些关键要素,在这一过程中,学生逐渐体悟到好的品质和要素。

稳定的学习品质,有内驱力的学习状态,让学生受益终生,生活处处有学问。

"三心日记"——"我们的自习课"活动部分思考节选:
学生A:高效的自习课需要在课前想好这节课我需要做些什么,有计划的自习课非常高效……
学生B:当我专注在某道数学题的时候,自习课过得特别快,我甚至没有注意到已经下课了……
班长:如果每位同学都能把自习课当作严肃的课堂,都知道自己要做些什么,班级便不需要维持纪律了……

图2　活动思考

二、搭建班级活动养成的生长点，做有创新之心的有心人

七年级，积累经验。通过常态化的班级活动和临时性的创意活动，让学生享受到活动的乐趣，热爱我们的班集体，点燃活动热情，学习他人在组织活动中的成功创新经验。多主题的班会课，聚焦中华优秀传统文化教育、爱国主义教育、兴趣培养等，丰富活动体验。通过更多的动手动脑训练，学生体会到在活动中成长的喜悦，例如，通过组织"水果创意果盘制作""制作鸡蛋保护器"等动手类活动培养学生的创造力。

让学生享受活动，积累创新经验，才能有热情走得更远。

八年级，解决真实场景中的真实问题。让学生更多地成为活动的主导者，让学生在组织活动中发挥创造力。八年级阶段容易出现学业和活动的冲突，通过组织活动的技能培养，提高效率。例如，在八年级阶段组织活动时，采用了"小组承包"、分工到人、排练打卡等形式来共同研究提高活动质量和效率的方法，培育学生的创造力（如图3所示）。

组织活动能力的提高，解决真实问题，让学生受益终生，走得更快。

> "三心日记"——"用'创造'探寻活动组织之魅"案例节选：
> 组织活动可否突破传统刻板印象，汲取失败经验，发挥创造力？
> 为了解决活动组织职能交叉、相互推诿的问题——学生们想到了"承包到组"的方式，组内再"承包到人"，每次活动划分配音、道具、音响等小组，组织架构式进行工作。
> 为了解决排练人不齐的问题——学生们创造性地使用了排练"打卡"的企业化管理方式，并将打卡结果和活动评价挂钩。
> 为了解决剧本难产、选角困境等难题——学生们借鉴"竞标"制，采用竞标方式选出剧本和角色等。
> ……

图3　案例节选

九年级，活动养成侧重于寓教于乐，注重创造力的体悟迁移，以具有思辨性的活动增加活动的深度，敦促学生进行有效的反思与共情，感受时代的创新魅力。例如，"每周一花"小活动请学生们设计每周的讲台小花造型，每天坚持换水，明白坚持的意义，以极小的时间成本换取有深度的创新体悟。

三、孕育共同进步的心理成长线，做有责任之心的有心人

七年级阶段，关注自身。正确的自我认识是心理健康教育的出发点。七年级阶段的心理健康教育侧重于帮助学生正确认识自己，学会评价自己，更

好地改进自身的缺点与不足。例如,通过"我的自画像"活动,帮助学生树立自信,做更好的自己。

一个人只有做好自己,才能影响他人,反哺社会。

八年级阶段,关注他人和集体。有意识地引导学生处理好集体生活和人际交往中的心理问题,注重在集体中关注他人,承担集体责任,锤炼自身心智。例如,通过"隐藏技能大揭秘"活动,认识身边同学的"隐藏技能";通过为期一个月的"守护天使"活动,引导学生学会欣赏他人,为他人喝彩。

培养有责任心的孩子,要正确看待个人成长过程中的青春期心理矛盾,理性辩证地看待集体生活中可能遇到的困难。通过长线活动的潜移默化去影响孩子的认识,通过短期活动的点拨去改变孩子的想法。

从对自我的关注走向对他人和集体的关注,描绘心理成长线。

九年级阶段,关心国家发展,勇担责任使命。学生的心理状态和关注面应当面向更加宽广的世界。在学业之余,通过思考个体与国家的关系,明白自己为什么而学,从而调整学习心态。通过晨间三分钟英语播报的形式,给学生带来世界的"声音";通过组织模拟联合国等主题班会,探讨全球难民问题等话题。

心怀大爱,成为有责任感的合格公民,做有目标追求的未来栋梁(如图4所示)。

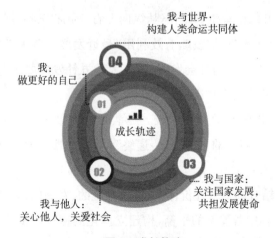

我与世界·
构建人类命运共同体

我:
做更好的自己

04

01

成长轨迹

03

02

我与国家:
关注国家发展,
共担发展使命

我与他人:
关心他人,关爱社会

图4　成长轨迹

四、有效科学的评估机制,书写独一无二的成长档案

围绕"三心"展开的德育体系,以学业为抓手,以活动为载体,以心理长线跟踪为路径,构建学生的德育成长轨迹。而在所有的德育工作中,及时、科学、有效的评估必不可少。

在学生整体评估上,依托学校"星级学子"评定,学期末围绕"学习能力""交流与合作""公民素养"等多个维度,通过赋星方式进行荣誉激励;在班级层面,通过"手写表扬信""每月最佳值日班长"等独具特色的表彰方式进行荣誉激励。除此之外,每学期期末会以文本材料的方式撰写学期特色班级材料进行总结。

在活动评估上,通过活动前自制评价量表、活动后互评的方式进行有效的活动总结,遵循表现性评价理念,对于活动的过程也进行评价。我在带班过程中,通过写"三心日记"的方式,对于学生在"三心"方面的成长和经验进行及时总结和回顾。

在问题的改进方面,尝试采用"问卷星"等网络匿名调查形式了解学生的睡眠、作业情况,并及时改进工作;也采用班主任信箱形式对"课代表高效收发作业方案""班级手机管理条例改进"等专项工作进行沟通交流和策略改进。

【特色】

(1) 梯度上升的德育生长路径,从纵向上看,围绕"三心"展开的德育实践工作,贴合学生认识发展的规律,有效利用"最近发展区",为学生健康成长打下基础;能够将德育活动与社会发展、国家大政方针发展要求有机结合,为学生发展成为合格社会公民作准备。

从横向上看,能够有效利用学校、家庭、社会力量协同育人,巧妙整合学习资源,尊重学生学习者的主体性,传递终身学习的教育理念,构建有生命力的学习场所。

(2) 立体化结合的德育评价体系,遵循系统的、发展的、合作的教育逻辑,达成三年育人过程中各要素的平衡,构建立体化的德育评价体系。在班集体建设中,依托学校德育整体工作,家校共育,全员参与,将社会实践纳入多重评价指标;通过自评、师评、互评、校评等各种形式进行综合评估。

【成效】

从求知之心上看,三年来本班学生整体成绩稳居年级前列,中考成绩斐然;从个体上看,部分学生推进效果明显。三年来,数十位学生在信息学、数学、物理等五大理科学科竞赛中有所斩获。

从创新之心上看,本班学生的综合素质提高显著,在创造力和表达力上尤为突出。进入高中后,数位学生在辩论、模拟联合国、演讲、表演等各类舞台上大放异彩,更有两位同学永葆创新之心,获得丘成桐学科奖,入选"强基计划"等。

从责任之心上看,本班学生关心集体,关注社会。班级的"爱心义卖"活动组委会一直到毕业之后还持续进行定期捐款。

在三年的德育工作中,不管是学生、老师、家长都收获了独一无二的美好体验和成长过程,让我们的班集体成为令人难忘的班级。学生常存求知之心,在今后的学习和社会生活中勇于探索;深怀创新之心,能吃苦,愿吃苦;永葆责任之心,明白作为青年一代的使命担当。

6. 构建班本体系　培养 VIP 好少年
——VIP 慧贤班育人方略

目前,我所带的班级是初二(23)班,共有学生 47 人,其中男生 25 人,女生 22 人,学生年龄在 14 岁左右。自带班以来,我们一起努力打造班本特色,学生的班级荣誉感和集体归属感得到了很大提升。

一、班情分析

(一)学生层面分析

个性品质不完善。在网络文化流行的今天,学生在虚拟世界里以自我为中心,与现实成长环境有所脱节;同时,受线上学习的影响,他们缺乏学习内驱力和坚定的理想信念。

创新意识不够强。班本调研表明,学生主体意识淡薄,在学习知识的过程中,缺乏主体的参与意识和能力,缺乏自主探究问题的精神和能力。

视野格局不宽广。班级学生"新市民"共有 37 位,占比高达 79%,大部分学生对地域文明的了解非常有限。面对网络海量信息,在"扎根地域文化,厚植家国情怀,开拓国际视野"的养成教育方面,还需要引导。

（二）家长层面分析

我们班双职工家庭共有 45 个,占比高达 96%;"二孩"家庭共有 24 个,占比 51%。问卷调查表明,家长对于孩子的生活、学习、沟通等方面存在一定的焦虑与困惑。"担心孩子玩手机,耽误休息与学习"的家长高达 81.25%,35.25% 的家长认为"孩子对学习没有目标和兴趣（没有内驱力）,不愿学习",63.13% 的家长认为"孩子不喜欢干家务,甚至不愿意整理自己的房间和书桌",47.5% 的家长认为"容易与孩子发生矛盾"。

通过首学期 47 次深入走访交流,我发现多数父母对孩子寄予厚望,要求孩子把绝大部分精力放在提高成绩上,对子女的全面发展认识不到位,不利于孩子个性的培养与人格的完善。另外,面对工作和生活的压力,部分家长情绪管理能力不强,与孩子沟通时缺乏方法,阻碍了亲子关系的和谐发展。

二、育人理念

党的二十大报告首次将"实施科教兴国战略,强化现代化建设人才支撑"单独作为一个部分,重点提出了"鼓励创新,宽容失败","培养创新思维,提升实践能力","强化兴趣驱动,拓宽国际视野"等重要理念。从专业化带班视角来追本溯源,这些理念正是新时代初中班级通过构建班本体系来带班育人的重要依据。

应新时代教育发展的要求,融合多元智能理论,我渐渐形成了 VIP 班本育人体系,探索出"每个孩子都是 VIP"的育人理念。VIP 一语双关,一指"重要的人"（Very Important Person）,每个孩子都是我们班最重要的人,都享有因材施教的机会;二指培养"有个性（Personality）、能创新（Innovation）、拓视野（Vision）"的好少年,在尊重和发展学生个性的基础上,培养创新能力,厚植家国情怀,拓宽国际视野,从而激励学生以更开放的胸怀、更高的视野提升个性与创新能力的发展。

三、班级发展目标

基于班情,我们班确定了班级发展目标（如图 1 所示）——构建班本体系,培养 VIP 好少年。

图 1 "慧贤班"育人目标图谱

VIP 好少年,蕴含两个层面的愿景:其一,"重要的人"。每个孩子都是家庭、班级、学校、社会最重要的人,都是一颗闪耀的星。其二,"有个性 P、能创新 I、拓视野 V"的好少年。每个孩子都能全面认识自我,追求个性发展;都能克服思维定式,养成创新人格;都能厚植家国情怀,提升视野格局。

四、实践做法

通过班情分析,结合学生实际,以落实《中小学德育工作指南》为契机,融合多元智能理论,在班级管理中,以班本文化促进个性发展,以班本项目激发创新活力,以班本活动提升视野格局,从宏观教育环境到微观个性培养,大力建设 VIP 班本育人体系(如图 2 所示),以实现班级总体的育人目标。

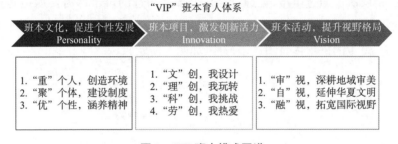

图 2　VIP 班本模式图谱

(一)VIP:班本文化,促进个性发展 Personality

班本文化是班级的立班之魂、育德之魂、发展之魂。在班本文化建设过程中,优化物质文化,建设制度文化,营造精神文化,不仅可以给学生归属感、价值感,而且可以成为学生向上的不竭动力。

1."重"个人,创造环境

教室是物质文化建设的重要载体。一间温暖而独特的教室会让孩子们迅速找到归属感,感受生命的价值与美好。

建"鼓励墙贴"。本着营造鼓励式环境育人氛围,我在教室中开辟单独的"鼓励墙面",借助伙伴互评,书写"鼓励贴",并将其上墙。这不仅将同伴纳入评价主体中,体现对学生个人的尊重,而且能够推动价值观的多元发展。

办"展示板报"。本着搭建闪光式环境育人平台,我借助板报专属展示区域,将担任"VIP 岗位"学生的特色作品进行呈现,如"时政评述员"点评国际时事、"美文宣传员"精选优秀好文等,最广泛地调动学生积极性,让优势智能激发学生更强的学习动力,让每个孩子闪闪发光。

开"解忧小铺"。创建伙伴式心育解忧小铺,实现一纸柔情,一怀温暖。学生可以带着自己的烦恼走进这方心灵天地,也可以从"烦恼箱"中选择一张烦恼便签,并写下解决方法,用温暖的话语帮助解决问题。这不仅仅为学生提供了解忧的方法,更是一次心与心的交融,在帮助他人解决烦恼的过程中找到共鸣,进行自我疗愈。

2. "聚"个体,建设制度

通过制度文化建设融聚个体,赋能慧贤班学生的个性发展。

健全慧贤班"班委三级培养制"。该制度包括民主竞选、民主管理、民主评价三个层次。通过申报、竞选、投票、公示后当选的班干部需要承担起参加例会培训、双向沟通、群众反馈等义务。培养班干部,让学生担责,让规则内化,规范、民主的班集体氛围逐步形成(如图3所示)。

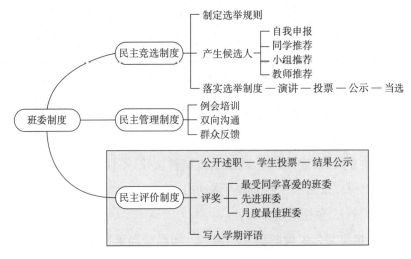

图3 "慧贤班"班委三级培养制

设立慧贤班"班助轮值制"。让班级管理深入到每一位学子的学习生活中,每位学子都有当值日班长的机会,在角色互换中实现集体共生共长。以"今日份美好"命名的"值日班长手册",激励学生展开自我评价与他人评价,强化班级管理,唤醒内驱力量,实现自我成长。

倡导慧贤班"全员导师制"。规划好每周的自习课,让每位任课老师都有更多机会走进班级,促进师生间彼此交流,发挥任课老师在班级管理中的作用,激励任课老师们更积极主动地参与班级管理。

坚持慧贤班"师徒公约制"。坚持"互帮互助,共勉共进"的宗旨,为团结互助的师生关系搭建平台。在这一过程中,大力营造了良好的师生互动氛围,助力实现教学相长、互助成长的愿景。

3. "优"个性,涵养精神

精神文化建设是丰富学生个性、涵养集体精神品格的抓手,使班级核心价值得到认同与内化。

慧取班名。得益于全班同学集思广益,班名最终确定为"慧贤"。慧者,心系于事。慧乃家事、国事、天下事,事事于心,青年学子心中当有家国。庄子《齐物论》中有言,"大知闲闲",即真正的大智慧总是广阔豁达的,慧贤学子的目标是修炼真正的大智慧,取谐音"贤",寓意要做有智慧、有贤德的人。

图 4　慧——"心有家国"

图 5　"慧贤班"班风、学风

思创班徽。融汇集体智慧,结合奋斗愿景,班徽采用圆形构图,内圆中书本托举着小人们,他们手牵着手,向斑斓的星空雀跃,寓意慧贤学子行稳致远,仰望星空;"Wisdom and Virtue"呼应"慧贤"班名;外圆的稻穗,寓意慧贤学子拔节孕穗正当时,稻穗簇拥着学士帽,一如用知识武装自己的学子,寓意他们行远自迩,臻于至善(如图 6 所示)。

图 6　"慧贤班"班徽

齐唱班歌。以学生的特色才艺为基础,以尊重学生多元智能发展为目标,建设班级动态文化。班歌《无名之辈》以渺小启程,用荣光相伴,在"一班一品"文化展示活动中,由班委牵头,学生自主编排,糅合中国舞、古筝、钢琴、朗诵、演唱、快闪等多种艺术元素,打造多元的舞台效果。舞台上的学子们佩戴着班徽,深情热烈地展现慧贤班的班级个性。作为班主任的我站在他们身侧,共同诠释慧贤文化。

图7 "慧贤班"动态文化展示

(二)VIP:班本项目,激发创新活力 Innovation

依托家校资源,结合班级实际,我们构建了符合班情的"文""理""科""劳"四大项目式创新实践体系(如图8所示),提高实践探索意识,培养创新力。

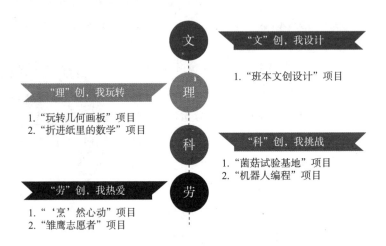

图8 "慧贤班"班本项目体系

1. "文"创,我设计

"班级文创设计"项目。文创创作活动需要学生发挥空间智能作用。在创作过程中,他们主动思考、深入挖掘班级文化的内涵与外显形式,从而发展想象力,促进创造力。目前,学生已自主设计特色笔记本、笔袋、水杯、钥匙环、印章等文创产品,在家长们的支持下,这些设计经过加工生产出成品,用于奖励在多元评价中获得优秀的学子,开创激励办法的新思路(如图9所示)。

图9　"慧贤班"特色文创

2. "理"创,我玩转

"玩转几何画板"项目。该项目配备了专门的导师团队,制订详细的项目计划,精心筹备,带领学生们品数理之巧,画图形之妙,培养逻辑思维能力,开启丰富多彩的理科实验探究。

"折进纸里的数学"项目。这是一个序列化的项目,包括拓扑折纸、多面体折纸、三浦折纸等。折纸中蕴含着丰富的数学知识,学生作品或充满童趣,或富有哲理,更有学生将平面拓扑折纸升级至空间中的"翻翻乐",其数理逻辑智能与创造力得到大力提升。

3. "科"创,我挑战

"菌菇试验基地"项目。跨学科的菌菇试验基地项目,使学子在自然探索中提升综合素养和创新精神,由此发展认识自然智能。在试验基地,生物老师向学子们传授真菌生长环境的相关知识,学生分组研究菌菇在生长过程中的注意事项,寓学于乐,培养科学精神,探索科学方法。

"机器人编程"项目。普及人工智能科学知识,满足学生动手、动脑的渴望,在搭建和编写程序的过程中,提升专注力、创造力、抗挫能力和解决问题的能力,以科技赋能,鼓励学生不断探索。

4."劳"创,我热爱

"'烹'然心动"项目。打破时空场域界限,让学生回归真实的劳动场景,学生们大胆实践,通过揉、搓、粘、蒸等烹饪技术,制作家庭美食,让更多学生向榜样看齐,加入劳动实践中,激发劳动创新能力。

"雏鹰志愿者"项目。通过网上提前预约,学生们在假期化身市图书馆志愿者,"绿色的小背心"在书架间来来回回穿梭,成为一道独特的风景线。雏鹰岗位包含图书管理员、环境保护员、秩序巡视员、爱心导读员等,学生们在志愿服务的实践中,把自己送入知识的海洋,让书香延续,传递绵绵不绝的文化力量。

(三)VIP:班本活动,提升视野格局 Vision

百年风华向新而行,教育理念与时偕行。如今,教科书不再是学生的世界,世界才是学生的教科书。着眼于"爱家乡""沐中国""看世界"这三个维度,在校本课程的基础上,受"1 | N"设计思路的启发,从"润雅""润心""润善""润智""润美"五大方面,举办班本活动,以学铸魂,进一步帮助学生深耕地域文明,延伸华夏审美,拓宽国际视野(见表1)。

表1 "慧贤班"班本活动体系

"1+N"班本活动体系		
活动系列名称	校本活动名称	班本活动名称
"爱家乡"系列	润雅江南	江南园林小课堂
		昆曲艺术小舞台
		古代状元小故事
"沐中国"系列	润心秦风(校本研学活动)	唐诗吟诵社
	润善儒学(校本研学活动)	礼记·大学塾
	润智黔行(校本研学活动)	屯堡文化汇
"看世界"系列	润美世界	黑布林小剧场
		向云端,话"舞"艺
		小使者,云外交

1."审"视,深耕地域审美

爱家乡,是文化自觉,也是延伸审美力的有效途径之一。

"江南园林小课堂"班本活动。身在文化底蕴深厚的江南,因地制宜,探寻园林主人崇文、高洁的文化品格,感受太湖石别样的美学价值,理解精细雅致的江南文化,进一步增强空间智能发展水平。

"昆曲艺术小舞台"班本活动。通过鉴赏《牡丹亭》等著名昆曲作品,学生自主发现,体验昆曲中的传统美感,培养学生热爱家乡的感情,为家乡文化的世界表达奠定坚实基础。

"古代状元小故事"班本活动。走进状元博物馆,让博物馆真正成为学习的第二课堂。深入浅出探索古代科举文化,旁征博引讲解状元故事,感受当年科举的艰辛之路和金榜题名时的意气风发,立志成才。

图10　"爱家乡"系列

2."自"视,延伸华夏文明

沐中国,是文化自信,也是厚植家国情怀的重要基础。为培养有文化自信、有家国情怀的中华文明传播者,在"润心秦风"(初一·西安研学活动)、"润善儒学"(初二·曲阜研学活动)、"润智黔行"(初三·贵州研学活动)校级研学项目的基础上,利用班本课程延续研学成果,帮助学生全方位了解中国文化。

"唐诗吟诵社"班本活动。通过吟唱大唐诗歌感受或激荡明澈、或悲壮高

六、或闲逸清旷的盛世气度,学习丰富的古代文化知识,激发文化自信。

"礼记·大学塾"班本活动。学习《大学》,一是为建立文化自信,二是为实现自明明德,人非圣贤却思齐之,正心诚意,格物致知,这是中华延续至今的修身精神。

"屯堡文化汇"班本活动。屯堡文化是随着明代贵州建省与生俱来的文化血脉,蕴含着"维护国家统一、促进民族融合"的深刻内涵。重新认识屯堡文化,增进学生文化自信。

3."融"视,拓宽国际视野

看世界,是文化自强,也是加强国际理解的使命要求。在与新西兰友好学校的交流过程中,共同开拓友好班级线上线下交流新思路。

"黑布林小剧场"班本活动。与友好班级学生共同选取经典英文原著,采用品读、改编、表演等形式,在交往式学习中加深对原著的理解,实现知识的沉淀、文化的磨炼。

"向云端,话'舞'艺"班本活动。通过云端连线,新西兰友好班级展示特色毛利战舞,彰显新西兰文化的魅力;我班学生则向其展示太极拳招式,双方学生互赏、互学、互鉴,赋能新时代文化的传播。

图 11 "看世界"系列

"小使者,云外交"班本活动。借助 Zoom 平台,从新时代公共卫生处理、垃圾分类等方面展开跨文化研究学习,增长主题相关科学文化知识,收获友谊与提升团队协作能力。

五、育人特色和成效

"山不让尘，川不辞盈"，两年来，以"每个孩子都是 VIP"的育人理念为引领，构建班本育人体系，渐渐形成了以人为本、多元开放的育人特色，德育工作初见实效。

VIP 好少年花开有声。一次次班本活动的召开，一颗颗心灵的成长，一份份智能的启迪，孩子们变得善于表达、乐于感恩、长于思考、敢于创新，以梦为马，勇毅前行。"市好少年""省好少年"等荣誉称号也花落慧贤班。

VIP 好班级水到渠成。个性化的班本文化，成为校园里一道亮丽的风景线。在多样化交流学习的机会中，学生之间更全面地看到了对方的闪光点，增进了彼此的情谊，班级凝聚力更强了，真正形成"气有浩然，学无止境"的班级面貌，慧贤班也因此多次被授予"文明班级"荣誉称号。

VIP 好家长与时俱进。家校本上真诚的留言，家长会上一封封长长的书信，这样的沟通，悄然间起到了润物无声的效果。家长们成长为纳悦孩子、鼓励孩子、帮助孩子的好家长，更多家庭能够学习培养孩子的个性品质，鼓励孩子的创新精神，并帮助孩子走向更广的世界。

VIP 好老师共生共长。任课老师们参与到班本项目、班本课程的设计与实施中，加强了师生情感交流的纽带。学生们常带着疑问来与老师探讨，他们既尊重老师的人格，更信服老师的智慧，我们班的任课老师也越发喜欢慧贤班的孩子们了。

而我，也在这个集体中收获了自我的成长，成长为一个"以生为本，共同成长"的班主任。肩鸿任钜踏歌行，功不唐捐玉汝成。未来，我将继续完善"每个孩子都是 VIP"的育人理念，深入探索 VIP 班本育人体系，让每一个生命彰显个性力、创新力与视野力，打造属于慧贤学子的 VIP 精神家园。

◉ 高中篇

7. "星火燃梦"：绘就班级"红色"育人图谱
——寄宿制高中带班育人方略

【育人理念】

2000 多年前,古希腊哲学家苏格拉底就指出:"教育不是灌输,而是点燃火焰。"德国教育学家第斯多惠也曾说:"教育的艺术不在于传授本领,而在于激励、唤醒和鼓舞。"我认为班级管理的核心就是调动学生以极大的热情参与班级管理,改变班风班貌,努力发现并实现自身价值,获得可持续发展。在带班育人过程中,我始终秉持三个面向:一是面向个体学生的未来,二是面向道德社区的未来,三是面向民族发展的未来。因此,老师和学生组成成长共同体,而学校、家庭、社区则构建教育共同体,为学生的成长保驾护航。

2018 届学生入学以来,我努力在班内渗透"红色"精神,积极创设红色文化氛围,和学生一起点燃梦想和激情,为中华民族的复兴燃烧梦想的同时成就自我,获得幸福。

【班情分析】

表1　班级总体情况

学生总数	男生	女生	寄宿生	非寄宿生
53 人	40 人	13 人	40 人	13 人
生源分析	学生主要来自学校周边村镇,大多数中考刚达线;少部分男生初中成绩一般,认为能考上高中是"意外"			
学生特点与问题				
我班为理科组合,大部分学生开朗大方,课堂氛围较活跃。女生人数较少,学习目标很明确,学习习惯较好;男生人数较多,60%以上有着较为明确的理想和目标、较强的上进心,但仍有部分男生尚未养成良好的学习习惯,缺乏自信和意志力,行为也比较散漫,对薄弱学科存在畏难情绪。随着学习难度和压力的增大,有些学生找不到动力和价值,想成为"躺平族";部分男生缺乏自制力,成为"低头族",节假日常沉迷于手机游戏、刷直播视频、看小说等				

　　寄宿生人数多,学生在校时间较长,再加上部分学生本身是孤儿或来自离异、单亲等家庭,需要我们精心设计和精妙规划,创新班级管理的方式与方法,培养学生坚强的意志、坚韧不拔的毅力和吃苦耐劳的精神

【实践做法】

一、确立目标,搭建红色"燃梦"育人体系

　　根据班情,我着眼于三年完整周期的培养,从高一的适应规则、理解包容到高二的知行合一、自我提升,再到高三的理想信念、使命担当,用"红色"文化充实班级建设的内涵,以"红色"活动作为班级德育的载体,激发班级的凝聚共生,把班级打造成为"精神场""文化园"。搭建以学生成长为主线,涵育从个体品格,到集体精神,再到成长共同体的育人体系,最终涵养出"方向明确、人品高尚、人格健全、人性丰富"的新时代建设者(如图1所示)。

图1　育人体系的搭建

二、活动实践,开启"燃梦"育人征程

　　每一届新生的初次相逢都是在军训基地。白天顶着骄阳站军姿,夜晚在蚊虫叮咬中踢正步,挥洒汗水的间隙大家唱响了军歌,也唤醒了红色记忆,有学生在感悟中写道:"星星之火虽然不起眼,可两簇'红色'火苗,就能形成小火炬,所有的火苗聚在一起就'敢教日月换新天'。"于是,火苗就成为我们班的标识之一。

（一）星火相逢，点燃品格成长初心

为激发学生的成长动力和自信，在集体的熔炉中淬炼学生的如火青春，实现人格的自觉发展，班级符号中班名的选定、班徽的制作、班歌的敲定、班级的文化布置、班规的制定均由学生集体或分组讨论来共同决定，为"星火燃梦"奠定基础。

1. 夯基：亮出"燃梦"主题

（1）商榷班级标志。

学生们积极讨论，几经修改，把班名定为"燃梦班"，教室命名为"燃梦园"，还组建了"燃梦园"QQ群，成立了班级筹备小组，分组设计、投稿，全体讨论并最后选定班徽、班旗。班徽外圈为天蓝色，寓意"天高任鸟飞"，黄色的麦穗意为努力终有收获，下方的1941是我校在革命烈火中的诞生之年，两侧的红色火苗象征每一位同学都是火苗，内圈底部勾勒出手举燃烧着的火炬奔跑的青年形象。圆圈内上方是一本打开的书，上方一轮红日就如我们心中梦想。寓意为同学们努力学习、奋发图强，正举着"星星之火"汇聚成红色火炬，燃梦前行，以期融入祖国建设的燎原大火中（如图2所示）。

图2 班级标志

（2）展现班级风貌。

集体活动时大家统一身着印有"燃梦"班徽的服装，激情昂扬地展现我们的精神风貌。班歌《青春燃梦》歌词的创作、歌名的挑选既符合时代要求，又与我班同学朝梦想进军的精神相吻合，激发学生追逐梦想的精神。

2. 培根：继承精神图谱

如何引燃学生理想信念的火炬、帮助其品格成长，从而完成习近平总书记"立大志、明大德、成大才、担大任"的嘱托？丰富多彩的"学党史"活动给我带来了灵感和启发。

（1）"红色"精神规划教育。

在研究校情、班情和学情的基础上，学生商定了"燃梦园"三年红色学习计划。每学期重点落实一个教育主题，结合语文、历史、政治等各学科德育实践，以各种活动和体验为抓手，将任务细化，按时间节点逐个按步骤落实。促使每簇小火苗在深化"四史"图谱及对党、团理论知识的理解和领会方面产生作用(如图 3 所示)。

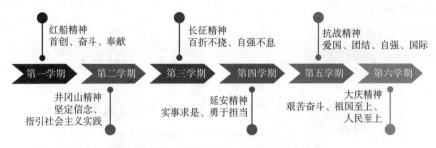

图 3　高中六学期的"红色"精神教育规划

(2)"红色"文化价值引领。

红色"精神图谱"有助于营造团结进取、勇敢拼搏的班级风貌。我们联合学科教师将红色传统文化、革命精神进行"知识性融入",在学生的心灵中雕刻红色印记,助力星星之火不断壮大。

3. 立志:点燃奋斗人生

习近平总书记勉励我们,"有信念、有梦想、有奋斗、有奉献的人生,才是有意义的人生"。孔子认为,"吾十有五而志于学",少年有志,立志是一个人成长发展的关键。

(1)立大志、成大才。

三年中,我班结合学校主题教育开展了"红色中国梦""燃梦青春志"系列主题班会和活动(见表 2),浸润和奠定学生成就自我、为国奉献的底色。

表 2　燃梦班"红色"主题活动

年级	主题活动
高一	"青春励志行"品格提升拓展
	"我爱我的国,我爱我的家"开沙岛跨江半程马拉松志愿服务
	培育家国情怀,讲好中国故事
高二	"我为家乡发展献计策"主题活动
	"我和我的祖国"红书推荐
	"无奋斗,不青春"红歌比赛
高三	"以奋斗青春绘制祖国绚丽版图"主题班会

（2）明目标、持以恒。

立志而后学，高中学生必须明确每一个阶段的人生目标，将其作为努力的方向（如图 4 所示）。

图 4　高中阶段的人生目标

（二）星芒闪耀，涵育"燃梦"精神文化

1. 环创：优化"燃梦"氛围

陶行知先生说，"教育要通过生活才能发出力量成为真正的教育"。我们依托各种物化资源来构建红色"星火"文化环境，提供适宜红色火苗旺盛燃烧的、更加直观的德育场景。

（1）让每一面墙说不一样的话。

全体同学发挥创造性，调动家校资源设计打造"星火燃梦"主题文化墙、"燃梦竞技场"、"燃梦理想树"和"燃梦名人榜"。高一第一学期，大家将教室打造成"红船"，讲台为船头，两侧墙壁作为船舱，贴上"红色"先驱的照片和相关标语，种下了红色理想的种子。

（2）实践探索班级"云建设"。

在寒暑假在线上课期间，我们就开始建立"在线班级"，着力打造"燃梦班"云文化，在班级钉钉群征集作品、制作云端黑板报和进行阅读打卡活动。同时，还开设了微信公众号"燃梦号"，邀请学生和家长共同打理。

2. 拟制：商定"燃梦"章程

"星星之火，可以燎原"，正确的指引、强大的组织以及灵活有效的政策才能让每一簇火苗都茁壮成长。

（1）自主构建"燃梦"内在机制。

商定相关的组织、实施、表彰、管理、评价、奖励制度。引入了"过程数据＋关键事件＋榜样引领"的评价机制，每天以小组为单位进行日评价，每周全班进行周评价，将阶段化的量化体现、学生自主描述和自我提升的激励性评价相结合，使其成为高中综合素质评定的重要记录和依据。

（2）自主申报"燃梦园"岗位成员。

通过"燃梦"招聘会，鼓励同学们自创岗位、自主申报，努力寻找让自己发光、发力的岗位。同时有机整合特需小组，除共同完成学习任务外，特需小组还承担相应班务，比如，井冈山队负责宿舍的管理、赤水队负责后勤、火焰队负责组织各项活动。

3. 规划：助力"燃梦"行动

高一入学的不适应，高二选科的无措，高三冲刺时的焦虑，都需要家校协同、同学互助、共同规划来共渡难关。

（1）协同"护火"，顺利过渡。

入学伊始，有的学生第一次寄宿，很不适应；有的学生觉得高中压力大，经常请假；还有的学生学科学习习惯有待提升。针对以上情况，我们邀请各科老师和家长志愿者成立了"护火"队，帮助"火苗们"尽快适应环境，茁壮燃烧。

（2）共建共享，规划共生。

学生自发组建"星火"互助小组，从刚开始学习和谐共处，到生涯规划、兴趣培养乃至理想信念的树立与价值观的提升，大家一起共同进步。

高一上学期我们邀请家长做面试官，举办了"模拟校园招聘会"；高二选科分班前学生分组搜集资料、整理数据，并通过学科分析、问卷调查、职业能力测试、多元智能理论、模拟志愿填报等方式初步设计自己的梦想职业。通过"燃梦"擂台赛、辩论会，大家各抒己见、热烈交流，终于明白只有将个人理想放在祖国建设的熔炉中才能燃得更旺、更亮，由此初步决定选科方向。高三上学期依托学校的成人仪式，通过"火苗心语"与父母"爱的寄语"交换及"穿越未来，我的2035"等方式，激励学生明确目标，将个人梦想融入"中国梦"。

（三）星火燎原，淬炼奋斗青春底色

我们依从学校的整体设计，努力在真实情境中践行"立德树人"。教育本来就是需要家庭、学校、社会共同承担责任的，"处处都是德育之所"，只有整合家庭、学校、社会的各种资源,不断添柴,才能协同助力莘莘学子将"星星之火"燃成燎原之势(如图 5 所示)。

高一上学期"红船精神"学习、活动策划方案			
意义	学习、继承"红船"精神、帮助学生迎接高中新的挑战		
形式呈现	班会、学科学习(语文、政治、历史)、观影、知识竞赛、故事讲学、实地参观、诗歌朗诵、歌唱比赛、舞台剧演绎、心得撰写、评选总结		
活动准备	班级策划、小组合作		
具体安排	时间	活动步骤	负责人员
	2020 年 9 月	计划制订(策划方案、系统学习)	班主任、历史老师、班委会
	2020 年 10 月	筹备论证(练习巩固、参观访问)	班主任、政治老师、组长
	2020 年 11 月	组织实施(组织活动、实践研究)	班主任、语文老师、组长
	2020 年 12 月	评价修正(反思得失、总结经验)	班主任、政治老师、班委会
	2021 年 1 月	发扬传递(继承传播、评价促进)	班委会、团支部

图 5 "红船精神"学习、活动策划方案

1. 探寻:红色研学引燃体验

(1) 挖掘"红色"资源。

江海地区遍布红色遗址,我们有计划、有目的地组织学生实地参观红色地标、瞻仰革命烈士纪念馆、祭扫烈士墓,深入发掘红色故事、红色人物、红色文物等红色文化资源,注重加强革命精神的引导和红色基因的渗透,学生们爱国主义情感和团队协作意识都有明显提升。

(2) 拓展"红色"实践。

每学期我们坚持开展红色访学或红色教育基地实践活动,如高一上学期我们燃梦班同学策划了"红船精神"系列实践活动。其间,几个原来闹着要休学的女生,参加《红船》话剧的排演后深受震撼,再也没有闹过别扭,生活、学习各方面都很积极,成为班上的骨干力量。

2. 聚力:社区资源促燃品格

(1) 巧借社区自然资源,磨炼意志力。

每年在四月,我们进行"青春励志行"徒步远足拉练活动,班上的党员教

师主动加入、保驾护航,学生兴致高涨,一路放歌;几个平时娇气的孩子,坚持
"长征精神",脚上起了水泡也不肯离队,相互搀扶,步行到底。

(2) 巧借社区组织资源,培养责任感。

我们学校靠近长江,学生利用假期,向游客宣传"长江保护法";"励志行"
徒步拉练时到村居和中铁大桥局参加党建、团建;疫情期间志愿参与村居的
防疫工作。走进社区的感悟和体验使学生的认识得到了升华。

3. 活化:特色课程激燃未来

(1) "三生"活动课程。

依托我校的"生命""生涯""生长"课程体系,为学生提供参与、实践、体验
的平台,让每个学生在活动中张扬个性、体验成功,在成功中建立自信,以自
信的心态理解生命的价值。

(2) 传统文化课程。

联合语文、历史、美术等学科的老师,以"传统文化"微课的形式进行经典
美文赏析、故事分享、音乐欣赏等,将传统文化的精髓渗透于学生的一言一行。

(3) "创新劳动"课程。

因地制宜,联合附近村居新农业产业园,开发了贯穿三年的"新劳动"课
程。每个学期,在我班特设的劳动月的周末组织学生到农村产业园体验生产
和销售环节,"零距离"感受新农村和新型劳动的魅力。

高二上学期,我们学习了解现代农业的立体式、智能化管理方式并参观
了智能温室,现场感受了新型装备和新技术的应用对农民劳动强度的减轻。
高三上学期,学生更是体验了销售环节的农业新业态——淘宝直播带货,还
自己组建团队,分工合作,亲身体验带货的全流程。新型劳动体验大大地提
升了劳动实践的育人活力,并在孩子们心中种下返回家乡、建设新农村的火
种。今年高考结束填报志愿时,6名学生毫不犹豫地选择成为新时代农业需
要的人才。

【特色和成效】

我们不断创新红色文化的育人方式、深化其育人功效,将主流意识形态
依托于设计精致、形式灵活广泛的班级"红色文化"德育实践,"润物细无声"
地进入高中学生的价值体系,从而更好地给学生烙下"红色"底印。

在红色星火的淬炼下,农村的孩子同样绽放青春的光彩。军训场上,他们顽强拼搏,轻伤不下火线;运动场上他们奋勇争先,赛出风格;区演讲比赛中,我班学生更是勇夺桂冠;我们"燃梦园"在全区教室文化评比中脱颖而出,获得一等奖。通过与红色精神有机结合,我班在学习风气、组织建设等方面都有明显提升,"红色"火苗的功效和影响日益扩大,其典型示范与影响意义也愈加明显,我们将班级的一些做法做成了美篇进行推送,得到了区团委的关注和推广。在丰富的"红色"实践体验与活动探索中,我班学生的"红色"特质更加凸显,"红色"精神逐渐转换化为学生自主、自觉的行为,申请入团并达到标准的学生人数是其他班级的两倍多。

在学校、家庭、社会共担责任与共同引导下,我们燃梦园的每一簇小火苗都在苗壮成长,主动把人生理想的火苗融入实现民族复兴的伟大事业的燎原烈焰之中,为中华民族的伟大复兴书写无悔于时代的瑰丽青春篇章。

8. 筑美育空间　塑健康心灵

【育人理念】

我的带班育人方略是:创建"心灵美育型"班级,为学生筑一方美育空间,引导他们塑造健康心灵。美育是在带领学生发现美、理解美、内化美的过程中进行的一场浸润式的心灵教育,习近平总书记就曾多次强调美育的重要性,并指出,"做好美育工作,要坚持立德树人,扎根时代生活,遵循美育特点,弘扬中华美育精神,让祖国青年一代身心都健康成长"。我所追求的"心灵美育型"班级,遵循学生心理发展规律,为他们创设"美"的环境、开展"美"的活动,与"美"同行、以"美"会友,从而以"美"悦心、以"美"促德,最终使学生成长为一个人格健全的"大写的人",从而走向社会、服务社会。

【班情分析】

我所带的班级为高中理科班,学生成绩优异,热爱学习,学风端正,学习上的拼搏精神极强;班干部队伍号召力强、组织水平高。但另一方面,学生理性思维强但感性思维弱、人际交往上竞争多共情少,活动上参加奥赛积极性高却对文娱体育不积极,生活上一直处于紧张的节奏却不擅长调节放松自己,心理上常呈现种种矛盾,比如,兼具自信狂傲与敏感脆弱,追求独立自主、厌恶束缚与压力,但又极度依赖家长和老师。从心理学上看,这是"心理断乳期"的表现。心理断乳对青少年心理有狂风暴雨般的震撼,能顺利度过这一时期对他们一生的发展极其重要。给孩子创建美的环境、设计美的活动,引导他们学会用"美"来平衡自己、寻找本我、表达真我,从而形成独立的审美判断,拥有自觉而愉悦的审美感知。

【班级发展目标】

针对我班学生情况,"心灵美育型"班级的创建计划在创设美育环境、开展审美活动等方面着手,引领学生形成美育自觉,具体目标如下。

第一,学会放松,能够自我调节情绪,心头能"感知美"。

第二,学会倾听,尝试理解他人、欣赏他人,眼里能"发现美"。

第三,独立追求,学会分享,享受奉献,手中能"创造美"。

【实践做法】

一、感知美,让美流淌心间

美的环境能促进心灵美。一个民主和谐、愉悦灵动的环境,日日浸润其间,才能滋养出审美情趣高的学生。激荡起"美"的学生,又会不断去美化所在的环境。"感知美"是一种能力,是创造美的起点,班级需要先从创设美开始做起。

创设的第一步是要让班集体达成"理念美"的共识。我们在班会上讨论班级发展方向,大家一直认可"有学识、有温度、有品位、有德行"的班级方向,在这基础上再集体拟定班级名称、口号、班徽等,将理念进行具象提炼,营造一种归属感。这次,我班孩子给班级取名为"馨悦",取"为吾德馨"之意,和

"心悦"同音；口号为"与美同行，以美悦心"；设计班徽为音乐环绕你我的寓意（如图1所示）；还很有创意地改编班歌《世间的美好环环相扣》，并且拍成了 MV。

图1　班徽

氛围美，虽无形，却力量巨大。温暖和谐的氛围，就像鱼儿得了水，能让孩子充满活力。温暖的氛围，首先是老师以身作则，多点"人情味"，少点"火药味"，一改传统的"严师"，多做"慈师"。思想的改变从行动开始，每天早上我会站在门口微笑迎接学生；早读开始前的时间，不是见缝插针忙着说教，而是微笑注视。我和任课老师达成共识，少些过激批评，多点动态表扬，一句鼓励，如沐春风，能让孩子多点美丽、柔和的心境。

接着，去改掉那些冷冰冰的班规，培养孩子从"管我"变成"我管"，从被班规条框管住变成主动自我管理，集体商讨符合自己班级特色的班规，内容不需多，但重在欣然践行。比如，学生自己制定的"馨悦班规"就只有四条，简洁却相当实用：① 仪容仪表整洁清爽，不说脏话，多用敬语；② 面带微笑，尊重老师，关心同学；③ 每学期至少参加 2 个以上社团活动、至少参与组织 1 次以上班级美育活动；④ 每天坚持 20 分钟体育锻炼、20 分钟阅读、完成至少 1 项家务劳动、和父母至少 1 次谈心。

之后就可以着手创设"硬"环境了。教育家苏霍姆林斯基说过，"学校的墙壁也在说话"。审美环境能给学生美的感知，大家都已深知。但仍存在一些容易忽略却可大有可为的地方，具体如下。

教室里的"色调"，大面积存在却容易遗忘的细节之处。每月教室布置可以运用色彩的变化来调节学生的情绪，它也可以让"温馨"流动起来。心理学家专门研究过颜色对人心情的影响，红色使人心理活动活跃，玫瑰色能使已经消沉或受到压抑的情绪振奋起来，蓝色可以使人镇静并可抑制人过于兴奋的情绪，绿色可以缓解人的紧张。当然教室应该以素雅、纯洁、轻快的白色为主色调，但可以结合每月主题活动的开展，如"排球赛（运动季）""期末考试（考试季）""戏剧节（艺术季）"等，利用教室中板报、墙贴装饰、绿植等元素颜色的搭配，辅助调节学生的情绪（如图2所示）。

图 2　教室山水田园系列"绿色"主题

图书角,文林让"德馨"入心。但我班的图书角,管理、布置都是学生的天下。学生自己制定规则、轮流值班、布置绿植,贴上"雅音德馨"四字,挑选出天文地理各个领域的图书。除了学校统一购置的书外,还增加了学生自主推荐的书目,推荐人在书中夹张纸笺,写上推荐人姓名以及推荐理由。在书的底页留有几张空白纸张,以便阅读人写上读后感言。整个阅读过程不仅收获了知识,更是开阔视野、收获知己(如图 3 所示)。

图 3　图书柜及学生手绘图书推介

教室"留白",是留给孩子"美"的空间。青春期正是激情充沛、感情敏锐的年龄,学生需要空间倾吐与表达。教室的门上挂块"小白板",取名"欹然回音",每天由学生轮流在小白板上写上名句推介、天气预报、通知或提醒,同伴在小小的板子上相互关心,相互关照。教室墙面留有"一方自留地",孩子们用便利贴、小纸片的形式展示自己的涂鸦、宣言,定期更新,孩子们自由展示才艺、性情,时不时出现杰作、金句,大家驻足欣赏、彼此点赞,一改往日只是埋头刷题的场景(如图4所示)。

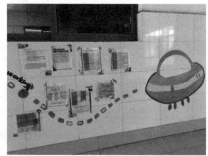

图4　心声墙、展示墙

二、体验美,让你我传递美

"美",亲身体验才能入"心",班主任要做个有心人,设计灵活多样的活动让学生亲身参与,才能让学生逐渐理解美、创造美、传递美。

音乐和美术的元素,直通心灵。音乐美能净化心灵,感化人,丰子恺先生在《山中避雨》中就提出"乐以教和"的思想。每周固定20分钟,不刷作业不讲题,只用来听音乐、唱歌或进行才艺表演。给学习节奏按一下暂停键,实则不会有任何损失,相反,在其中感受美,净化心灵,能得到更多的能量。

学生在绘画中可以梳理自己潜意识里的思想,描绘出抽象的精神内涵,心理学称之为"投射性绘画"。通过"我们的班级""美丽的心声"等主题手绘,增进学生相互了解,加强沟通交流,分享彼此思想的火花(如图5所示)。

我们班特有的三项审美活动,更是让学生引以为傲的"美的盛宴"。活动由学生来自主自动完成,充分施展了他们创造美的才能,同时也促进了同学之间的审美交流与互助。

图5　手绘墙

　　第一项，每周三下午固定的美育班会，每学期不少于 4 次。班会的形式尽量变化，如影视赏析、读书分享、才艺展示、辩论交锋等，学生自己设计、组织、主持、展示。比如，这学期学生开设了"美的欣赏：纪录片《我在故宫修文物》""美的制作：剪纸""美的辩论：穿校服是否'美'？""美读：汪曾祺的梦里水乡"等系列活动。对学生而言，既是活力的释放，也是才华的展现，整个过程中，同伴之间相互欣赏。

　　第二项，期末班内"寻找美育榜样"活动，这既是正面褒奖，也能激励相互学习。每学期评出"馨香至美"标兵，分设才艺、体育锻炼、管理、礼仪、环保、创意六个项目，学期初制定规则，由本人根据评比条件提交申请，期末参评人述职、展示本学期的个人成果，全班投票选出各项标兵，颁发班级荣誉证书并推荐直升到学校的期末评优评先活动（如图 6 所示）。

图 6　学生"美誉榜样证书"

　　第三项，每学期班级与市志愿者协会合作，走进社会传递美，参加环保绿化、交通执勤、慰问孤寡等各种志愿者活动。在社会活动中展示自身修养，在服务他人的过程中体现自己的价值，体验奉献、友爱的愉悦（如图 7 所示）。

图 7　学生参加志愿者活动

　　除了集体体验之外，还有每个人的个性体验，在真实情境中真正形成自己的审美理解，为此，我设计了如下四种角色。

　　第一，同伴的鼓励者。在班级中，观察同学做的好事、创造的美，并记录下来，可以在教室墙面的"德馨墙"呈现，也可以用语言去鼓励、称赞同伴，在人后只说同伴的好话,这样的话,每个人都能收获鼓励与称赞。当同学发怒或悲伤时,老师表示埋解,给同学一个拥抱,送去力量,这样做的同时也会得到下一个自己需要的拥抱。

第二,班级的设计者。学生自由组合,形成 9 个小组,每学年由小组轮流值班,负责班级环境的设计、营造和维护。除此之外,每个月主题班会的主题选定、素材搜罗、组织实施,以及每周的音乐选择都由小组轮流值班。每个人根据自己的任务,设计个人名片,要标上任务头衔,要有设计美感,然后分发给班上其他同学。这不仅能强化自己的责任意识,也是将自己的成就向他人进行推广(如图 8 所示)。

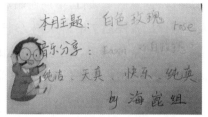

图 8　学生准备用插花作业装点环境

第三,劳动的体验者,做反哺者。"自我参照效应"让我们感知世界时容易把自己看成某件事情的主要负责人。做一次劳动者,为父母做顿饭,给家里大扫除,从被父母照顾变成体恤父母,角色的变换,能给孩子带来视角的变化,不仅能锻炼家务能力,还能增进两代人之间的理解和感情,视野变宽了,一些判断习惯和情绪处理也会随之发生变化(如图 9 所示)。

图 9　学生在学校学烹饪后在家做主厨

第四,社会的贡献者,做美丽的公益者。要求学生每学期在社区服务一次,教小朋友画画、念古诗,为老人表演节目,为小区打扫卫生、装点环境、宣传文艺等,通过与社会的接触培养社会责任感,养成关心弱势群体的习惯。当学生找到被社会需要的满足感时,也能更快地促进其精神成长,获得自我成就感和幸福感。

三、审视美,"他"美纳为"己"美

最终的成效,是要学生自己能将"美"内化于心,审美评价阶段不可或缺,这是形成自己的审美判断和分析,从而达到自觉运用审美的阶段,既是对已掌握的审美进行巩固,也是审美经验的强化。在准备填写学生的期终评语时,教师有张审美评价表,引导学生从情绪管理、人格发展、人际交往等角度进行自我审美评价和对他人进行审美评价。学生对照自评表进行自我评价,看到自己的进步,也巩固和激励自己的审美教育成果(见表1)。

表 1　审美自评表

A 表	B 表
1. 作业太多,无法应付 2. 觉得时间不够用,走路、吃饭都在看书 3. 遇到挫折,脾气暴躁 4. 看到别人优秀,自己莫名紧张 5. 经常头疼、失眠,入睡困难	1. 学习安排井井有条,有自我整理的时间 2. 有专门安排看书、运动等自我管理的时间 3. 遇到挫折能静心反思,从头再来 4. 看到别人比自己优秀,很欣赏对方 5. 睡眠质量高,神采奕奕,生龙活虎
6. 做事急躁,爱发脾气,事后后悔 7. 运动或放松后觉得愧疚 8. 和人交谈时,不能耐心听,总打断对方 9. 总担心别人对自己评价不高 10. 总觉得别人身上一堆问题	6. 做事能分清轻重缓急,能自我调节 7. 运动或放松后觉得精力充沛 8. 和人交谈时,能耐心倾听 9. 无论别人如何评价,做好自己 10. 总能看到别人的优点

【注】评分方法:A 表中有 1 条扣 5 分,B 表中有 1 条加 10 分。

当能够独立进行审美判断时,学生已拥有了成熟的、自主的审美标准,能自由地激发自己的审美趣味,接下来就会进入审美实践阶段,也就是有意识地去创造新的美好。至此,班级创设也就进入下一个上升回旋的阶段了。

【特色和成效】

心灵美育,着眼于"心",作用于"心",专门针对和照顾学生心理的教育,符合当下教育的实际需要。王国维曾经说过,美学上最终之目的,与伦理学上最终之目的合。班级的美育内容和教育方法,构成一种美感的动力系统,以美的

独特魅力和感染力,有效地作用于学生,使他们的精神获得满足和升华。

心灵美育,从"心"出发,不止于"心",美育带动德育,促进学生全面发展。"心理结构与伦理心理结构同属于心理结构",美育用极富感染力、吸引力的形式手段进行教育,让学生在"美"中净化心灵,使德育取得良好的效果。

心灵美育,以"美"护"心",来源于美育心理学的指导、理论护航下的班级创建更具有科学性,教育活动的展开有据可循,教育实践有一定的研究意义和参考价值。

经过师生、家校等各方的全力配合,本班学生身心健康发展,精神风貌饱满,个个自信昂扬,学生之间团结和谐,在家与父母沟通顺畅、相处融洽。学生在校内外多项美育活动中表现出色,富有创造力。学生在"美"中越来越乐观坚韧,人生之路越走越宽阔。

9. 5G 赋能　同频共振

——"建设指向学生发展的共同体"带班育人方略

万物互联时代,班级运行的中央处理器是处理好教育关系。

——题记

一、5G 赋能:育人理念

人际关系是人类社会始终需要面对的课题。随着班级的组建,一个以服务学生发展为根本旨要的人际关系共同体应运而生,班主任唯有协调处理好这个共同体中的各组关系,因势利导整合好各种教育力量,才能为实现最佳育人效果提供坚实基础。

结合带班以来的实践思考,我逐渐形成了"5G 赋能　同频共振——'建设指向学生发展的共同体'"的带班育人理念,即基于 5G 关系(师生、生生、师师、亲子、家校五对班级关系)建设指向学生发展的班级共同体。

在理念建构中,"指向学生发展"是指高中阶段落实立德树人根本任务,以学生为中心,遵循学生身心发展规律和特点,从理想、心理、学习、生活和生涯规划等方面开展工作,培养德智体美劳全面发展的社会主义建设者和接班人。班主任和学生分别是通信信号发射和接收的两个用户端,班主任作为发射端将育人信号进行编码发送出去,经由师生、生生、师师、亲子、家校这五对关系形成"5G"介质通道,学生端接收到信号来完善自身发展系统。最终学生端又将成为新的发射端输出新信号,与家长、教师、学校、社会等用户端同频共振,实现 5G 赋能(如图 1 所示)。

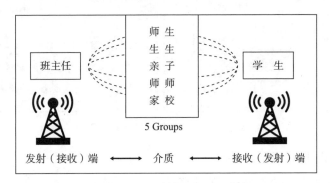

图 1　带班育人理念结构示意图

二、编码数据:班情分析

教育的真实场景会随着时间不断转换,班主任要做的就是及时跟踪做好班级的情况分析,就像要处理信息必须进行数据编码,以便后面开展班级工作。因此,我在班级组建时,会通过观察法,借助问卷搜集群体信息,并进行个别访谈听取个性需求,逐步理清班情,并用 SWOT 分析法对教师、学生、家长、学校四个用户端进行分析编码(如图 2 所示)。

图 2　利用 SWOT 对班情进行分析

此外,我还会针对学生发展的不同时间节点及时调整问卷的侧重。例如,每学段初的问卷调查侧重在对班级、个人的学期阶段设想和规划(如图3所示),学段末的调查则侧重在阶段回顾、总结,通过自我评价和他人评价,多数学生都能肯定自己的进步和发现不足,同时关照到朋辈、教师、家长、学校。

图3　学段初通过对同学的问卷调查了解学生诉求

三、约定协议:班级目标

协议是通信双方对数据传送控制的一种约定,通信双方只有共同遵守这项约定,才能确保信息畅通。

我与班级共同体成员们共同制定基于处理5G关系从而促进学生发展的班级发展目标(如图4所示)。只有班级共同体成员达成共识,才能在经营班级过程中减少阻碍,起到众人行远的作用。

图4　班级目标制定的结构设计

具体目标如下。

（一）处理 5G 关系目标

表 1　5G 关系目标

路径目标	具体指向
砥砺生生的共进关系	助力班级学生能够互相鼓励理想信念的树立；互相照顾人际关系的交往；互相关心生命生活的成长；互相优化学业发展的方法；互相鼓励生涯升学的规划
培育师生的共情关系	助力班级师生能够确立并认同教学相长的观点；互相理解并支持教师在学生发展过程中的角色
夯实师师的共业关系	助力班级教师能够互相支持任课教师的教学工作；能够服务班级学生的全面成长；能够助力任课教师的自身发展
助力亲子的共心关系	助力班级家长与子女能够积极关心并且给予彼此支持
引导家校的共赴关系	助力班级家长能够认可和支持学校为学生发展所做的各项工作；学校能够支持并助力家庭教育

（二）促进学生发展目标

表 2　学生发展目标

发展维度	具体指向
理想指引	指导学生形成正确的思想观念、良好的道德品质；提升学生的公民素质，培养学生的社会责任感，引导学生将个人理想融入新时代中国特色社会主义建设发展中
心理健康	指导学生形成健全人格，正确认识自我，客观了解自己的性格特征、兴趣特长、优点缺点；促进学生人际关系和谐发展，提高学生时间管理能力、情绪管理能力、受挫能力，提升适应社会、适应未来的能力
学业发展	指导学生了解高中学业特点和高校选拔要求，结合自己的特点明确学习目标，改善学习方法，合理制订学习计划；提高学生自主学习能力，发挥学科特长，提升学业修习水平
生活成长	引导学生正确看待个体差异与生命价值，培养学生珍爱生命、健康成长的意识，促进学生形成良好的行为规范、独立的生活习惯、健康的生活方式，提升学生自我保护和快速适应高中阶段学习生活的能力

续表

发展维度	具体指向
学涯规划	引导学生通过职业行业体验,了解不同职业的能力需求、发展前景、社会责任等,结合自己的兴趣、特长、个性等因素,合理规划升学,培养生涯发展与规划的意识和创新创业实践能力

四、通信连接:实践做法

我利用协调 5G 关系服务学生发展的做法表现在以下几个方面。

(一)砥砺生生的共进关系

朋辈力量是学生发展的重要介质,砥砺生生的共进关系,在理想信念的树立、人际关系的交往、生命生活的成长、学业发展的优化、生涯升学的规划上都有很大作用。

1. 明理:达成共进目标

"需求"请自己说。每学期期初和期末,我都会利用问卷调查的方式、学生自评与他评的方式,帮助学生首先回归总结一个阶段的自我成长,然后逐步明确他们对班级班风、学风的需求,对同学朋辈的需求,最后学生通过梳理需求也可以镜鉴自我、认识自我。

"约定"由同学提。同学是每个学生在学习生活中朝夕相处的人,也是最能够站在学生的角度考虑问题的人。因此,我们在充分讨论班情和学情后,由同学在目标、课堂听讲、提问、自修课、课间休息、宿舍生活等方面提出合理的、有操作性的班级约定(如图5所示)。

2. 力行:做成角色分工

担当:做好共治角色。班级的有序运转需要建立一套有效的管理机制,通过班干部

图5 高三学年班级约定

职责分工、班级一日常规、班情反馈等机制保障班级运转。我们在班级内成立了班级自治小组,班干部、班主任、同学们共同参与,自治小组遇到原则上的事情请班主任把关,遇到事务性的事情则由轮值班干部现场办公给出意见建议,遇到涉及隐私的事情、小组无法决定的事情邀请班主任处理,遇到班级

共性的问题攒一攒由班级自治小组解决。班级管理由原来班主任一个管理者角色担当转变为班级共同体的共治角色担当。

榜样:做好共行角色。班级的成长首先表现在学生的成长,学生的榜样作用胜过班主任的千言万语。学习上,我会邀请学生撰写《你身边的榜样》,并邀请榜样进行学习经验分享,利用文字、演讲的形式,观察、关注和发现身边的学习榜样。生活上,我会邀请学生做班级生活小管家,协助指导同学宿舍生活内务。当然,在做好生活管家角色的前提就是先做好自己的宿舍生活内务。

体验:做好规划角色。高中生需要慢慢培养生涯发展与规划的意识,通过职业体验、社会实践、志愿服务,用自己的脚步丈量中国大地,感受中国的发展变化。我在每学年的寒假、暑假会组织班级学生走进高新技术产业公司、社会公益单位、博物馆等,通过系列研学活动,开拓学生的视野,帮助学生在高中阶段逐步尝试进行自己的学涯、生涯发展规划(如图6、图7所示)。

图6 组织班级红色研学　　图7 组织参观高新技术产业公司

3. 完善:学会理性作为

发挥信箱功能。高中生还处在具有强烈自我表达意愿的时期,看到班级发展的情况,他们愿意表达出来,但很多同学还不会理性看待问题,他们更多时候都会站在自我中心的角度去理解问题。带班以来,我设置了班级信箱用于传递班级学生的想法。班级约定每周二的班会课是读信和解答的过程,由班级自治小组负责信箱的内容梳理,信件在班级里以公开的形式回复还是私信的形式答复以及由谁答复等,这些均由自治小组商定。

我还利用读信解答的机会指导学生厘清什么是情绪、什么是事实,这些问题的解决很重要。否则信箱的功能就只成为情绪的发泄场,反而给生生共进造成阻力。

发挥项目驱动。我在班级管理机制中采用了班级自治小组的做法,班级自治小组的背后凸显的是班级成员的自我教育能力。为此,我们采取项目制的方式推进班级的进一步建设。体育节我们招募总教练负责班级赛事,话剧节我们招募总导演全权负责话剧演出(如图8所示)……有了项目制,我们更加关注的是班级事务而不是班级职务,那么班级学生自己就会动起来。

图8　班级演出话剧项目组制作的海报

(二)培育师生的共情关系

1. 期会:邀请学科教师讲德育

在"三全"育人理念和大思政课的理念指导下,我邀请其他学科教师参与班会课,对学生进行理想信念及职业专业发展的规划指导。

学科教师讲理想信念。我的班会课会邀请学科教师参与进来,作为主讲嘉宾介绍一个理想信念的故事。例如,每年九月的第一节班会课,我会邀请历史老师来担任班会课主讲嘉宾,班会主题必定要与国史、党史有关。如果没有史论教育结合,没有对古今中外历史的纵横比较,学生们就无法理解《中小学生守则》里的"爱党爱国爱人民。了解党史国情,珍视国家荣誉,热爱祖国,热爱人民,热爱中国共产党"。

学科教师讲专业发展。学校每年都会招聘国内外高水平大学的硕士、博士来校工作,利用这样的优势资源,我会邀请学科教师来和学生们分享教师所熟悉的学科相关领域的发展情况。

2. 交流:邀请学科教师批周记

学科教师是班主任德育工作的好搭档,我会邀请学科教师批改学生周记本,让师生通过文字的形式交流;学生也会通过便利贴的形式交流想法。实践发现,有时候文字交流比现场对话更有效果。

3. 站位:引导师生换位多思考

我会经常关注学科教师和学生的关系,通过和教师、学生聊天了解班级的动态、班内发生的情况,并在对话中发现班级学情的亮点和危机。

我会关注班级的舆情,提前和教师沟通,借助班会课、班级一日总结等时机适时适当地帮助引导学生换位思考。高中生通常不喜欢听道理,但他们愿意倾听情理。

(三)夯实师师的共业关系

1. 支持:学科质量我做后盾

跟踪学科质量反馈。我会借助作业质量反馈本跟踪学生学科学习的质量,及时了解并解决个别学生的突发情况。

组建学科优化小组。借助项目式形式组建班级学科优化小组,由学生自主提出需要提升的学科,由优化小组组织自习教室,邀请教师利用自习课时间辅导。

组织学科联动分析。我会召集任课教师团队针对班级班情、学情集中分析反馈学生的学习质量,以此帮助跟进学生的学习情况。

2. 服务:助力教研我做后援

我会把推动任课教师的专业成长与班级发展结合起来。我会支持任课教师利用我们班级做教学课改的尝试,协助教师对班级或者学生做个案分析、课例研究。这样一来,也可以通过看任课教师是否愿意请班级作为公开课班级,从侧面反映出班级的整体情况。这样,学生在任课教师的教科研尝试中也可以学有所获。

(四)助力亲子的共心关系

1. 加入:家长参与班级活动

针对寄宿制学生"占多数"的班情,很多家长似乎成为学生成长中的"旁观者","有劲使不出"变成了家长们的苦恼。因此,我利用学校组织的活动,如学生远足,邀请家长参与采购物资、加油助威、一同远足等(如图9所示)。这样,家长也在活动中有了更多的参与感和价值感。

图9 学生家长参与班级远足活动

每学期的寒暑假,我会给家长布置三项作业:和子女共读一本书、同子女开一次家庭会议、教子女做一道菜,返校后提交报告。我以作业的形式布置给学生和家长,帮助家长认识到"有仪式才有重视"。

此外,我会一学期组织两次家长课堂,邀请两位家长来校做一次人物访谈,问答互动式的对话,让家长和学生多了一次除了聊成绩以外的机会。鼓励学生一学年至少进行一次职业体验,让班级同学进到现场,真体验真感受。

2. 融入:学生学会感恩对话

我会利用母亲节、父亲节和家长来校的时机,做好班级感恩教育,让学生通过文字的形式给家长写信;利用寒暑假前的假期指导,让学生在放假期间也做好家务服务。

(五)引导家校的共赴关系

1. 聚焦:凸显家庭教育的作用

《中华人民共和国家庭教育促进法》出台后,一方面,我积极组织家长参加学校的家长课堂活动。另一方面,我邀请家长参加班级组织的家庭教育工作坊,通过邀请校外家庭教育咨询师和组织专题式的家庭成长沙龙,一起剖析问题,找到解决思路(如图10所示)。

图10　邀请家长参加家庭教育沙龙

2. 协同:借助校外资源的反哺

利用校外资源指导学生发展不是闭门造车。班级组建以来,我连同学校学生发展指导中心采用了上海问向等测评系统尝试为学生发展画像。

我邀请往届毕业学生回校,举行"学长带你云游大学"班级活动,大学生学长学姐通过直播、视频等方式介绍他们就读的专业,介绍他们身处的大学校园,这样班级学生既开阔了视野,也逐步去寻找自己心仪的大学。

五、同频共振:特色成效

(一)特色

1. 从"术"走向"道"——运用5G关系协调班集体运转

如果解决一个教育问题是教师的技巧、手段,是教师的"术",那么实现班级的优化运转需要有"道"这个层面的思考。我运用好5G关系就是通往"道"的路径,砥砺生生的共进关系、培育师生的共情关系、夯实师师的共业关系、助力亲子的共心关系、引导家校的共赴关系,而"道"的目的就是促进学生发展。

2. 从"我的班"走向"我们的班"——成就拥有共同目标的共同体

我通过5G关系,让学生、教师、家长都能够成为这个班级的主体人物,因为我们有共同的目标,所以能够改变以往教师、家长单向输出的场面,每一个用户端既是接收端又是发射端,这样理想信念、心理健康、生活成长、学业发展、学涯规划就不是单向授予学生端的过程,而是传递理念、传递情感、传递认知、传递交互的过程。

（二）成效

1. 学生层面，群星璀璨

学生在班级中共进共成长，三人次获得市级年度优秀学生干部或优秀共青团员，两人次获得区级学生干部荣誉，班集体多次获得校级荣誉称号。

2. 教师层面，创先争优

两位教师获得市学科优质课评比一等奖、学科基本功大赛一等奖，两位教师获评市教学新秀荣誉，多位教师的多篇文章以本班级发展作为教研素材，多位教师选择我们班级作为公开课开课班级。

3. 家校层面，协同与共

进一步助力学生和家长的沟通方式，亲子愿意沟通、愿意倾听，进一步联合学校服务指导家庭教育。学校、班级教育教学工作获得家长的大力支持。

班级建设里没有小我，只有大我，没有一人行速，只有众人行远。5G 时代是智慧时代，带班育人需要的也是智慧，万物互联要以 5G 为基础，班级建设同样需要以 5G 为基础。